高等院校应用型本科“十三五”规划教材 · 经管类

管理会计学

GUANLI KUAIJIXUE

▶主　编　周　谦　刘　瑞
▶副主编　杨　为　刘金凤　王　婷

華中科技大學出版社
http://www.hustp.com
中国 · 武汉

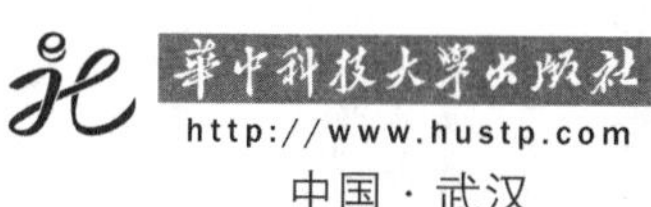

图书在版编目(CIP)数据

管理会计学/周谦,刘瑞主编. —武汉：华中科技大学出版社,2014.12 (2020.8重印)
ISBN 978-7-5609-9818-3

Ⅰ.①管… Ⅱ.①周… ②彭… Ⅲ.①管理会计-高等学校-教材 Ⅳ.①F234.3

中国版本图书馆 CIP 数据核字(2014)第 301120 号

管理会计学 周　谦　刘　瑞　主编

策划编辑：曾　光
责任编辑：史永霞
封面设计：龙文装帧
责任校对：李　琴
责任监印：张正林
出版发行：华中科技大学出版社(中国·武汉)　电话：(027)81321913
　　　　　武汉市东湖新技术开发区华工科技园　邮编：430223
录　　排：华中科技大学惠友文印中心
印　　刷：武汉市首壹印务有限公司
开　　本：787mm×1092mm　1/16
印　　张：18.25
字　　数：464 千字
版　　次：2020 年 8 月第 1 版第 5 次印刷
定　　价：43.50 元

前言

管理会计是把管理和会计两个学科巧妙结合起来的一门新兴学科，是现代企业会计的重要组成部分，为企业管理者的决策提供了支持信息。随着我国经济体制改革的不断深入和市场机制的逐步完善，管理会计工作的重要性越来越突出。未来十年内，会计行业的人才结构将发生巨大的转变，管理会计师等高端财会人才将会逐步取代中低级财务会计人员。由于高新技术的迅猛发展和经济全球化步伐的日益加快，管理会计作用的对象及其外部环境都已经发生了巨大的变化，而与此同时，管理会计的基本内容和主要技术方法有了突破性的进展和显著的创新。基于上述认识，结合传统管理会计的理论知识和管理会计的新发展，编写了本书。

本书共分十一章，在结构体系上，按照管理会计的内在逻辑规律组织章节的编排。本书的主要内容包括管理会计概述、成本性态分析与变动成本法、本量利分析、预测分析、短期经营决策分析、长期投资决策分析、全面预算管理、标准成本系统、责任会计、作业成本会计及业绩评价与激励。本书的主要特点在于：既全面归纳了传统管理会计的基本理论，并注重理论联系实际，如传统的成本性态分析及其本量利分析、长短期投资决策等，又完善了管理会计的创新内容，包括作业成本管理及其业绩评价和激励措施。

本书由周谦、刘瑞担任主编，负责本书总体框架的制定、编写大纲的拟订、组织写作，周谦对初稿进行了审核、修改和全书的定稿工作。参加编写人员的具体分工如下：第一章、第七章、第八章、第九章、第十章由中南财经政法大学武汉学院周谦执笔编写，第四章由中南财经政法大学武汉学院刘金凤执笔编写，第五章、第六章由湖北第二师范学院杨为执笔编写，第二章、第三章由中南财经政法大学武汉学院王婷执笔编写，第十一章由华中科技大学武昌分校叶小芬执笔编写。

由于编者水平有限，加之时间仓促，本书错误和不妥之处在所难免，遗漏和不足之处恳请读者、专家批评指正，以便我们进一步改进和完善。

编　者

2014 年 8 月

前言

目录

DIYIZHANG

第一章

管理会计概述

学习目的 ......

(1) 了解管理会计的形成和发展阶段。
(2) 掌握管理会计的定义。
(3) 掌握管理会计的基本假设。
(4) 了解管理会计的对象、目标、职能和作用。
(5) 掌握管理会计与财务会计的联系和区别。

第一节　管理会计的形成和发展

管理会计是从传统的会计中分离出来的、与财务会计并列的一门独立的新兴学科。它适应企业内部管理的需要而产生,巧妙地把"管理"与"会计"结合起来,成为现代管理科学的一个组成部分,同时也是实现企业管理现代化的手段。

一、管理会计的形成

(一) 执行性管理会计阶段

20 世纪初到 20 世纪 50 年代是执行性管理会计阶段,这一阶段的特点是追求管理工作的效率。经过第一次世界大战,泰罗的科学管理思想在美国许多企业中得到了广泛推行,伴随着泰罗的科学管理理论在实践中的广泛运用,会计如何为提高企业的生产和工作效率服务的议题便提到了议事日程上来。会计为了配合泰罗制的推行,提高生产效率和工作效率,就将标准成本、预算控制和差异分析等专门方法引进到会计的方法体系中来,同时有少数学者把这些内容综合起来称之为管理会计,成为管理会计体系的重要组成部分。

与此同时,会计学术界也开始涉足管理会计有关问题的研究。从 1918 年开始,哈里森致力于标准成本的研究,先后发表了《有助于生产的成本会计》《新工业时代的成本会计》《成本会计的科学基础》等著作。1919 年美国全国成本会计师协会创立。到了 20 世纪 20 年代,标准成本在企业当中的运用已经普及开来。1921 年 6 月,美国国会颁布了《预算与会计法》,极大地影响了当时的私营企业的预算控制。1922 年奎因坦斯写了《管理会计:财务会计入门》,这是第一本关于管理会计的书籍。1924 年麦金西刊印了世界上第一部用"管理会计"命名的著作《管理会计》。上述著作的出版,标志着管理会计理论的初步形成。

(二) 决策性管理会计阶段

决策性管理会计阶段占主导地位的时期是 20 世纪 50 年代至 20 世纪 80 年代。从 20 世纪 50 年代开始,战后时期的西方国家的经济发展出现了许多新的特点:一方面,现代科学技术发展突飞猛进,并大规模运用于生产领域,从而使社会生产得以迅速发展;另一方面,西方国家的企业进一步集中,跨国公司大量涌现,企业规模越来越大,生产经营日趋复杂,市场情况瞬息万变,企业竞争更为激烈。这些新的情况使得企业面临新的挑战,企业的管理也面临新的要求,迫切要求实现企业管理现代化。而原有的基于泰罗科学管理理论的管理会计的发展已不能与之相适应。在新的环境下,企业界提出了"管理的重心在经营,经营的重心在决策"的观点,使得管理会计的追求效率为主的理念变为提高效益为主。

为有效实施企业内部控制，提高效益，美国会计学会在1958年的一份研究报告中明确指出了管理会计的一些基本方法(标准成本计算、预算管理、盈亏临界点分析、差量分析、变动预算、边际分析等)，从而组建了管理会计方法体系的基础。其后，随着计算机和信息科学的发展，产生了“执行会计”和“决策会计”，使管理会计的理论方法体系进一步确定。在1972年，管理会计与财务会计的区分制度化。美国的全国会计人员联合会建立了单独的管理会计协会，英国也成立了国际成本和管理会计人员协会，它们分别创办了专业性刊物《管理会计》(月刊)，在全世界范围内发行。1972年，在美国，由管理会计协会主持，举行了第一次“执业管理会计师”资格的考试，从此在西方国家，除了有“公证执业会计师”以外，又出现了专门的“执业管理会计师”。1980年4月，各国会计人员联合会在巴黎举行了第一次欧洲会议，代表来自欧洲国家及美国和澳大利亚，会议的主题是探讨如何应用和推广管理会计。

至此，管理会计形成了以“执行会计”和“决策与计划会计”为主体的管理会计结构体系。

二、管理会计的发展

自20世纪80年代以来，学术界和实务界一直致力于建立管理会计新方法的研究，以适应行业调整变化和全球性竞争带来的挑战。这些管理会计新方法支持企业技术条件的变化和新管理程序的实施，这些方法包括全面质量管理、适时供应、生产及分析系统、工程再造及持续追求竞争优势等。

从1988年到1990年，卡普兰等人在西方掀起了一场作业成本计算的研究浪潮。“作业成本计算”和“作业管理”成为西方管理会计教材新的研究对象。与波特提出的“价值链”观念相结合，管理会计借助“作业管理”又致力于如何为企业“价值链”优化服务。管理会计在20世纪80年代所取得的许多引人注意的新进展都是围绕着管理会计如何为企业“价值链”优化和价值增值提供相关信息而展开的。

进入20世纪90年代后，随着战略管理理论的发展，西方管理会计理论界认为，既然管理会计源于企业未来的战略管理，那么，不同的企业战略所要求的战略管理会计的侧重点也就不同。波特在竞争优势分析中提出低成本战略和高差异战略，他在相关的调查中得出结论：在持低成本战略的企业中，战略管理会计侧重于使用传统管理会计，用标准成本评价部门业绩，用产品成本作为定价和编制弹性预算的基础，力求完成预算目标，并重视分析竞争对手的成本，而随着适时性生产系统的建立，作业成本被广泛应用于低成本战略的企业中，成为战略管理会计的一项重要内容；而持高差异战略的企业，战略管理会计更注重市场部门的成本效益分析，认为市场才是企业成功的关键因素，而将预算控制和标准成本放在次要的位置。

此时，管理会计研究的主题已经由单纯的价值增值转向企业组织对外部环境变化的适应性上来，以重视环境适应性为基本特征是这个阶段管理会计的重点。这个时期的管理会计已突破了管理会计师仅仅提供信息、管理人员使用信息的旧框架，而由每一位员工直接提供与使用各种信息，有助于促进企业适应环境的变化。

三、管理会计发展的新趋势

人类社会进入21世纪以来，管理会计围绕企业核心能力的培植，对内深化，对外扩展，以战略为导向，以价值链为基础，纵横交错，构成一个有机的整体。可以预见，围绕管理会计主体的转变，管理会计的研究视野、研究领域、研究方法和管理会计提供的信息等层面都将发生变化。

(1) 管理会计的研究视野将进一步拓宽。管理会计将立足企业，面向国内国际市场，站在管理学的角度，全方位地为企业核心能力的培植和提升提供相关信息。管理会计研究将彻底超越单纯“就会计论会计”的局限，采用多重主题、多重背景、多重理论，开展跨学科研究。

(2) 管理会计的研究领域将进一步深化。管理会计将配合企业核心能力的培植与提升，而从一般性研究企业预测、决策和计划及其执行问题转移到深入研究管理会计的战略化、企业化和行为化问题。

(3) 实地研究和案例研究将成为管理会计的主流研究方法。企业核心能力不是一个抽象的概念，而是一个具体的概念。这就只有通过实地研究和案例研究，才能对特定企业的核心能力提供相关信息。

(4) 管理会计提供的信息将更加多元化。企业核心能力是一个综合性概念，用会计语言来描述，企业核心能力包括显性资产和隐性资产。管理会计主题的转变意味着管理会计所提供的信息必须突破传统财务信息的界限，进入一种更加多元化的局面。数量信息与质量信息、财务信息与非财务信息、静态信息与动态信息、内部信息与外部信息、物质层面信息与精神层面信息将成为管理会计信息。

综上所述，21 世纪的管理会计将围绕企业核心能力的培植与提升而形成一个独特的、超越传统会计的、全新的综合化信息系统。

在我国，对管理会计的应用和研究是在 20 世纪 70 年代末 80 年代初随着西方管理会计理论的传入开始的。随着我国市场经济的发展，管理会计日益重要，资本市场的发展需要规范以对外报告为主的财务会计，但资本市场的繁荣更需要先进的以对内管理为主的管理会计。经过多年实践和研究，我国在管理会计的应用上已取得一定成效。国企改革的艰难和前景从一个侧面昭示了我国管理会计发展的巨大空间。但由于各种原因，目前管理会计只是在部分地区、部分企业零星呈分散应用，未形成一整套真正意义上的管理会计应用体系，从应用效果而言，并没有真正达到改善企业管理的目的。尤其战略管理会计在中国还是一个新生事物，但它已成为发展的趋势与方向所在。大多数企业都树立了面向市场的经营意识，这就为实行注重市场环境的战略管理会计提供了可能性。随着市场的发展，优胜劣汰的竞争机制要求企业不能只考虑自身的成本和效益，还必须重视竞争者的经济信息和发展情况。

随着经济的发展和改革的深入，应用管理会计必将成为我国企业的内在要求，管理会计也将不断完善，在我国企业中发挥越来越重要的作用。

第二节　管理会计的定义及其基本内容

一、管理会计的定义

管理会计是会计学的一个分支，在企业的生存和发展中扮演着重要角色，而且随着市场环境和企业管理环境的发展变化，管理会计的理论和实践仍在不断探讨和变革，其中对管理会计定义的认识，国内外学者众说纷纭，经历了一个不断演变的过程。

（一）国外学者对于管理会计的论述

1. 技术方法论

这种观点认为，管理会计是一种技术和方法，它是为企业管理当局的管理目标服务的，以企业为主体展开其管理活动。

1958年，美国会计学会管理会计委员会对管理会计做出了如下定义：管理会计就是运用适当的技术和概念，处理企业历史的和计划的经济信息，以有助于管理人员制订合理的、能够实现经营目标的计划，以及为达到各项目标所进行的决策。管理会计包含着为进行有效计划的制订、替代方案的选择、对业绩的评价以及控制等所必需的各种方法和概念。另外，管理会计研究还包括经营管理者根据特殊调查取得的信息以及与决策的日常工作有关的会计信息的收集、综合、分析和报告的方法。

1966年，美国会计学会在其《基本会计理论说明书》(《Statement of Basic Accounting Theory》)中认为：所谓管理会计，就是运用适当的技术和观念，对经济主体的实际经济数据和预计经济数据进行处理，以帮助管理人员制订合理的经济目标，并为实现目标进行合理决策。该定义认为：第一，管理会计是一种技术和方法，包括一些理念，它强调了管理会计不仅加工历史信息，而且要加工未来信息，表明了管理会计与财务会计的重要不同之处；第二，强调了管理会计主要服务于管理人员，主要指企业内部的管理人员，帮助他们进行经济决策。这是和当时的管理已经从泰罗的科学管理理论发展到以西蒙为代表的决策管理阶段相适应的。

2. 决策信息系统论

这种观点认为，管理会计是一种决策信息参考系统。

1982年，美国学者罗伯特在《现代管理会计》一书中对管理会计做了如下定义：管理会计是一种收集、分类、总结、分析和报告信息的系统，它有助于管理者进行决策和控制。

1986年，美国全美会计师协会管理会计事务委员会对管理会计所下的定义为：管理会计是向管理当局提供用于企业内部计划、评价、控制以及确保企业资源的合理使用和经济责任的履行所需财务信息的确认、计量、归集、分析、编报、解释和传递的过程。管理会计还包括编制供诸如股东、债权人、规章制度制定机构及税务当局等非管理集团使用的财务报表。这是一个广义管理会计概念，其核心内容是：第一，管理会计以企业为主体展开其管理活动；第二，管理会计既为企业管理当局的管理目标服务，同时也为股东、债权人、规章制度制定机构及税务当局等非管理集团服务；第三，管理会计作为一个信息系统，它所提供的财务信息包括用来解释实际和计划所必需的货币性和非货币性信息；第四，从内容上看，管理会计既包括财务会计，又包括成本会计和财务管理。

1982年，英国成本与管理会计师协会修订后的管理会计定义，进一步把管理会计的范围扩大到除审计以外的会计的各个组成部分。它认为，管理会计是管理当局提供所需信息的那一部分会计的工作，使管理当局得以制定方针政策、对企业的各项活动进行计划和控制、保护财产安全、向企业外部人员和职工反映财务状况以及对各个行动的备选方案做出决策。

3. 价值增值论

这种观点认为，管理会计是一种企业价值增值的持续服务体系。

1997年，美国管理会计师协会关于管理会计新的定义为：管理会计是提供价值增值，为企业规划设计、计量和管理财务和非财务信息系统的持续改进过程，通过此过程指导管理行动、激励行为，支持和创造达到组织战略、战术和经营目标所必需的文化价值。该定义有如下几个方面的创新。第一，对现代管理会计的目标有了更深刻的认识。以前对管理会计目标的认识主要是企业利润的最大，或者说帮助企业创造利润。该定义认为，管理会计提供价值增值。利润和价值不是一个等同的概念，利润大，价值不一定就大；利润是一个短期的目标，而价值增值既考虑了短期的利润增加，也考虑了持续的利润增长。第二，提出了“持续改进”的概念。这应该是管理会计定义上一个重大的创新。持续改进也是不断创新的动力，一个企业或组织只有持续改进、不断创新才能降低成本、提高质量、增强自身的核心竞争能力，永葆生机和活力。第三，该定义提到“激励行为”，这实际上是认识到行为科学将对现代管理会计产生重大影响。第四，该定义认识到管理会计将为企业或组织的战略服务，从而把现代管理会计引入到一个更加广阔的新领域——战略管理会计。第五，该定义把现代管理会计上升到帮助创建先进的现代管理文化，使人们从哲学和文化的高度认识现代管理会计，从而为我们提供了更加广阔的思路。

从上述分析可以看出，管理会计的概念在不断地进化。

（二）国内学者对于管理会计的论述

汪家佑教授认为，管理会计是企业为了加强内部经营管理，实现最大利润的目的，灵活运用多种多样的方式方法，收集、加工和阐明管理当局合理地计划和有效地控制经济过程所需要的信息，围绕成本、利润、资本三个中心，分析过去，控制现在，规划未来的一个会计分支。

李天民教授认为，管理会计主要是通过一系列专门方法，利用财务会计提供的资料及其他有关资料进行整理、计算、对比和分析，使企业各级管理人员能据以对日常发生的一切经济活动进行规划与控制，并帮助企业领导做各种决策的一整套信息处理系统。

温坤教授认为，管理会计是企业会计的一个分支，它运用一系列专门的方式方法，收集、分类、汇总、分析和报告各种经济信息，借以进行预测和决策，制订计划，对经营业务进行控制，并对业绩进行评价，以保证企业改善经营管理，提高经济效益。

余绪缨教授认为，管理会计是为企业内部使用者提供管理信息的会计，它为企业内部使用者提供有助于正确进行经营决策和改善经营管理的有关资料，发挥会计信息的内部管理职能。

（三）本书对于管理会计的定义

通过上述内容分析，本书认为，管理会计是以提高经济效益为最终目的的会计信息处理系统。它是为了强化企业内部经营管理、实现最佳经济效益，以现代管理科学为理论基础，通过广泛利用财务会计信息，对经济过程进行一系列的预测、决策、规划、控制和责任考评工作，为管理和决策提供信息，并参与企业经营管理。

二、管理会计的基本假设

会计界一般认为，管理会计应当建立如下假设。

（一）会计实体假设

会计实体假设是明确了管理会计运行的空间范围，明确了企业进行生产经营、筹资和投资活动所产生的经济权利和责任的归属主体。管理会计的主体不同于财务会计的主体，它既可以是整个企业，但更多的是企业的内部各级责任部门。会计实体假设使得管理会计的管理活动深入到责任部门，深入到作业层面。

（二）持续运作假设

持续运作，是指在可以预见的将来，企业将会按当前的规模和状态继续经营下去，不会停业，其生产经营、筹资、投资活动才会持续下去。只有在持续运作假设的前提下，才能保证管理会计的预测、决策、规划、控制和考评等各项工作所使用的方法稳定且有效。企业是否持续运作，在管理的原则、方法的选择上有很大差别。

（三）会计分期假设

会计分期假设是指企业的相关信息应按划分的期限收集和处理。会计分期假设是持续运营假设的一个必要的补充，限定了管理会计运行的时间范围，即把企业持续不断的生产经营和筹资、投资活动划分为一定期间的活动，以便及时提供有用的管理信息。管理会计的这一假设也不同于财务会计，其分期的时间既可以是月、季、年，也可以根据企业本身的具体情况和需要，灵活地进行分期（包括 1 天、1 周、1 旬，也可以延长）。

（四）货币时间价值假设

货币时间价值假设是指等量货币在不同时点上具有不同的价值。任何企业的管理活动都是在特定的时间和空间范围内进行的。离开了货币的时间价值，就无法正确计算不同时期的财务收支，也无法正确评价企业的盈亏。货币的时间价值正确揭示了在不同时点上资金之间的换算关系，是管理决策的基本依据。

（五）成本性态假设

成本性态假设是指一切成本都可以按其性态划分为固定成本和变动成本。成本性态是指成本总额与业务量变动之间的数量依存关系。管理会计上的许多概念和方法都必须建立在成本性态分析假设的基础之上，例如盈亏平衡分析、短期经营决策方法的选择、长期投资决策方法的选择、弹性预算编制方法等。但在实际工作中，混合成本广泛存在，因此，固定成本和变动成本的划分并不是绝对的，而带有一定的假定性。

（六）目标利润最大化假设

目标利润最大化假设，是企业在经营管理决策中，以目标利润最大化为目标，假定在实施最优方案时能够实现目标利润。当然，目标利润并不是现实利润，能否实现目标利润最大化，还要受许多因素的制约。

（七）风险价值可计量假设

风险价值可计量假设，是指所有的不确定性决策都可以转换为风险性决策，不仅风险具有价值，而且风险价值可以计量。决策按照风险程度的大小，分为确定性决策、风险性决策和不确定性决策。尽管投资决策中的风险价值只是一种不现实的报酬，并不存在一定的客体可以直接计量，但是这一假设为管理会计解决现实问题提供了可能。

三、管理会计的对象

从近代西方企业会计重心转移进行论证，对于管理会计的对象主要有以下几种观点。

（一）现金流动论

持该观点的学者认为：一门科学或学科的对象，是其特定领域有关内容的集中和概括，是贯穿于该科学或学科的始终的。现代管理会计的对象是现金流动,因为现金流动贯穿于现代管理会计的始终。

其主要理由是:我们从近代西方企业会计的三个主要阶段可以看出会计重心向现金流动管理的转移。

在传统会计阶段,企业会计以独资、合伙会计为其主要形式,这种企业组织形式对会计提出的要求不高,通过期初、期末资产与负债差额的对比,就能确定一定期间的盈亏,并简易地进行盈利分配。因而在传统会计阶段,企业会计把重点放在资产、负债的平衡计算上,资产负债表是这段时期最重要的会计报表。

在近代会计阶段,企业会计以公司会计为其主要形式,它把“收益决定”放在首位,并把损益表看作是最重要的会计报表,即着重于如何通过收入与成本的配合来正确地确定定期的经营成果,并以此为基础来合理地进行盈利分配。这是因为,股份公司的经营管理和上述独资、合伙企业有一个很大的不同,其所有权和经营管理权是分离的。一般是由公司聘请管理专家任经理,负责企业的经营管理,而为数众多的买股票的股东(投资人),则远离企业的实体,并不直接参与企业的经营活动。他们自然很关心他们所投资的公司经营的好坏,特别是盈利的能力和盈利的分配情况。因为这是其切身利益所在。同时,由于公司组织集资能力强,可以创办大规模的企业,从事复杂的生产经营活动。这样,公司的经济活动及其同各方面的经济关系就越来越复杂化了,对会计也提出了越来越高的要求,要求它把正确地确定经营成果放在首位,以适应企业内外各方面的需要。在企业生产经营比较复杂的条件下,为把一定期间内实现的收入和相应的成本有经济根据地进行配合,正确地确定各期的经营成果,就有一些专门性的会计理论问题须进行研究,如收入实现理论、折旧理论、权责发生理论、跨期收支摊配理论等。以这一系列理论为指导建立的核算体系,是以“收益决定”为中心,着重于企业经营过程的核算。

在现代会计阶段,为适应现代化管理的需要,企业会计的内部职能大大地扩展了,重点转移到了现金流动的分析,并把全面反映企业现金流动的报表——现金流量表看作是最重要的会计报表。这种以现金流动为中心的企业会计核算,具有更大的综合性,可对企业生产经营中成本的耗费水平、资金的占用水平和经营盈利水平这几个方面总括起来进行统一评价,为企业改善生产经营、提高经济效益提供重要的、综合性的信息。

(1) 企业生产经营中现金流出与流入数量上的差别,制约着企业的盈利水平。

(2) 现金流出与流入时间上的差别,则制约着企业资金占用的水平。

(3) 现金流出与流入数量上的差别和时间上的差别还可综合起来进行考察。时间上的差别,可通过“货币时间价值”进行换算,在同一个时点上看问题,使时间上的差别也通过数量上的差别来表现。

综合以上各方面,以现金流动为中心的核算,具有更大的综合性和敏感性。通过把握现金流动的动态,就可以全面、系统、及时地掌握企业生产经营的主要过程与主要方面,在预测、决策、计划、控制等各个环节发挥积极的作用。

(二) 资金总运动论

持该观点的学者认为:管理会计的对象是企业及其所属各级机构过去、现在和将来的资金总运动。

其主要理由是:财务会计和管理会计同属于会计范畴,两者的共同对象是资金运动,财务会计是以过去的资金运动为对象的，而管理会计的对象涵盖了所有时空的资金运动。

（三）以使用价值管理为基础的价值管理

持该观点的学者认为：管理会计的对象是一种以使用价值管理为基础的价值管理。

其主要理由是：管理会计的对象具有复合性特征，将作业管理和价值管理统一起来，构成完整的管理会计的对象。一方面，管理会计致力于优化使用价值生产和交换过程，以便加强作业管理；另一方面，为提高经济效益，实现价值的最大增值，管理会计又必须强调加强价值管理，价值管理使管理会计的重新构建成为现实。

四、管理会计的目标

提高企业的经济效益是管理会计的最终目标，为实现这一目标，管理会计应当实现以下四个主要目标。

（一）为管理者制订决策和计划提供信息

管理会计就是为企业的管理和决策服务的，它能为企业在取得预期效益的前提下节约成本，能为企业的某项决策提供量化的分析。管理会计提供的信息包括与计划、评价和控制企业经营活动有关的各类信息，与维护企业资产安全、完整及资源有效利用有关的各类信息和与股东、债权人及其他企业外部利益关系者的决策有关的信息。

（二）参与企业的经营管理

管理会计作为企业经营管理过程中不可或缺的一个管理工具，不仅仅是反映企业生产经营活动过程与结果，还通过预算、监督、参与决策等，参与到企业经营管理过程之中，将会计核算推向会计管理。

（三）激励管理者和员工

管理会计的一个重要目标就是激励管理者和其他员工努力完成企业的目标，调动其积极性，采取措施，改善经营、降低成本、提高产品质量，以达到最终提高经济效益的目的。

（四）计量和评价业绩

通过计量和评价企业的业务部门、管理者和其他员工的业绩，以此作为奖励的基础，可以激励管理者和部门员工努力工作，保持企业的长期竞争力。

五、管理会计的职能

管理会计的基本职能可以概括为预测、决策、规划、控制和考评。

（一）预测经济前景

预测是指以过去的资料及现在所取得的信息为基础，采用科学的方法预计、推测未来事物的发展。管理会计发挥预测经济前景的职能，就是按照企业的未来总体目标和经营方针，考虑相关条件的制约，选择合理的模型，有目的地预计和推测企业的销售、成本、利润以及资金的变动水平和趋势，为企业经营决策提供信息。

（二）参与经济决策

决策是指在充分考虑了各种可能的前提下，通过一定程序、方法和标准对未来工作方向、目标、方法、行动方案做出决定的过程。管理会计发挥参与经济决策的职能，主要体现在根据企业的决策目标收集、整理有关经济信息资料，选择科学的方法测算决策方案的评价指标，并做出正确的财务评价，最终选出最佳方案。

（三）规划经营管理目标

规划是指管理者通过编制各种计划和预算来实现其经营管理目标，它要解决的问题是预先决定在特定期间内做什么、何时做、怎样做和谁去做。规划以经营决策为基础，把确定的相关决策方案所确定的目标分解到各有关的计划和预算部门，从而有效配置企业资源，实现目标利润最大化，同时为企业管理者下一步控制和考评过程提供依据。

（四）控制经济过程

管理会计的控制职能和规划职能有着密切的联系，它是执行决策和规划的过程。企业的计划和预算是控制的重要依据，而企业控制又是执行计划和预算不可或缺的手段，它们组成了一系列企业管理的循环。企业控制解决了为了使实际经营活动有计划按预期进行，有效地将经济过程中的事前控制和事中控制有机结合起来的问题，并能正确分析计划的执行情况和出现的偏差，促使相关部门及时采取相关的措施，改进工作，保证企业正常经营活动的顺利进行。

（五）考评经营业绩

考评是指管理者通过建立责任会计制度，在各部门明确各自责任的前提下，逐级考核责任指标的执行情况，找出差距和成绩，从而为实施奖惩制度和改进未来工作提供必要的依据。

六、管理会计的作用

管理会计的作用，从财务会计单纯地扩展到解析过去、控制现在、筹划未来三个方面的管理功能，并使之紧密结合在一起综合发挥作用。

（一）解析过去

管理会计解析过去主要是对财务会计所提供的资料做进一步的加工、整理和延伸，使之更好地适应筹划未来和控制现在的需要。

（二）控制现在

管理会计通过一系列指标体系，及时修正管理者在执行过程中出现的偏差，使得企业的经济活动能够严格按照决策预定的方向有成效地进行，从而实现控制现在的作用。

（三）筹划未来

预测和决策是筹划未来主要的形式，现代管理会计充分运用所掌握的丰富资料，严密地进行定量分析，帮助管理部门客观地掌握情况，从而提高预测和决策的科学性，实现筹划未来的作用。

七、现代管理会计的方法

现代管理会计的方法属于分析性的方法，它是根据所研究问题的具体特点，运用一定的数学方法对被研究对象进行比较精确的定量描述，找出存在于有关变量之间的相互依存、相互制约的关系，建立相应的经济数量模型。借助经济数量模型可以确定有关变量在一定条件下的最优数量关系，了解其运动变化的趋势，预测在一定条件下可能出现的情况与问题，为企业在生产经营中做出最优决策提供客观的、科学的依据。

在基础性管理会计中，思维过程运用的具体化专门方法，是属于分析性的方法，它们从动态上掌握企业生产经营的主要方面和主要过程。

"差量分析"作为一种基本的分析方法贯彻管理会计的始终，具体表现形式有以下五种。

（一）成本性态分析法

成本性态分析法是将成本表述为产量的函数，分析它们之间的依存关系，然后按照成本对产量的依存性，最终把全部成本区分为固定成本与变动成本两大类。它联系成本与产量的增减动态进行差量分析，是构成基础性管理会计的一项重要内容。

（二）本量利分析法

本量利分析法是将成本、产量、利润这几个方面的变动所形成的差量相互联系起来进行分析的方法。其核心部分是确定"盈亏临界点"，并围绕它，从动态上掌握有关因素变动对企业盈亏消长的规律性的联系，这对帮助企业在经营决策中根据主、客观条件有预见地采取相应措施，实现扭亏增盈，有重要意义。

（三）边际分析法

边际分析法是增量分析的一种形式。它涉及的增量是指自变量的微量变化。由自变量的微量变化所形成的函数的精确变化率，就是边际的概念，在数学上用导数来表现。边际分析的最大特点，是可用来作为确定生产经营最优化目标的重要工具。运用边际分析的方法确定其最优的边际点，使企业管理部门具体掌握生产经营中有关变量联系和变化的基本规律性，从而有预见地采取有效措施，最经济有效地运用企业的人力、物力和财力，实现各有关因素的最优组合。

（四）成本-效益分析法

成本-效益分析法是适应不同的情况形成若干独特的"成本"概念（如差别成本、边际成本、机会成本、沉没成本等）和相应的计量方法，以此为基础，对各种可供选择方案的"净效益"（总效益与总成本之差）进行对比分析，以判别各有关方案的经济性。这是企业用来进行短期经营决策分析评价的基本方法。

（五）折现的现金流量法

折现的现金流量法是将长期投资方案的现金流出（投资额）及其建成投产后各年能实现的现金流入，按复利法统一换算为同一时点的数值（现值、终值或年值）来表现，然后进行分析对比，以判别有关方案的经济性，使各方案投资效益的分析和评价建立在客观而可比的基础上。这是企业用来进行长期投资决策方案经济评价的基本方法。

第三节　管理会计与财务会计的关系

一、管理会计与财务会计的联系

（一）两者所使用的资料相同

财务会计以资产、权益变动为原始资料，按照经济业务发生的先后顺序，进行全面的记录、计算、记账和报账,形成比较系统的核算资料。管理会计所使用的资料尽管广泛多样,但基本信息来源于财务会计,有的是直接利用这些财务会计核算资料,有的是将会计资料进行加工、整理和延伸,进行预测、决策分析、确定目标、编制预算和成本控制。

(二)两者的研究对象相同

管理会计和财务会计都以企业生产经营活动过程或资金运动过程为其核算对象。但管理会计的研究对象在是时间上侧重企业现在和未来的经营资金活动,在空间上侧重企业局部或特定的经济活动。而财务会计的研究对象在时间上侧重企业过去的经营资金活动,在空间上侧重企业全局的经济活动。

(三)两者的最终目的相同

两者的最终目的都是为企业提高经营管理水平和经济效益服务的。管理会计直接参与企业的经营管理决策,通过预测、规划、控制、考评实现目标利润最大化。而财务会计通过定期向外部的投资人、债权人和银行、税务等部门报送财务报表,使之能及时了解企业的财务状况和经营成果,并在此基础上为做出相应的经营管理决策提供有用的信息,为提高经济效益服务。

二、管理会计与财务会计的区别

(一)服务对象不同

财务会计通过财务报表,向企业外界有关经济利害关系的投资人、债权人、银行、税务等团体和个人提供财务信息和服务,使之能够及时、准确地了解企业的财务状况和经营成果,以保障各自的经济利益。管理会计和财务会计不同,管理会计更侧重于为企业内部的经营管理服务,为各级管理人员正确地进行生产经营、筹资和投资决策,改善企业生产经营,及时提供有效的财务管理信息,为实现最优管理决策和提高经济效益服务。因此,管理会计又被称为内部会计,而财务会计被称为外部会计。

(二)具体针对的时间不同

财务会计以过去、当前的时间为主要范围,一般只反映实际已经完成的工作,它所提供的资料主要是关于过去已经发生的经济业务的历史记录,是对企业生产经营全过程的事后反映和监督。而管理会计则主要是面向未来,侧重对企业生产经营活动的事前预测、决策、规划,对事中的控制和对经营全过程中各责任单位、个人的业绩考核评价。

(三)研究的范围不同

财务会计主要以企业作为一个整体,提供集中、概括性的资料,来综合评价、考核企业的财务状况和经营成果。而管理会计必须兼顾企业生产经营的全局和局部的两个方面,这一特点决定了管理会计必须既从整体企业的全局出发来考虑、观察和处理问题,也要顾及各方利益,从企业的各局部出发去考虑、观察和处理问题,两者有机结合,不能偏废任何一方。

(四)主要依据不同

财务会计为了能如实反映企业的财务状况和经营成果,必须遵循公认的会计准则,并以此为准绳,严格按照有关会计程序处理日常经济业务,不得违背准则。而管理会计更为灵活多样,可以不局限于公认的会计准则的相关规定的制约,其工作的开展完全取决于管理人员在预测、决策、规划、控制和考评等方面的实际需要，它在很多方面可以采用更多的方式为企业提高经济效益服务。

（五）核算方法不同

财务会计在核算方法上一般涉及一些简单的数学方法。而管理会计是一门集行为科学、管理科学、系统论、运筹学等为一身的学科，为更好地在现代化管理中发挥其作用，越来越广泛地应用现代数学方法，主要是把运筹学和数理统计学中关于科学的数量方法结合到会计中来，尽可能把复杂的经济活动用简明而精确的数学模型表达出来。另外，管理会计利用现代数学方法，包括最优化技术，对所掌握的有关数据进行科学的加工处理，以揭示有关对象之间的内在联系，掌握有关变量的变化规律，为管理人员正确进行经营决策提供客观依据。

（六）核算要求和程序不同

财务会计核算程序固定，必须严格遵循凭证、账簿、报表的程序，对企业的经济活动进行记录、汇总和报告，并以货币为记录单位，需要满足信息全面性、系统性、连续性、综合性、真实性和准确性的原则，其计算必须力求精确。而管理会计没有固定的核算程序，由企业管理人员根据需要，采用不同的核算程序进行规划、控制。而且，管理会计在向企业内部管理部门提供定量信息时，除价值单位外，还经常使用非价值单位。此外，还可以根据部分单位的需要，提供定性的、特定的、有选择的、不强求计算精确的及不具有法律效用的信息。

（七）法律效力不同

从对财务报告的要求上看，财务会计要定期编制财务报表，主要是按月、季、年编制，而且要求格式统一、内容确定，并采用统一的货币计量单位，具有法律效力。而管理会计根据需要编制相关报告，没有统一的编报时间要求，格式也不统一，而是针对管理上的需要对企业管理进行定量和定性两方面的分析，其编制的相关报告不具有法律效力。

本章小结

本章旨在解决管理会计的基本理论问题，包括管理会计的定义、管理会计的形成和发展、管理会计的基本理论、管理会计与财务会计的区别和联系等。各节的内容共同构成管理会计的基本理论框架，并对以后各章内容的展开有着重要的意义。

第一节 通过对管理会计发展不同阶段的历史回顾和分析，说明管理会计和社会经济发展及经济理论之间的关系，对正确理解和运用管理会计方法有重要意义。

第二节 首先指出管理会计的定义，通过对国内外会计学界关于管理会计定义的集中阐述和分析，强调管理会计是以提高经济效益为最终目的的会计信息处理系统。它运用一系列专门的方式方法，通过确认、计量、归集、分析、编制与解释、传递等一系列工作，为管理和决策提供信息，并参与企业的经营管理。其次，对管理会计基本理论框架及其基本内容进行了广泛阐述，使学生对管理会计的基本假设、对象、目标、职能、工作程序等理论问题有一个基本的了解，并为深入掌握管理会计的基本理论结构和指导管理会计实务奠定基础。

第三节 对管理会计与财务会计的区别与联系进行了说明，而这种对同源性和歧义性的研究，显然有利于在学习中正确处理管理会计与相关课程如财务会计、财务管理、成本会计的关系，在实务上协调企业管理各部分之间的关系。

复习思考题

一、关键概念

管理会计、会计实体假设、持续运作假设、会计分期假设、货币时间价值假设、成本性态假设、目标利润最大化假设、风险价值可计量假设

二、问答题

1. 简述管理会计的形成和发展。
2. 简述管理会计的基本假设。
3. 简述管理会计的目标。
4. 简述管理会计的职能。
5. 简述管理会计与财务会计的区别与联系。

DIERZHANG

第二章 成本性态分析与变动成本法

学习目的 ……

(1) 掌握成本的概念及其相关分类。

(2) 掌握固定成本、变动成本、混合成本的含义、特点和构成。

(3) 了解成本性态分析的程序、方法及其假设。

(4) 掌握混合成本分解的高低点法和回归直线法。

(5) 掌握变动成本法与完全成本法的含义、区别及优缺点。

第一节 成本性态及其分类

一、成本的经济性质

马克思曾科学地指出了成本的经济性质：

> 按照资本主义方式生产的每一个商品 W 的价值，用公式来表示是 $W=C+V+M$。如果从这个产品价值中减去剩余价值 M，那么，在商品中剩下的只是一个在生产要素上耗费的资本价值 $C+V$ 的等价物或补偿价值。商品价值的这个部分，即补偿所消耗的生产资料价格和所使用的劳动力价格的部分，只是补偿商品使资本家自身耗费的东西，所以对资本家来说，这就是商品的成本价格。

马克思的这段话，可从以下三个方面来分析。

第一，指出的只是产品成本的经济实质，并不是泛指一切成本。

第二，从耗费角度指明了产品成本的经济实质是 $C+V$，由于 $C+V$ 的价值无法计量，人们所能计量和把握的成本，实际上是 $C+V$ 的价格即成本价格。$C+V$ 资本价值的等价物和补偿价值，对于资本家来说，指商品的成本价格，马克思在这里称为“成本价格”的那部分商品价值，就是“商品成本”，是构成商品的理论成本。

第三，从补偿角度指明了成本在补偿商品生产中是资本自身消耗的东西，实际上是说明了成本对再生产的作用。也就是讲，产品成本是企业维持简单再生产的补偿尺度，由此可见，在一定的产品销售量和销售价格的条件下，产品成本水平的高低，不但制约着企业的生存，而且决定着剩余价值 M 即利润的多少，从而制约着企业再生产扩大的可能性。

马克思对于成本的考察，既看到耗费，又重视补偿，这是对成本性质完整的理解。在商品生产条件下，耗费和补偿是对立统一的。任何耗费总是个别生产者的事，而补偿则是社会的过程。耗费要求得到补偿和能否得到补偿是两个不同的事情。这就迫使商品生产者不得不重视成本，努力加强管理，力求以较少的耗费来寻求补偿，并获取最大限度的利润。

社会主义经济与资本主义市场经济有着本质的区别，但二者都是商品经济。社会主义市场经济中企业作为自主经营、自负盈亏的生产者和经营者，其经营目标就是向社会提供商品，满足社会的一定需要。企业以产品的销售收入抵偿自己在商品生产经营中所支出的各种劳动耗费并取得盈利，才能使企业在整个社会中加以发展。因此，商品价值、成本、利润等经济范畴存在一定客观必然性，体现社会经济关系与资本主义市场经济不同。我国处在社会主义初级阶段，允许多种所有制的生产主体同时并存;成本的含义应与目前的经济体制相适应,采用如下的多种理论成本。生产主体是小商品生产者的,只有生产资料需要购买,所需要的劳动就是生产者本身,不需付给工资,可以用 C 作为其理论成本;生产主体是国有企业的,以社会作为主体,商品生产中物化劳动和活劳动的耗费都可看作社会的耗费,是社会生产成本,可以用 $C+V+M$ 作为其理论成本;其他生产主体一般用 $C+V$ 作为理论成本。

二、成本的含义

成本是商品经济的价值范畴,是商品价值的组成部分。人们要进行生产经营活动或达到一定的目的,就必须耗费一定的资源(人力、物力和财力),其所费资源的货币表现及其对象化称为成本。随着商品经济的不断发展,成本概念的内涵和外延都处于变化发展之中。

(一) 广义的成本概念

美国会计学会(AAA)所属的成本概念与标准委员会 1951 年对成本的定义为:成本是指为达到特定的目的而发生或应发生的价值牺牲,它可用货币单位加以计量。这个定义包括以下三个方面的特征。

第一,成本是一种价值牺牲,即是对资源耗费的计量。资源的耗费不仅是货币的消耗,也可以是物资的消耗、劳动的消耗等。

第二,成本以货币形式进行计量。由于各种耗费的计量单位不同,所以不能简单加总确定耗费的总量,必须将各种耗费量统一成货币单位后,才能确定耗费总量。

第三,成本是为了一定目的的价值牺牲。这里的一定目的包括所有与企业经营目的有关的活动,包括制造产品、取得存货、销售商品、对外投资及企业的各项管理活动。

美国注册会计师协会(AICPA)于 1957 年在所发布的第 4 号会计名词公报中,对成本的定义为:成本系指为获取货物或劳务而支付的现金或转移的其他资产,发行股票,提供劳务或发生负债而以货币衡量的数额。成本可以分为未耗成本和已耗成本,未耗成本形成资产,列在资产负债表上,已耗成本形成费用,列在利润表上。

(二) 狭义的成本概念

狭义的成本一般仅指产品生产(制造)成本,即生产产品所发生的各项生产耗费,包括直接材料、直接人工和制造费用等。

我国成本计算的理论基础是马克思价值理论。

马克思关于成本的描述:按照资本主义方式生产的每一件商品 W 的价值,用公式表示是 $W=C+V+M$。如果从这个产品价值中减去剩余价值 M,那么在商品中剩下的只是一个在生产要素上耗费的资本价值 $C+V$ 的等价物或补偿价值。$C+V$ 就是产品生产过程中的资本耗费,称为成本。因此,成本的实质是生产经营过程中所耗费的生产资料的转移价值和活劳动耗费为劳动者自己创造价值的货币表现。马克思这里所指的成本是指狭义的产品生产成本,也称作产品制造成本。

(三) 成本(广义)与费用的关系

我国《企业会计准则——基本准则》中明确规定:费用是指企业在日常活动中发生的、会导致所有者权益减少(资产减少或负债增加)的、与向所有者分配利润无关的经济利益的总流出。费用包括营业成本、营业税金及附加、管理费用、财务费用、销售费用等。企业非日常活动形成的经济利益的流出不能确认为费用，而应当确认为损失。成本与费用是两个并行的概念，也是经常被混淆的两个概念，尽管它们之间有一定的联系，但实际上它们之间有本质的区别。成本与企业特定资产或劳务对象相关，而费用则与特定会计期间相关；成本是企业为取得某种资产或劳务所付出代价的量度，而费用则是为取得收入而发生的资源耗费金额；成本中的未耗成本是资产，不能直接抵减收入，只能先以资产的形式反映在资产负债表中，再通过耗费过程转化为费用；成本中的已耗成本是费用，直接冲减当期的收入，反映在利润表中。

管理会计中，成本是指企业在生产经营过程中对象化的，以货币表现的为达到一定目的而应当或可能发生的各种经济资源的价值牺牲或代价。

三、成本的分类

成本可以按各种不同的标准进行分类，以适应企业经营管理上的不同需求。

（一）成本按经济用途分类

成本按经济用途分类实际上是西方财务会计学的传统分类方法。在制造业单位中，成本按其经济用途分为生产成本和非生产成本两大类。

1. 生产成本

生产成本又称制造成本，是指在生产过程中为制造产品而发生的成本。生产成本包括直接材料、直接人工和制造费用三个成本项目。

1）直接材料

直接材料是指企业在生产产品和提供劳务过程中所消耗的直接用于产品生产并构成产品实体的原料、主要材料、外购半成品，以及有助于产品形成的辅助材料以及其他直接材料。

2）直接人工

直接人工是指企业在生产产品和提供劳务过程中，直接从事产品的生产的工人的工资、津贴、补贴和福利费等。

3）制造费用

制造费用是指为制造产品或提供劳务而发生的各项间接费用。从核算的角度讲，制造费用包括直接材料、直接人工以外的为制造产品或提供劳务而发生的，只是无法直接归属某一产品的全部支出。

制造费用内容繁杂，人们通常将其细分为间接材料、间接人工和其他制造费用。

第一，间接材料是指在产品制造过程中被耗用但不容易归入某一特定产品的材料成本，或者是不必要单独选择分配标准以确定其归属某一特定产品份额的材料成本。如各种工具、物料的消耗成本。

第二，间接人工是指为生产提供劳务而不直接进行产品制造的人工成本，如设备养护、维修人员的工资。

第三，其他制造费用是指不属于直接人工和直接材料的其他各种间接费用，如固定资产的折旧费、维修费、保险费，车间用动力费、照明费等。

直接材料与直接人工的共同特点是都可以将其成本准确地归属于某一种产品上，最能体现成本“归属性”这一传统上的本质属性。当制造费用按一定的标准在各收益对象即产品中分配完毕，制造成本也就演化成所谓的“产品成本”，即以产品品种来识别的成本。在生产成本中，直接材料与直接人工之和又称为主要成本；直接人工与制造费用之和称为加工转换成本。

2. 非生产成本

非生产成本是指生产成本之外的成本，即销售费用、管理费用、财务费用，又称为期间费用。销售费用是指在流通领域为推销产品而发生的各项成本，包括广告宣传费用、送货运杂费用、销售佣金、销售人员工资及销售部门的其他费用等；管理费用和财务费用之和为管理成本，是指企业行政部门为组织企业生产经营活动所发生的成本。

区分生产成本和非生产成本是财务会计按完全成本法进行成本核算的基础。

(二) 成本按性态分类

成本性态是指成本总额与特定业务量之间在数量方面的依存关系，又称为成本习性。

这里的业务量(以下用 x 表示)是指企业在一定的生产经营期内投入或完成的经营工作量的统称。业务量可以使用多种计量单位表现，包括绝对量和相对量两类。其中，绝对量具体又可细分为实物量、价值量和时间量三种形式；相对量也可以用百分比或比率等形式反映。业务量的不同计量单位在一定条件下可以互相换算，具体使用什么计量单位应视管理要求和现实可能而定。在最简单的条件下，业务量通常是指生产量或销售量。

这里的成本总额主要是指为取得营业收入而发生的营业成本费用，包括全部生产成本和销售费用、管理费用及财务费用等非生产成本。

全部成本按其性态可分为固定成本、变动成本和混合成本三大类。下面分别讨论这些成本。

1. 固定成本

1) 固定成本的含义

固定成本是指其总额在一定期间和一定业务量范围内，不受业务量变动的影响而保持固定不变的成本。它具有以下两个特点。

第一，固定成本总额(用 a 表示)的不变性。这一特点是其概念的再现，在平面直角坐标图(简称坐标图)上，固定成本线就是一条平行于 x 轴(表示业务量)的直线，其总成本模型为 $y=a$，如图 2-1 所示。

第二，单位固定成本(以下用 a/x 表示)的反比例变动性。由于上一个特点，单位产品负担的固定成本必然随着业务量的变动成反比例变动，其单位成本模型为 $y=a/x$，反映在坐标图上是一条反比例曲线，如图 2-2 所示。

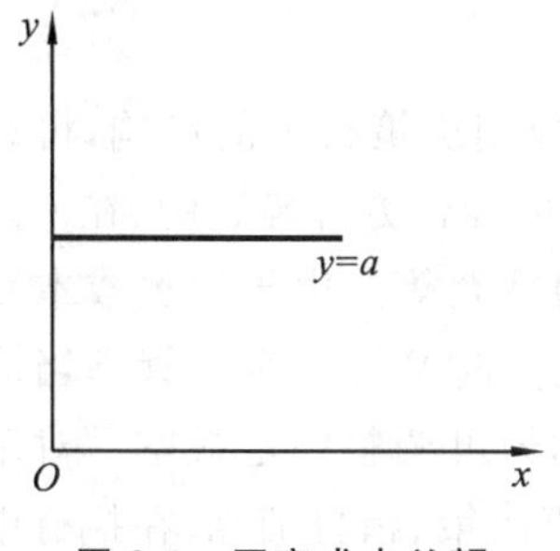

图 2-1　固定成本总额

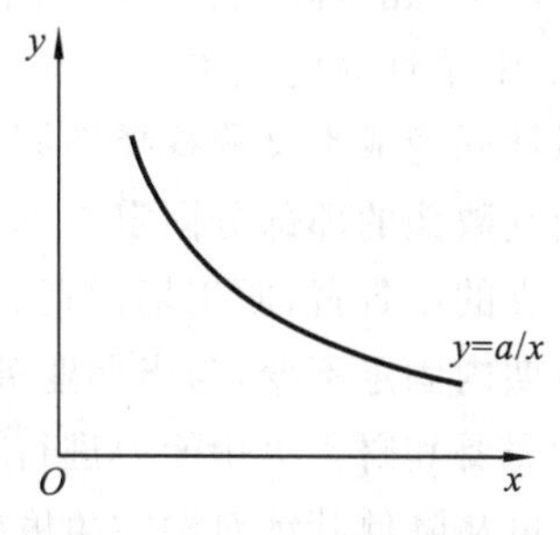

图 2-2　单位固定成本

【例 2-1】 某企业生产一种产品，其专用生产设备的月折旧额为 10 000 元。该设备最大加工能力为 4000 件/月，当该设备分别生产 1000 件、2000 件、3000 件和 4000 件时，单位产品所负担的固定成本如表 2-1 所示。

表 2-1　产量与成本资料

产量/件	总成本/元	单位产品负担固定成本/元
1000	10 000	10
2000	10 000	5
3000	10 000	3.33
4000	10 000	2.50

从例 2-1 中可以直观地看出，该企业发生的月折旧总额与完成的产量多少毫无关系，但单位产品所负担的固定成本与产量却成反比关系，即产量的增加会导致单位产品负担的固定成本的下降，反之亦然。

西方会计中固定成本一般包括下列内容：房屋设备租赁费、保险费、广告费、不动产税、按使用年限法计提的固定资产折旧费、管理人员薪金等。在我国，工业企业生产成本中的固定成本则主要指制造费用中不随产量变动的办公费、差旅费、折旧费、劳动保护费、管理人员工资、租赁费等，销售费用中不受销量影响的销售人员工资、广告费和折旧费，管理费用中不受产量或销量影响的销售人员工资、折旧费、保险费、土地使用税等。

2）固定成本的分类

固定成本按其是否受管理当局短期决策行为的影响，又可进一步细分为约束性固定成本和酌量性固定成本两类。区分这两类成本的意义在于寻求降低固定成本的正确途径。

第一，约束性固定成本。

约束性固定成本又称拘束性固定成本，是指不受管理当局短期决策行为影响的那部分固定成本。如厂房、机器设备折旧费，不动产税，保险费，管理人员工资（薪金）等。这类成本反映的是形成和维持企业最起码生产经营能力的成本，也是企业经营业务必须负担的最低成本。由于企业的经营能力一旦形成，在短期内就不应轻易削减，任何降低这类成本的企图都必须以缩减企业的生产能力为代价，意味着经营能力的破坏，可能影响企业长远目标的实现，降低盈利能力，因此这种成本具有很大的约束性。除非要改变企业的经营方向，否则，不能设想在实务中采取降低这部分成本总额的措施，只能从合理充分地利用其创造的生产经营能力的角度着手，提高产品的产量，相对降低其单位成本。

第二，酌量性固定成本。

酌量性固定成本又称抉择性固定成本，是指受管理当局短期决策行为的影响，可以在不同时期改变其数额的那部分固定成本。这类成本包括根据企业的经营方针确定的、在一定预算期内安排开支的广告费、职工培训费、新产品开发费和经营性租赁费等。由于这类成本在一定的预算执行期内固定不变，与当期业务量无关，而在编制下期预算时又可由企业管理当局根据未来的实际需要和财务负担能力进行调整，因此，也有人将其称为可调整固定成本。对于这部分固定成本可从降低其绝对额的角度予以考虑，即在预算时认真决策、精打细算，在执行中厉行节约，在保证不影响生产经营的前提下尽量减少它们的支出总额。通常我们讲的降低固定成本总额就是指降低酌量性固定成本。

在管理会计中，固定成本的水平一般是以其总额表现的。但应当注意的是，固定成本总是与特定的计算期间相联系，一个月的固定成本与一年的固定成本的水平肯定不同；而且某些成本项目只是对某一特定业务量来说属于固定成本，对其他业务量来说则不属于固定成本。所以，在研究固定成本问题时，必须以明确时间范围和业务量的具体形式为前提。

3）固定成本的相关范围

前面在给固定成本下定义时曾冠以“在一定期间和一定业务量范围内”这样一个定语，也就是说，固定成本的“固定性”不是绝对的，而是有限定条件的，或者说是有范围的。这种限定条件或者说范围在管理会计中叫作相关范围，表现为一定的期间范围和一定的空间范围。

就期间范围而言，固定成本表现为在某一特定期间内具有固定性。因为从较长时间看，所有成本都具有变动性，即使“约束性”很强的约束性固定成本也是如此。随着时间的推移，一个正常成长的企业，其经营能力无论是从规模上还是从质量上均会发生变化。厂房势必扩大，设备势必更新，行政管理人员也可能增加，这些均会导致折旧费用、财产保险费、不动产税以及行政管理人员薪金的增加。经营能力的逆向变化当然也同样会导致上述费用发生变化。

就空间范围而言，固定成本表现为在某一特定业务量水平内具有固定性。因为业务量一旦超出这一水平，同样势必扩大厂房、更新设备和增加行政管理人员，相应的费用也势必增加。业务量的变化，无论是渐变还是突变，总是表现在特定的期间内，就固定成本的时间范围限定和空间范围限定而言，空间范围的限定（也就是业务量水平的限定）更具有实质意义。成本按所谓的性态划分也正是体现了这一意义。

2. 变动成本

1）变动成本的含义

变动成本是指在一定的期间和一定业务量范围内其总额随着业务量的变动而成正比例变动的成本。变动成本具有以下两个特点。

第一，变动成本总额（用 bx 表示）的正比例变动性。这一特点已在其定义中得以反映。将其反映在平面直角坐标图上，变动成本是一条以单位变动成本为斜率的直线。单位变动成本越大，即斜率越大，图上体现的直线坡度越陡。其总成本模型为 $y=bx$，如图 2-3 所示。

第二，单位变动成本（用 b 表示）的不变性。由于变动成本总额的正比例变动性，决定了其单位变动成本不受业务量增减变动的影响而保持不变。将此特点反映在坐标图上，单位变动成本是一条平行于横轴的直线，因此单位变动成本的性态模型为 $y=b$，如图 2-4 所示。

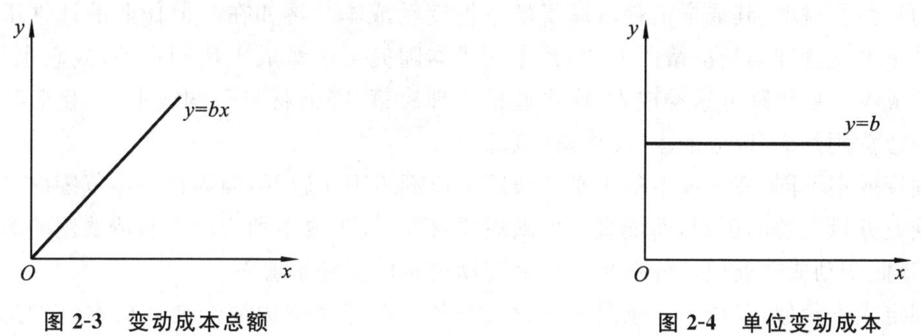

图 2-3　变动成本总额　　　　**图 2-4　单位变动成本**

【例 2-2】 我们假定例 2-1 中单位产品的直接材料成本为 20 元，当产量分别为 1000 件、2000 件、3000 件、4000 件时，材料的总成本和单位产品的材料成本如表 2-2 所示。

表 2-2 产量与材料成本资料

产量/件	材料总成本/元	单位产品材料成本/元
1000	20 000	20
2000	40 000	20
3000	60 000	20
4000	80 000	20

从例 2-2 中可以直观地看出，该企业发生单位产品材料成本与完成的产量多少毫无关系，但当产量分别为 1000 件、2000 件、3000 件和 4000 件时，产品所负担的材料总成本与产量却成正比关系，即产量的增加会导致材料总成本的上涨，反之亦然。

西方会计中，变动成本一般包括直接材料、直接人工和制造费用中随产量成正比例变动的物料用品费、燃料费、动力费，以及按销售支付的销售佣金、装运费、包装费等。我国企业可将那些直接用于产品制造的、与产量成正比的原材料、燃料及动力、外部加工费、外购半成品、按产量法计提的折旧费和计件工资形式下的生产工人工资以及与销售量成正比例的销售费用等列入变动成本。

2）变动成本的分类

借助固定成本的分类思想，变动成本可根据其发生的原因进一步分为技术性变动成本和酌量性变动成本。

第一，技术性变动成本是指在其单位成本受客观因素决定、消耗量由技术因素决定的那部分变动成本。例如：生产某型号柴油机需要外购配套的油嘴泵等部件，在外购价格一定的条件下其成本就属于受设计技术影响的、与柴油机产量成正比例关系的技术性变动成本。再如某热电厂的锅炉必须使用由某煤矿生产的燃烧值在一定千卡以上的精煤，在这种情况下，燃料成本就属于随发电量成正比例变动的技术性变动成本。另外，在工资水平不变的前提下，流水作业生产岗位上的工人的工资和福利费也是受工艺流程影响的变动成本。要想降低这类成本，应当通过改进设计、改革工艺技术、实现技术革新和技术革命、提高材料综合利用率、提高劳动生产率和产出率，以及避免浪费、降低单耗来实现。

第二，酌量性变动成本是指单位成本主要受企业管理部门决策影响的那部分变动成本。如在质量能够得以保证、单耗不变的前提下，企业可以在不同地区或不同供货单位采购到价格水平不同的某种原材料，其成本消耗就属于酌量性变动成本。再如在分散作业的计件工资制下，由于计件单价受管理当局决策的制约，其工资成本随完工产量成正比例变动，故它也是一种酌量性变动成本。要想降低这类成本，应当通过合理决策，降低材料采购成本，优化劳动组合，严格控制制造费用开支，改善成本-效益关系来实现。

与固定成本不同，变动成本的水平一般用单位额表现比较好，因为在一定范围内，单位变动成本不受业务量变动的影响，而能直接反映主要材料、人工成本和变动性制造费用的消耗水平。总之，要降低变动成本就应从降低单位产品变动成本的消耗量着手。

与固定成本相似，某些成本项目只是对某一特定业务量来说属于变动成本，而对其他业务量来说则不属于变动成本。所以，在研究变动成本问题时，必须了解有关业务量的具体形式。

3）变动成本的相关范围

与固定成本一样，变动成本的变动性，即“随着业务量的变动而成正比例变动”也有其相关范围。也就是说，变动成本总额与业务量之间的这种正比例变动关系（即完全线性关系）只是在一定业务量范围内实现的，超出这一业务量范围，两者之间就可能不存在这种正比例变动关系。

例如，当企业的产品产量较小时，单位产品的材料成本和人工成本可能比较高。但当产量逐渐上升到一定范围内（即相关范围）时，由于材料的利用可能更加充分、工人的作业安排可能更加合理等原因，会使单位产品的材料成本和人工成本逐渐降下来。而当产量突破上述范围继续上升时，可能使某些变动成本项目超量上升（如加倍支付工人的加班、加点工资），从而导致单位产品中的变动成本由降转升。

需要说明的是，现实经济生活中几乎不存在可以将变动成本总额与业务量的关系描述为绝对线性关系的事例。但是，这并不妨碍我们在一定的业务量范围内假设它们之间存在这种线性关系，并以此进行成本性态分析。而且，如果我们能够合理地确定上述相关范围，那么将变动成本总额与业务量之间的非线性关系描述为线性关系，同样不妨碍我们为相关的预测和决策行为提供数据支持。这样一来，成本性态分析方法的适用面也就广了。

3. 混合成本

混合成本是指介于固定成本和变动成本之间、既随业务量变动又不成正比例变动的那部分成本。

在实际工作中，常常有许多成本的明细项目属于这类成本。这是因为成本按其性态分类，采用了“是否变动”与“是否正比例变动”双重分类标志；不论哪个标志在前，分类的结果都必然产生游离于固定成本和变动成本之间的混合成本。这表明混合成本的存在具有客观必然性。

混合成本与业务量之间的关系比较复杂，按照混合成本变动趋势的不同，又可分为阶梯式混合成本、标准式混合成本、低坡式混合成本和曲线式混合成本四类。这里我们主要讨论最基本的阶梯式混合成本和标准式混合成本。

1）阶梯式混合成本

阶梯式混合成本又称步增混合成本或半固定成本。这类混合成本的特点是：在一定业务量范围内其成本不随业务量的变动而变动，类似固定成本，当业务量突破这一范围，成本就会跳跃上升，并在新的业务量变动范围内固定不变，直到出现另一个新的跳跃为止。将此变化反映在坐标图上，其成本随业务量的增长呈现出阶梯状增长趋势。企业化验员、保养工、质检员、运货员等人员的工资等就属于这类成本。

【例 2-3】 当每月甲企业生产的 A 产品产量在 400 件以内时，需要两名化验员，每人月工资 1700 元，工资成本为 3400 元，则化验员的工资成本呈阶梯状上升，如图 2-5 所示。

阶梯式混合成本的数学模型可写成以下分段函数的形式：

$$y = f(x) = \begin{cases} a_1, & 0 < x \leqslant x_1 \\ a_2, & x_1 < x \leqslant x_2 \\ a_3, & x_2 < x \leqslant x_3 \end{cases}$$

由于这种分段式的成本函数在进行数学处理时比较麻烦，可以设法用一个直线方程 $y=a+bx$ 来模拟它。

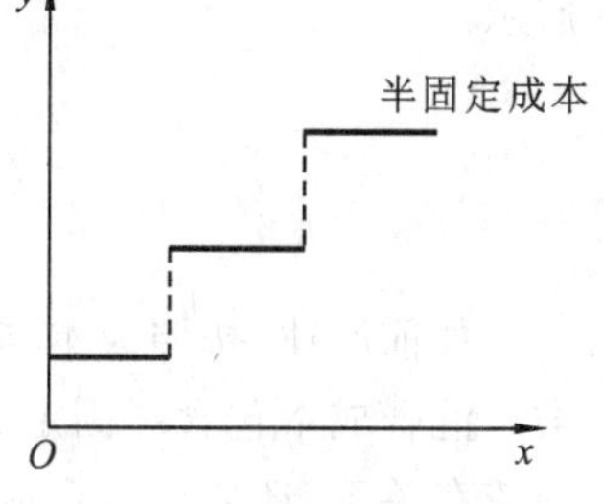

图 2-5　阶梯式混合成本

2）标准式混合成本

标准式混合成本是由明显的固定成本和变动成本两部分成本合成的，又称半变动成本。它的固定部分是不受业务量影响的基数成本；变动部分则是在基数成本的基础上随业务量的增长而成正比例增长的成本。如企业的电话费用就是由按固定数额计收的月租费和按通话时间及计价标准计算的通话费用两部分组成的，属于标准式混合成本；其他公用事业费如水、电、煤气等费用，机器设备的维修保养费及销售人员的薪金也大多属于这类成本。其性态模型如图2-6所示。

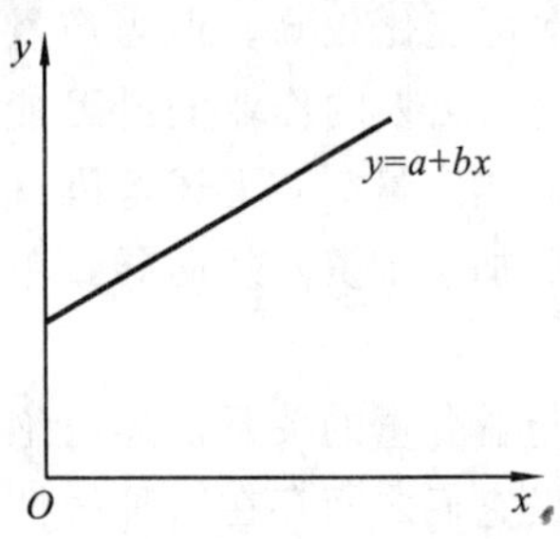

图 2-6　标准式混合成本

这种成本函数可以直接写成 $y=a+bx$。

（三）成本按决策相关性分类

成本的相关性是指成本的发生与特定决策方案是否有关的性质。成本按此分类可分为相关成本与无关成本两类。

相关成本，顾名思义，就是与决策有关联关系的成本，也就是在进行决策分析时必须认真考虑并加以计量的各种形式的未来成本。

无关成本则是指过去已经发生，或者虽未发生但对决策没有影响，因而在进行决策分析时无须加以考虑的各种成本。

这种分类有助于成本预测和成本决策，有利于规划未来成本。

关于相关成本与无关成本的具体内容将在“短期经营决策分析”一章中详细讨论。

四、总成本公式及其习性模型

管理会计通常都是把企业的全部成本分为变动成本和固定成本两大类，那么它的总成本公式必然是：

总成本＝固定成本总额＋变动成本总额

＝固定成本总额＋(单位变动成本×业务量)

现设总成本为 y，固定成本总额为 a，单位变动成本为 b，业务量为 x。从而上述总成本的公式可改写为：

$$y=a+bx$$

从数学的观点来看，它是一个直线方程式。其中：x 是自变量；y 是因变量(随机变量)；a 是常数，即截距；b 是直线的斜率。这个方程式很重要，在今后的章节中常常要应用它。它的习性模型如图2-7所示。

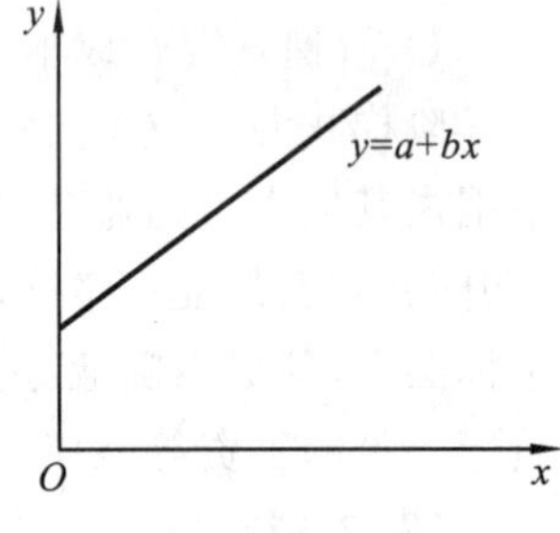

图 2-7　总成本习性模型

第二节　混合成本的分解

如前所述，按照成本与产量的依存关系，可将成本分为固定成本、变动成本和混合成本三类。混合成本包含了固定成本与变动成本两种因素。在实际工作中，为了掌握成本与产量之间的依存关系，还要对混合成本进行分解，将其中的变动部分和固定部分分离出来，以便进而把全部成本最终分为固定成本和变动成本两大类，才能满足经营管理上多方面的需要。

对混合成本分解常用的方法有高低点法和回归直线法等。现对这两种方法的基本原理说明如下。

一、高低点法

高低点法是指以某一时期内的最高点产量的混合成本与最低点产量的混合成本之差，除以最高产量与最低产量之差，先计算出单位变动成本的值，然后再据以把混合成本中的变动部分和固定部分分解出来的一种方法。

设 y 为混合成本总额，a 为固定成本总额，b 为单位变动成本，x 为产量，混合成本的数学模型可用直线方程来表示，即：

$$y = a + bx$$

在 $y=a+bx$ 这个方程式内，根据成本的性态，a 在相关范围内是固定不变的，高低点产量发生变动对它没有影响，可以不考虑。如果 b 在相关范围内是个常数，则变动成本总额随着高低点产量的变动而变动。因此，上述方程式可以改写为：

$$\Delta y = b \cdot \Delta x$$

上式中 Δx 是高低点产量之差，Δy 是高低点混合成本之差。移项，得：

$$b = \Delta y / \Delta x$$

$$= \text{高低点混合成本之差} / \text{高低点产量之差}$$

将上式代入直线方程 $y=a+bx$ 中，即可求得：

$$a = \text{最高点的混合成本总额} - b \times \text{最高点产量}$$

或

$$a = \text{最低点的混合成本总额} - b \times \text{最低点产量}$$

【例 2-4】 某工厂 20××年维修成本在相关范围内的变动情况如表 2-3 所示，现用高低点法对维修成本进行分解。

表 2-3　维修成本变动表

直接人工小时/小时	维修成本/元
5500	745
7000	850
5000	700
6500	820
7500	960
8000	1000
6000	825

首先，根据历史数据找出最高点与最低点的发生数如下：

	直接人工小时	维修成本
高点	8000	1000
低点	5000	700
差额	3000	300

然后据此确定 a、b 的值：

$$b = 300/3000 = 0.1$$

$$a = 1000 - (0.1 \times 8000) = 200$$

$$y = 200 + 0.1x$$

上述计算表明，该厂维修成本(混合成本)进行分解后，其固定成本总额是200元，其余部分属于变动成本。

必须指出，采用高低点法所选用的成本数据应能代表企业生产活动的正常情况。同时，通过高低点法分解而求得的成本公式，只适用于相关范围内的情况，超过相关范围，就不能搬用上述算式进行分解。

二、回归直线法

回归直线法是根据若干期产量和成本的历史资料，运用最小二进制乘法公式，将某项混合成本分解为变动成本和固定成本的方法。在管理会计中，回归直线法是用来分解混合成本的一种较为精确的方法。

设 y 代表某项混合成本，x 代表产量，a 代表混合成本中的固定成本部分，b 代表混合成本中的单位变动成本。它们之间的关系为：

$$y = a + bx$$

我们可以用简算法来确定直线方程中 a、b 的值。首先以总和的形式表示直线方程 $y=a+bx$ 中的每一项，即：

$$\sum y = na + b\sum x \tag{2-1}$$

再将上列方程式的左右两边用产量(x)进行加权，即得：

$$\sum (xy) = a\sum x + b\sum x^2 \tag{2-2}$$

从式(2-1)可得：

$$a = (\sum y - b\sum x)/n \tag{2-3}$$

将式(2-3)代入式(2-2)得：

$$b = [n\sum (xy) - \sum x\sum y]/[n\sum x^2 - (\sum x)^2] \tag{2-4}$$

再以式(2-4)代入式(2-3)得：

$$a = [\sum x^2\sum y - \sum x\sum (xy)]/[n\sum x^2 - (\sum x)^2] \tag{2-5}$$

根据式(2-5)与式(2-4)，即可求出 a、b 的值，然后建立混合成本的直线方程式。

只有 x 与 y 之间基本上保持线性联系，通过回归方程来描述成本变动趋势才有意义。

现举一例子说明回归直线法的具体应用。

【例 2-5】 某厂2014年全年电力成本 y 与机器小时 x 的关系如表2-4所示。

表 2-4 成本与工时资料

月　份	机器运转时数 $x/\times 10^3$ 小时	电力成本 y/元
1	9	3000
2	8	2500
3	9	2900

续表

月　份	机器运转时数 $x/\times 10^3$ 小时	电力成本 y/元
4	10	2900
5	12	3600
6	13	3400
7	11	3200
8	11	3300
9	10	3000
10	8	2600
11	7	2300
12	8	2600
合计	116	35 300

现采用最回归直线法进行分解。

计算 a 和 b 的值：

$$\begin{aligned} b &= [n\sum(xy) - \sum x \sum y]/[n\sum x^2 - (\sum x)^2] \\ &= (12 \times 348\ 700 - 116 \times 35\ 300)/[12 \times 1158 - (116)^2] \\ &= (4\ 184\ 400 - 4\ 094\ 800)/(13\ 896 - 13\ 456) \\ &= 89\ 600/440 \\ &\approx 203.64 \end{aligned}$$

$$\begin{aligned} a &= (\sum y - b\sum x)/n \\ &= (35\ 300 - 203.64 \times 116)/12 \\ &= 11\ 677.76/12 = 973.15 \end{aligned}$$

用线性方程式 $y=a+bx$ 的形式，成本公式可以表达如下：

$$y = 973.15 + 203.64x$$

我们可以利用成本公式来做成本规划，假如 2015 年 1 月份将工作 10 000 个机器小时，其预计的动力成本为：

$$\begin{aligned} y &= (973.15 + 203.64 \times 10)\ \text{元} \\ &= 973.15\ \text{元} + 2036.40\ \text{元} \\ &= 3009.55\ \text{元} \end{aligned}$$

上面我们所介绍的是分解混合成本常用的两种方法。在这两种方法中，高低点法简便易懂，但是，由于这种方法没有利用所占有的全部数据来估计成本，只利用高点与低点的数据，因此，如果这两点的数据中或其中的某一点数据有了偶然情况，就可能使计算的结果不太准确。回归直线法利用“回归直线的误差平方和最小”的原理，其结果在理论上是更准确些，但计算比较麻烦。

第三节　变动成本法与完全成本法

一、变动成本法的含义

变动成本法也叫直接成本计算法，它是将生产过程中所消耗的直接材料、直接人工和变动性制造费用计入产品成本，而将固定性制造费用和非生产成本作为期间成本，直接由当期收益予以补偿的一种成本计算方法。它在 20 世纪 30 年代起源于美国，到了 20 世纪 50 年代，随着企业经营环境的改变和竞争的加剧，企业的管理者为了加强内部管理和经济活动的事前规划和日常控制，而将变动成本法作为管理会计的一项重要内容。

在变动成本法下，固定性制造费用作为期间成本，从当期的收益中一次全部扣除，原因如下。

(1) 固定性制造费用与产品产量无关，不宜计入产品成本。一般情况下，固定性制造费用是为企业提供一定的生产经营条件而发生的，企业的生产经营条件一旦形成，在短期内不会发生变化。而且，不管企业对生产经营条件的利用程度和情况如何，这些费用仍旧照常发生，因此，从某种程度上说，固定性制造费用为企业带来的是生产经营条件而不是产量，它不会随着产品产量的变化而发生数量上的变化。

(2) 固定性制造费用是同特定的经营期间相联系的，它们都是按期间发生的，且会随着时间的推移而逐渐消失，如固定资产折旧费、管理人员工资等，因而更适合按照期间成本处理。

变动成本法产生以后，人们就把传统的成本计算模式称为完全成本法，即在计算产品成本和存货成本时，把一定期间内在生产过程中所消耗的直接材料、直接人工、变动性制造费用和固定性制造费用的全部成本都包括在内，将非生产成本作为期间成本，按传统式损益确定程序计量损益。完全成本法是将所有的制造成本，不论是固定的还是变动的，都“吸收”到了单位产品中去，因此也被称为成本吸收法。

从目前来看，美国会计界的一些权威机构，如美国会计师协会、美国证券交易委员会、美国国内税务局，还是主张采用完全成本法计算产品的单位成本、确定存货和利润，企业编制的对外报表，现在还是采用完全成本法。所以，从目前来看，这两种方法并不能相互取代，而是要同时使用，因此，我们在介绍变动成本法时有必要将其与完全成本法进行比较。

二、变动成本法与完全成本法的比较

变动成本法与完全成本法对固定性制造费用的不同处理，导致了两种方法下的一系列差异。这主要表现在产品成本的构成内容不同、存货成本的构成内容不同以及各期损益不同三个方面。

(一) 产品成本的构成内容不同

变动成本法是先将制造成本按照成本性态划分为变动性制造费用和固定性制造费用两类，再将变动性制造费用计入产品成本，而将固定性制造费用与非制造成本一起列为期间成本。

完全成本法将所有成本分为制造成本（或称生产成本，包括直接材料、直接人工和制造费用）和非制造成本（包括管理费用、销售费用和财务费用）两大类，将制造成本完全计入产品成

本，而将非制造成本作为期间成本，全额计入当期损益。

完全成本法与变动成本法在产品成本计算上的差异可以从表 2-5 的描述中更清晰地看出。

表 2-5 完全成本法与变动成本法在产品成本计算上的差异表

<table>
<tr><th colspan="3">完全成本法</th><th colspan="2">变动成本法</th></tr>
<tr><td rowspan="4">制造成本</td><td>直接材料</td><td rowspan="4">产品成本</td><td>直接材料</td><td rowspan="3">产品成本</td></tr>
<tr><td rowspan="2">直接人工</td><td>直接人工</td></tr>
<tr><td>变动性制造费用</td></tr>
<tr><td>制造费用</td><td>固定性制造费用</td><td rowspan="4">期间成本</td></tr>
<tr><td rowspan="3">非制造成本</td><td>管理费用</td><td rowspan="3">期间成本</td><td>管理费用</td></tr>
<tr><td>销售费用</td><td>销售费用</td></tr>
<tr><td>财务费用</td><td>财务费用</td></tr>
</table>

现举简例分别按完全成本法与变动成本法列示其产品的单位成本。

【例 2-6】 假设某厂生产甲产品，当月生产 8000 件，每件直接材料 15 元，直接工资 12 元，变动性制造费用 10 元，全月发生的固定性制造费用 80 000 元。在两种成本法下其单位产品成本如表 2-6 所示。

表 2-6 单位产品成本计算表 单位:元

成 本 项 目	完全成本计算	变动成本计算
直接材料	15	15
直接工资	12	12
变动性制造费用	10	10
固定性制造费用	10	—
产品单位成本	47	37

可见，如果该厂是采用完全成本计算，所有的生产成本（变动和固定）均计入当期的产品成本之中。假如该厂每出售一件甲产品，则应在损益表上扣除销售成本 47 元。同样，任何未出售的产品将以每单位 47 元的成本列在资产负债表的存货项下。若该厂采用变动成本法，只有变动生产成本加入当期的制造成本中。每出售一件产品，只需在损益表上扣减销售成本 37 元，对未出售的产品仅以每单位 37 元的成本列在资产负债表的存货项下。

【例 2-7】 设某企业月初没有在产品和产成品存货。当月某种产品共生产 50 件，销售 40 件，月末结存 10 件。该种产品的制造成本资料和企业的非制造成本资料如表 2-7 所示。

表 2-7 产品成本资料 单位:元

成 本 项 目	单位产品项目成本	项目总成本
直接材料	200	10 000
直接人工	60	3000
变动性制造费用	20	1000
固定性制造费用		2000
管理费用		4000
销售费用		3000
合计		23 000

如果采用变动成本法，则单位产品成本为280元(200元+60元+20元)；如果采用完全成本法，则单位产品成本为320元(200元+60元+20元+2000/50元)。由于变动成本法将固定性制造费用处理为期间成本，所以单位产品成本较之完全成本法下为低。

然而，变动成本法下的期间成本较之完全成本法下就高了。变动成本法下期间成本为9000元(2000元+4000元+3000元)，而完全成本法下则为7000元(4000元+3000元)，这是因为在变动成本法下，固定性制造费用要和非制造成本一起构成期间成本，而在完全成本法下，仅只有非制造成本作为期间成本。

两种成本计算方法，在产品成本组成上存在着上述的差别，其理论根据是什么?

变动成本法之所以在计算产品成本和存货成本时，只包括产品在生产过程中所消耗的直接材料、直接人工和变动性制造费用，而将固定性制造费用作为期间成本，全额列入损益表，从当期的销售收入中扣除，其理由是：产品成本和期间成本是两个不同的概念，应明确区分。产品成本是指在产品生产过程中发生的、随产量而变动的成本。根据这一原则，只有直接材料、直接人工、变动性制造费用是在产品生产过程中发生的，且随产量变动，所以产品成本只包括这三大部分。固定性制造费用主要是为企业提供一定的生产经营条件而发生的，这些生产经营条件一经形成，不管其实际利用程度如何，有关费用照样发生，同产品的实际生产没有直接联系，并不随产量的增减而增减。也就是说，这部分费用所联系的是会计期间，而不是产品，它只随着时间的推移而逐渐消逝，其效益不应递延到下一会计期间，而应在费用发生的当期，全额列作期间成本，从本期的销售收入中直接扣减。

完全成本法的理论根据是，凡是同产品生产有关的耗费都应计入产品成本。固定性制造费用是为保持一定的经营条件而发生的，也就同形成企业生产能力正常维护相联系。产品在生产过程中不仅要消耗一定的直接材料、直接人工、变动性制造费用，同时要消耗一定的生产能力，如果没有厂房，没有基本组织机构，不开动机器设备，产品就生产不出来。所以，为提供生产能力所发生的固定性制造费用也应同直接材料、直接人工、变动性制造费用一样都是产品成本的组成部分，随产品而流动。也就是说，如果产品销售出去，汇集于产品上的成本也应转为本期的销售成本，以确定本期的收益；假如产品没有销售出去，构成期末存货，那么汇集于产品上的成本也应结转于下一期，等到下期销售后，才结转到销售成本。

综上所述，变动成本法与完全成本法由于对什么是产品成本这一概念的认识理解不同，所以在具体计算中，对固定性制造费用的处理方法也就不同。

（二）在产成品与在产品存货估价方面的区别

采用完全成本法时，由于它将全部的生产成本(包括变动的和固定的生产成本)在已销产品、库存产成品和在产品之间分摊，所以期末产成品和在产品存货中不仅包含了变动的生产成本，而且还包含了一部分的固定成本。

采用变动成本法时，由于只将变动成本在已销产品、库存产成品和在产品之间进行分配，固定成本没有结转至下期，全额直接从本期销售收入中扣减，所以期末产成品和在产品存货并没有负担固定成本，其金额必然低于采用完全成本法时的估价。

【例2-8】 沿用例2-6，假设某厂生产甲产品，当月生产8000件，销售7500件，期末产成品存货500件(假定期末没有在产品存货)。甲产品按完全成本法和变动成本法计算的单位产品成本分别为47元和37元。根据所提供的资料，可以确定产成品期末存货的成本如表2-8所示。

表 2-8　产成品期末存货成本资料

项　目	完全成本法	变动成本法
单位产品成本/元	47	37
产成品期末存货数量/件	500	500
产成品期末存货余额/元	23 500	18 500

可见,产成品期末存货采用完全成本法计算为 23 500 元,采用变动成本法计算为 18 500 元,两者计算的差额 5000 元(23 500 元－18 500 元)正是由于完全成本法中包括了固定性制造费用 5000 元(500 件×10 元/件)所造成的。

(三) 在盈亏计算方面不同

如前所述,由于两种成本计算方法对固定成本的处理不同,所以对分期损益的影响也就不同了。现分别说明如下。

1. 产销平衡的情况

在产销平衡的情况下,两种成本计算方式所确定的分期损益是相同的,即当本期生产量等于销售量时,按完全成本法确定的净收益等于按变动成本法确定的净收益。

这是因为:按变动成本法计算,本期所发生的固定性制造费用是全额从本期销售收入中扣除的;按完全成本法计算,本期发生的固定性制造费用先计入本期所生产的产品成本中,在产销平衡的情况下,本期所生产的产品又在本期全部销售出去,产成品的期末存货没有变动。所以,两种成本计算法,在销售收入一样,扣减数也一样的情况下,当然所得的净利润会相等。

2. 产销不平衡的情况

在产销不平衡时,两种成本法所确定的分期损益就不同了。因为产销不平衡,可能出现生产量大于销售量和生产量小于销售量这两种情况,所以下面分别就这两种不同情况进行说明。

1) 本期生产量大于销售量

当本期生产量大于销售量时,按完全成本法所确定的净收益大于按变动成本法所确定的净收益。

这是因为:按变动成本法计算,本期所发生的固定性制造费用全额从本期销售收入中扣除;而采用完全成本法计算,在生产量大于销售量时,意味着本期生产的产品没有全部销售出去,产成品的期末存货增加,它会带走一部分本期发生的固定性制造费用,也就是说,本期发生的固定性制造费用中有一部分由销售成本吸收,从本期的销售收入中扣减,其余部分则以期末存货形式结转到下期,可见,从本期销售收入中扣减的固定性制造费用就不是全额了。所以,在销售收入一样的情况下,采用变动成本法扣除了全部的固定性制造费用,而采用完全成本法仅扣除了部分的固定性制造费用,当然由此所确定的净收益前者会小于后者。

2) 本期生产量小于销售量

当本期生产量小于销售量时,按完全成本法所确定的净收益小于按变动成本法所确定的净收益。

这是因为:按变动成本法计算,本期所发生的固定性制造费用要全额从本期销售收入中扣除;但按完全成本法计算,在本期生产量小于销售量的情况下,则意味着期末产成品存货减少,本期销售的产品中不仅包括了本期生产的产品,而且包括了上期结转下来的产成品。可见,本期产品销售成本中不仅包括本期发生的全部固定性制造费用,同时还包括了上期产成品所结转下来的固定性制造费用。正因为这样，在销售收入一样的情况下，变动成本法扣除的成本少，完全成本法扣除的成本多，当然由此所确定的净收益，变动成本法会大于完全成本法。

现举一例子进行说明。

【例 2-9】 某公司三个会计年度的资料如表 2-9 所示。

表 2-9　某公司三个会计年度资料表

项　目	第一年	第二年	第三年
期初存货/件	—	—	500
生产量/件	2500	2500	2500
销售量/件	2500	2000	3000
期末存货/件	—	500	—
单位产品售价/元	20	20	20
单位产品变动成本/元	11	11	11
固定性制造费用/元	15 000	15 000	15 000
固定的销售与管理费用/元	3000	3000	3000

在本例中，假设各月份均无期初、期末在产品。现分别采用变动成本法与完全成本法确定各年的净收益如表 2-10 和表 2-11 所示。

表 2-10　按变动成本法计算

单位：元

项　目	第一年	第二年	第三年
产品销售收入	50 000	40 000	60 000
产品变动成本	27 500	22 000	33 000
贡献毛益	22 500	18 000	27 000
减：固定费用			
制造费用	15 000	15 000	15 000
销售与管理费用	3000	3000	3000
固定费用合计	18 000	18 000	18 000
净收益	4500	0	9000

表 2-11　按完全成本法计算

单位：元

项　目	第一年	第二年	第三年
销售收入	50 000	40 000	60 000
销售成本：			
期初存货	—	—	8500
本期变动生产成本	27 500	27 500	27 500
固定性制造费用	15 000	15 000	15 000
可供销售的产品成本	42 500	42 500	51 000

续表

项　目	第一年	第二年	第三年
减:期末存货	—	8500	—
销售成本合计	42 500	34 000	51 000
销售毛利	7500	6000	9000
减:销售与管理费用(固定)	3000	3000	3000
净收益	4500	3000	6000

表 2-10 中,产品变动成本的计算如下:

第一年,销售 2500×11 元=27 500 元;

第二年,销售 2000×11 元=22 000 元;

第三年,销售 3000×11 元=33 000 元。

表 2-11 中,本期变动生产成本的计算如下:

第一年,2500×11 元=27 500 元;

第二年,2500×11 元=27 500 元;

第三年,2500×11 元=27 500 元。

表 2-11 中,第二年期末存货成本为 500×17 元=8500 元。

以上计算结果表明如下三点。

(1) 当本期生产量和销售量相等时,不管采用变动成本法或完全成本法,其确定的分期损益是相同的,见表 2-10 和表 2-11 中的第一年。

当生产量(2500 件)=销售量(2500 件)时,变动成本法确定的净收益(4500 元)=完全成本法确定的净收益(4500 元)。

其理由是:当生产量等于销售量时,在完全成本法下,没有机会以存货方式结转固定性制造费用或从存货项下减去固定性制造费用。

(2) 当本期生产量大于销售量时,完全成本法所确定的净收益一般大于变动成本法所确定的净收益,见表 2-10 和表 2-11 中的第二年。

当生产量(2500 件)>销售量(2000 件)时,完全成本法确定的净收益(3000 元)>变动成本法确定的净收益(0 元)。

其理由是:当生产量大于销售量时,如前所说,在完全成本法下,本期发生的 15 000 元固定性制造费用中有一部分由销售成本吸收,从本期的销售收入中扣减,其余部分[3000=500×(15 000/2500)]以期末存货形式结转到第三年。然而,在变动成本法,本期发生的固定性制造费用全额从本期销售收入中扣除。

(3) 当本期生产量小于销售量时,按完全成本法所确定的净收益小于按变动成本法所确定的净收益,见表 2-10 和表 2-11 中的第三年。

当生产量(2500 件)< 销售量(3000 件)时,完全成本法确定的净收益(6000 元)<变动成本法确定的净收益(9000 元)。

其理由是:如前所述,在这种情况下,两者之差正是由于按完全成本法计算,本期销售的产品成本中不仅包括了本期发生的全部固定性制造费用 15 000 元,同时还包括了上期产成品(500 件)所结转下来的固定性制造费用 3000 元(500 件×6 元/件);在变动成本法下,本期销售的产品成本中仅仅包括了当年(第三年)发生的全部固定性制造费用。

三、变动成本法和完全成本法的评价

(一)变动成本法的优点

变动成本法的产生,突破了传统的、狭隘的成本观念,为加强企业内部管理、提高经济效益开创了新路。变动成本法的优点,主要表现在以下几个方面。

(1)变动成本法明确揭示了产品销售量、成本、利润之间的规律性联系,为规划、控制企业的经营活动提供了科学的依据。

变动成本法以成本划分为固定成本和变动成本为前提,其产品成本只包括生产过程中发生的变动成本,将生产过程中发生的固定成本和非生产成本排斥在产品成本之外。在这种特殊的处理方法下,任何产品的销售数量同利润之间的相互关系都将明白无误地显露出来,任何产品的销售收入同边际贡献之间均按相同比例增减变动的趋势亦将充分地表现出来。此外,在变动成本计算法下,边际贡献是销售收入与全部变动成本之间的差额,而利润又是边际贡献扣除全部固定成本的结果,所以,任何一种产品的销售收入、变动成本、边际贡献、固定成本、利润等各个基本因素之间的内在联系可以得到清晰的反映和说明。而由变动成本法所揭示的上述各种规律,有利于管理当局开展经营预测、制订经营决策(特别是短期经营决策)、实施经营控制、考评经营业绩等。

(2)变动成本法更符合"配比原则"的精神。

变动成本法的基本原理就是将当期所确认的费用,按照成本性态分为两大部分。一部分是与产品生产数量直接相关的成本(即变动成本),包括直接材料、直接人工和变动性制造费用。这部分成本中由已销售产品负担的对应部分(即当期销售成本)需要与销售收入(即当期收益)相配比;未销售产品负担的相应部分(即期末存货成本)则需要与未来收益相配比。另一部分则是与产品生产数量无直接联系的成本,即固定性制造费用。这部分成本是企业为维持正常生产能力所必须负担的成本,它们与生产能力的利用程度无关,既不会因为产量的提高而增加,也不会因为产量的下降而减少,只会随着时间的推延而丧失,所以是一种为取得收益而已然丧失的成本,当然应全部列为期间成本,而与当期的收益相配比。

(二)变动成本法的局限

(1)变动成本法不符合传统的成本概念的要求。因为按照传统的观念,产品成本应该包括变动成本和固定成本。

(2)所确定的成本数据不符合通用会计报表编制的要求。

(3)不能适应长期决策的需要。

尽管变动成本法提供的信息能在短期经营决策中发挥重要的作用,但不能解决诸如增加或减少生产能力、扩大或缩小经营规模等长期决策问题。同时,从长期来看,由于技术进步、通货膨胀及企业经营规模变化等的影响,单位变动成本和固定成本总额很难固定不变,一旦突破相关范围,成本性态发生变化,变动成本计算法提供的信息就将失去相关性。

(三)完全成本法的评价

采用完全成本法的优点是,可以鼓励企业提高产品生产的积极性。因为产量越大,单位产品分摊的固定成本会越少,从而单位产品成本随之降低。

但是这种成本计算法的最大缺陷是：按照这种方法所计算的分期损益难以为管理部门所理解。这是因为在产品售价、成本不变的情况下，利润的多少理应和销售量的增减相一致，也就是销售量增加，利润也应增加；反之，销售量减少，利润也应减少。可是，完全成本法的计算中掺杂了人为的因素，使得利润的多少和销售量的增减不能保持相应的比例，因而不易为管理部门所理解，不便于为决策、控制和分析直接提供有关的资料。现举例说明如下。

【例 2-10】 某公司生产一种甲产品，第一年和第二年的有关资料如表 2-12 所示。

表 2-12　甲产品相关资料

项　目	第一年	第二年
生产量/件	2500	2250
销售量/件	2250	2500
单位产品售价/元	80	80
单位产品变动成本/元	15	15
固定性制造费用/元	100 000	100 000
固定的销售与管理费用/元	25 000	25 000

根据上述资料，采用完全成本法确定的净收益如表 2-13 所示。

表 2-13　采用完全成本法确定的净收益　　单位：元

项　目	第一年	第二年
销售收入	180 000	200 000
销售产品制造成本：		
期初存货	—	13 750
本期变动生产成本	37 500	33 750
固定性制造费用	100 000	100 000
可供销售的产品成本	137 500	147 500
减：期末存货	13 750	
	123 750	147 500
销售毛利	56 250	52 500
减：销售与管理费用（固定）	25 000	25 000
净收益	31 250	27 500

表 2-13 的计算表明，在售价、成本不变的情况下，尽管产品的销售量增加了 250 件，但是，以完全成本法为基础所确定的净收益第二年比第一年反而减少了 3750 元（即 27 500 元—31 250元）。可见，这种成本计算方法难以为管理人员所理解。为什么会出现这种反常的现象呢？可通过下述的计算做具体的说明。

第二年比第一年增加销售收入（250×80）　　20 000

增加可变成本（250×15）　　3750

增加贡献毛益　　16 250

上年结转（250×40）　　10 000

加本年发生	100 000
减上年实际负担(100 000－10 000)	90 000
本年多负担	20 000
第二年比第一年净收益减少	3750

上述计算分析，我们可以清楚地看出，虽然第二年比第一年产品销售收入增加，贡献毛益也增加了 16 250 元，但由于第二年固定成本比第一年多负担 20 000 元，所以增加的贡献毛益还不足以补偿所增加负担的固定成本，从而造成最终的净收益反而有所减少。

(四) 变动成本法与完全成本法结合应用的问题

目前，在美国和其他西方国家，均按照"公认会计原则"编制定期的财务报表，存货计价和收益决定仍要求以完全成本计算作为基础；但在企业内部，则大多采用变动成本法计算产品成本，编制内部报表，为企业管理部门正确进行预测、决策、分析和控制提供有用的资料。由此可见，企业会计为了能更好地履行其对内、对外两方面的职能，两种成本法可以同时使用、互相补充。但这并不意味着要重复地同时按两套平行的成本计算资料。合理的做法是：把日常核算建立在变动成本计算的基础上，对在产品、产成品账户均按变动成本反映，同时另设"存货中的固定性制造费用"账户，把所发生的固定性制造费用先计入这一账户；期末，把其中应归属于本期已销售产品的部分转入"收益汇总"账户，并列入损益表，作为本期销售收入的一个扣减项目；而其中应归属于期末在产品、产成品的部分，则仍留在这个账户上，并将其余额附加在资产负债表上的在产品、产成品项上，使它们仍按所耗费的完全成本列示。

本章小结

第一节 主要讲述了成本的概念及其分类。成本是指企业在生产经营过程中对象化、以货币表现的为达到一定目的而应当或可能发生的各种经济资源的价值牺牲或代价。成本性态是指成本总额与特定业务量之间在数量方面的依存关系，又称为成本习性。

全部成本按其性态可分为固定成本、变动成本和混合成本三大类。固定成本是指在一定条件下，其总额不随业务量发生任何数额变化的那部分成本。固定成本按其是否受管理当局短期决策行为的影响，又可进一步细分为约束性固定成本和酌量性固定成本两类。区分这两类成本的意义在于寻求降低固定成本的正确途径。变动成本是指在一定条件下，其总额随业务量成正比例变化的那部分成本。混合成本是指介于固定成本和变动成本之间、既随业务量变动又不成正比例变动的那部分成本。

成本性态分析是指在明确各种成本的性态的基础上，按照一定的程序和方法，最终将全部成本区分为固定成本和变动成本两大类，并建立相应成本函数模型的过程。它是管理会计的一项最基本的工作。管理会计通常都是把企业的全部成本分为变动成本和固定成本两大类，那么它的总成本公式必然是：总成本＝固定成本总额＋变动成本总额＝固定成本总额＋(单位变动成本×业务量)，即 $y=a+bx$。

第二节 主要讲述了对混合成本分解常用的方法：高低点法和回归直线法。

高低点法是指以某一时期内的最高点产量的混合成本与最低点产量的混合成本之差，除以最高产量与最低产量之差，先计算出单位变动成本的值，然后再据以把混合成本中的变动部分和固定部分分解出来的一种方法。

回归直线法是根据若干期产量和成本的历史资料，运用最小二进制乘法公式，将某项混合成本分解为变动成本和固定成本的方法。在管理会计中，这是用来分解混合成本的一种较为精确的方法。

第三节　主要讲述了变动成本法与完全成本法的区别与联系。

变动成本法也叫直接成本计算法，它是将生产过程中所消耗的直接材料、直接人工和变动性制造费用计入产品成本，而将固定性制造费用和非生产成本作为期间成本，直接由当期收益予以补偿的一种成本计算方法。变动成本法与完全成本法相比较有如下三个方面的区别：产品成本的构成内容不同，在产成品与在产品存货估价方面有区别，在盈亏计算方面不同。

采用完全成本法的优点是，可以鼓励企业提高产品生产的积极性。因为产量越大，单位产品分摊的固定成本会越少，从而单位产品成本随之降低。但是这种成本计算法的最大缺陷是：按照这种方法所计算的分期损益难于为管理部门所理解。

采用变动成本法的优点是：所提供的成本资料能较好地符合企业生产经营的实际情况，易于为管理部门所理解和掌握；能提供每种产品盈利能力的资料，有利于管理人员的决策分析；便于分清各部门的经济责任，有利于进行成本控制与业绩评价；简化了产品成本计算。但是这种成本计算法也存在一些局限性。

复习思考题

一、关键概念

成本性态、固定成本、约束性固定成本、酌量性固定成本、变动成本、技术性变动成本、酌量性变动成本、混合成本、完全成本法、变动成本法

二、问答题

1. 如何理解成本的概念？成本如何分类？
2. 简述固定成本、变动成本、混合成本的含义、特点和构成。
3. 简述成本性态分析的程序、方法及其假设。
4. 简述混合成本分解的高低点法的步骤。
5. 简述混合成本分解的回归直线法的步骤。
6. 简述变动成本法与完全成本法的含义、区别及优缺点。

DISANZHANG

第三章 本量利分析

学习目的 ……

(1) 掌握盈亏平衡分析的含义及其基本关系式。
(2) 掌握贡献毛益相关指标的计算。
(3) 掌握保本点的含义及相关指标的计算。
(4) 掌握多品种条件下保本额和保利额的计算。
(5) 熟悉非线性条件下的盈亏平衡分析方法。

第一节　盈亏平衡分析概述

一、盈亏平衡分析的基本含义

盈亏平衡分析亦称本量利分析，是成本-业务量-利润关系分析的简称，是指在变动成本计算模式的基础上，以数学化的会计模型与图式来揭示固定成本、变动成本、销售量、单价、销售额、利润等变量之间的内在规律性联系，为会计预测、决策和规划提供必要的财务信息的一种定量分析方法。本量利分析(CVP 分析)又可称为量本利分析(VCP 分析)。

早在 1904 年美国就已经出现了有关最原始的 CVP 分析图的文字记载，1922 年美国哥伦比亚大学的一位会计学教授提出了完整的保本分析理论。进入 20 世纪 50 年代以后，CVP 分析技术在西方会计实践中得到广泛应用，其理论更臻完善，成为现代管理会计学的重要组成部分。

目前，无论是在西方还是在我国，盈亏平衡分析的应用都十分广泛。它与经营风险分析相联系，可促使企业努力降低风险；与预测技术相结合，企业可进行保本预测、确保目标利润实现的业务量预测等；与决策融为一体，企业据此进行生产决策、定价决策和投资不确定性分析；企业还可以将其应用于全面预算、成本控制和责任会计。

二、盈亏平衡分析的基本假定

盈亏平衡分析所建立和使用的有关数学模型和图形，是以下列基本假定为前提条件的。

(1) 成本性态分析的假定。假定成本性态分析工作已经完成，全部成本已经被区分为变动成本与固定成本两部分，有关的成本性态模型已经建立起来。

(2) 相关范围及线性假定。假定在一定时期内，业务量总是在保持成本水平和单价水平不变所能允许的范畴内变化的，于是固定成本总额的不变性和变动成本单位额的不变性在相关范围内能够得以保证，成本函数表现为线性方程；同时，在相关范围内，单价也不因产销业务量变化而改变，销售收入也是直线方程。这一假定排除了在时间和业务量变动的情况下，各生产要素的价格(原材料的价格、工资率等)、技术条件、工作效率和生产率以及市场条件变化的可能性。总之，假定在一定期间和一定业务量范围内，成本与销售收入分别表现为一条直线。

经济学家认为，在实际经济活动中，成本线与收入线并不是直线，而应当是曲线。因为在较长的时间范围内，固定成本总额会呈阶梯状变化；变动成本往往受经营规模和生产效率的影响，呈曲线变化,所以总成本不会是一条直线;在市场经济条件下,单价也不可能固定不变,销售收入也并非总是直线。但这与管理会计的盈亏平衡分析并不矛盾。因为经济学家描述的是一段相当长的时期内成本收入的变动情况,而管理会计学家描述的则是较短的时期内成本收入的变动情况。在相关范围内,如果把经济学家所描述的曲线取一段,也可以近似地将其表现为直线。

(3) 产销平衡和品种结构稳定的假定。假定在只安排一种产品生产的条件下,生产出来的产品总是可以找到市场,可以实现产销平衡;对于多产品生产的企业,假定在以价值形式表现的产销总量发生变化时,原来的各种产品的产销额在全部产品产销总额中所占的比重并不发生变化。这种假定可使分析人员能够集中注意力于价格、成本以及业务量对营业净利润的影响上。

(4) 变动成本法的假定。假定产品成本是按变动成本法计算的,即产品成本中只包括变动生产成本,而所有的固定成本(包括固定性制造费用在内)均作为期间成本处理。

(5) 目标利润的假定。在西方管理会计学盈亏平衡分析中的利润,通常是指"息税前利润",在我国由于没有这个概念,只能从营业净利润、利润总额或净利润三个指标中选一个,考虑到营业净利润与成本、业务量的关系比较密切,在本书的盈亏平衡分析中,除了特殊说明外,利润因素总是指营业净利润(当然,在假定营业外收支净额与投资净损益之和为零的条件下,营业净利润等于利润总额)。为了简化分析过程,当利润因素为自变量时,总是假定有关利润指标是事先已知的目标利润,至于如何开展目标利润的预测问题将留待后面章节讨论。

规定了上述假定,就可以十分便利地使用简单的数学模型或图形来揭示成本、业务量和利润等诸因素之间联系的规律性,有助于初学者深刻理解盈亏平衡分析的基本原理。同时,了解上述假定,也会为在实际工作中应用盈亏平衡分析原理指出努力方向:不能盲目套搬盈亏平衡分析的现成结论,必须从动态的角度去研究企业经营条件、市场与价格、生产要素、品种结构与技术条件等诸因素的实际变动情况,调整修正分析结论,克服盈亏平衡分析的局限性,积极应用动态分析、风险性分析和敏感性分析等技术;同时,还应考虑如何在完全成本法下应用盈亏平衡分析的问题。

第二节　线性条件下的盈亏平衡分析

一、贡献毛益的概念

在盈亏平衡分析中,贡献毛益是一个十分重要的概念。所谓贡献毛益,是指产品的销售收入与相应变动成本之间的差额,又称边际贡献、贡献边际、边际利润或创利额。贡献毛益除了主要以贡献毛益总额(简称贡献毛益,记作 Tcm)表示外,还有单位贡献毛益(记作 cm)和贡献毛益率(记作 cmR)两种形式。

单位贡献毛益是指产品的销售单价减去单位变动成本后的差额,亦可用贡献毛益总额除以有关销售量求得;贡献毛益率是指贡献毛益总额占销售收入总额的百分比,又等于单位贡献毛益占单价的百分比。

贡献毛益的这三种形式可以互相换算,公式如下:

$$\begin{aligned}\text{贡献毛益(Tcm)} &= \text{销售收入} - \text{变动成本} = px - bx \\ &= \text{单位贡献毛益} \times \text{销售量} = \text{cm} \cdot x\end{aligned}$$

$$= 销售收入 \times 贡献毛益率$$
$$= px \cdot \text{cmR}$$
$$单位贡献毛益(\text{cm}) = 单价 - 单位变动成本 = p - b$$
$$= 贡献毛益 / 销售量 = \text{Tcm}/x$$
$$= 销售单价 \times 贡献毛益率$$
$$= p \cdot \text{cmR}$$
$$贡献毛益率(\text{cmR}) = 贡献毛益 / 销售收入 \times 100\% = \text{Tcm}/px$$
$$= 单位贡献毛益 / 销售单价 \times 100\% = \text{cm}/p$$

根据本量利基本公式,贡献毛益、固定成本及营业净利润三者之间的关系可用下式表示:

$$营业净利润(P) = 贡献毛益 - 固定成本 = \text{Tcm} - a$$

从这一计算公式可看出,企业各种产品提供的贡献毛益,虽然不是企业的营业净利润,但它与企业的营业净利润的形成有着密切的关系。因为贡献毛益首先用于补偿企业的固定成本,只有当贡献毛益大于固定成本时才能为企业提供利润,否则企业将会出现亏损。

在上一公式的基础上,还可以推导出以下变形公式:

$$贡献毛益(\text{Tcm}) = 固定成本 + 营业净利润 = a + P$$
$$固定成本(a) = 贡献毛益 - 营业净利润 = \text{Tcm} - P$$

与贡献毛益率密切关联的指标是变动成本率。所谓变动成本率(用 bR 表示)是指变动成本占销售收入的百分比,或指单位变动成本占单价的百分比。公式是:

$$变动成本率(\text{bR}) = 变动成本 / 销售收入 \times 100\% = bx/px$$
$$= 单位变动成本 / 单价 \times 100\% = b/p$$

将贡献毛益率与变动成本率两指标联系起来考虑,可以得出以下关系式:

$$贡献毛益率(\text{cmR}) = 1 - 变动成本率 = 1 - \text{bR}$$
$$变动成本率(\text{bR}) = 1 - 贡献毛益率 = 1 - \text{cmR}$$

可见,贡献毛益率与变动成本率属于互补性质,变动成本率高的企业,则贡献毛益率低,创利能力小;反之,变动成本率低的企业,则贡献毛益率高,创利能力大。

【例 3-1】 已知某企业只生产 A 产品,单价 p 为 10 元/件,单位变动成本 b 为 6 元/件,固定成本 a 为 40 000 元。2014 年生产经营能力为 12 500 件。要求:

(1) 计算全部贡献毛益指标。

(2) 计算营业净利润。

(3) 计算变动成本率。

(4) 验证贡献毛益率与变动成本率的关系。

(1) 单位贡献毛益(cm)$=p-b=$10 元/件$-$6 元/件$=$4 元/件

贡献毛益(Tcm)$=\text{cm}\cdot x=$4 元/件$\times$12 500 件$=$50 000 元

贡献毛益率(cmR)$=\text{Tcm}/px=$50 000 元/125 000 元$=40\%$

(2) 营业净利润(P)$=\text{Tcm}-a=$50 000 元$-$40 000 元$=$10 000 元

(3) 变动成本率(bR)$=b/p=$6 元/件$\div$10 元/件$=60\%$

(4) 贡献毛益率$+$变动成本率$=\text{cmR}+\text{bR}=40\%+60\%=1$

二、单一品种的保本分析

(一) 盈亏临界点的确定

盈亏临界点有多种称谓,如保本点、两平点等,它是指企业销售收入和成本相等的状态,即边际贡献等于固定成本时企业所处的既不盈利又不亏损的状态。通常用一定的业务量来表示这种状态。

单一品种的保本点有两种表现形式:一是保本点销售量(简称保本量),二是保本点销售额(简称保本额)。它们都是标志企业达到平衡实现保本的销售业务量指标。在以平面直角坐标系为基础的单一品种保本图上,保本点 BEP 是由上述两个坐标(保本量和保本额)决定其所在位置的,因此,保本点的确定就是计算保本量和保本额的数值或确定其位置的过程。在多品种条件下,虽然也可以按具体品种计算各自的保本量,但由于不同产品的销售量不能直接相加,因而只能确定它们总的保本额,不能确定总保本量。

单一品种的保本点可按以下方法确定,即图解法、基本等式法、贡献毛益法。

1. 图解法

图解法是指通过绘制保本图来确定保本点位置的一种方法。该法的原理是当总收入等于总成本时,企业恰好保本。

典型的保本图是绘制在平面直角坐标系上的,该坐标图的横轴 Ox 表示销售量,纵轴 Oy 表示销售收入和成本。在此图上画出销售收入线和总成本线,若两条直线相交,其交点就是保本点。据此可以读出保本量和保本额的数值。具体作图步骤如下:

(1) 以单价 p 为斜率,过原点 O 在坐标图上画一条直线 $y=px$,即销售收入线;

(2) 以固定成本 a 为截距,以单位变动成本 b 为斜率,画出总成本线 $y=a+bx$;

(3) 当单价 p 大于单位变动成本 b 时,销售收入线与总成本线必有交点,假定坐标为(x_0, y_0),则此点为保本点 BEP。其中:x_0为保本量的值,y_0为保本额的值。

保本图如图 3-1 所示。

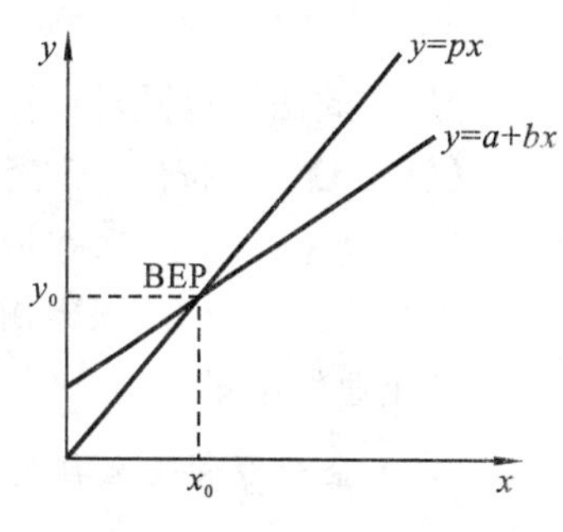

图 3-1 保本图

图解法的优点在于形象、直观,容易理解。但由于绘图比较麻烦,而且保本量和保本额数值的确定都需要在数轴上读出,因此结果可能不十分准确。

2. 基本等式法

基本等式法又称方程式法,是指在本量利关系基本公式的基础上,根据保本点的定义,先求出保本量,再推算保本额的一种方法。其基本公式为:

$$\begin{aligned}\text{营业净利润}(P) &= \text{销售收入} - \text{变动成本} - \text{固定成本}\\ &= \text{单价} \times \text{销售量} - \text{单位变动成本} \times \text{销售量} - \text{固定成本}\\ &= px - bx - a\end{aligned}$$

令营业净利润等于零,此时的销量为盈亏临界点销售量(保本量):

$$0 = \text{单价} \times \text{盈亏临界点销售量} - \text{单位变动成本} \times \text{盈亏临界点销售量} - \text{固定成本}$$

$$\text{保本量}(x_0) = \text{固定成本} /(\text{单价} - \text{单位变动成本}) = a/(p-b)$$

$$保本额(y_0) = 单价 \times 保本量 = px_0$$

按基本等式法，只要知道单价 p、固定成本 a 和单位变动成本 b，便可以求得保本点。

【例 3-2】 仍按例 3-1 资料，要求：按基本等式法计算该企业的保本点指标。

$$保本量\ x_0 = a/(p-b) = 40\ 000\ 元/(10-6)\ 元/件 = 10\ 000\ 件$$

$$保本额\ y_0 = px_0 = 10\ 元/件 \times 10\ 000\ 件 = 100\ 000\ 元$$

该企业保本量为 10 000 件，保本额为 100 000 元。

3. 贡献毛益法

贡献毛益法是指利用贡献毛益与业务量、利润之间的关系直接计算保本量和保本额的一种方法。它是在基本等式法的基础上发展起来的。其基本公式是：

$$\begin{aligned}营业净利润(P) &= (单价-单位变动成本)\times 销售量-固定成本\\ &= (p-b)x-a\end{aligned}$$

根据保本定义，当利润等于零时达到保本，则：

$$\begin{aligned}0 &= (单价-单位变动成本)\times 保本量-固定成本\\ &= (p-b)\cdot x_0-a\end{aligned}$$

整理得

$$(单价-单位变动成本)\times 保本量 = 固定成本$$

由于单价－单位变动成本＝单位贡献毛益，所以有：

$$保本量\ x_0 = 固定成本/单位贡献毛益 = a/\mathrm{cm}$$

$$\begin{aligned}保本额\ y_0 &= 固定成本/贡献毛益率 = a/\mathrm{cmR}\\ &= 固定成本/(1-变动成本率) = a/(1-\mathrm{bR})\end{aligned}$$

显然，此法可以同时计算保本量和保本额。

【例 3-3】 仍按例 3-1 资料，要求：按贡献毛益法计算该企业的保本点指标。

$$保本量\ x_0 = a/\mathrm{cm} = 40\ 000\ 元/4\ 元/件 = 10\ 000\ 件$$

$$保本额\ y_0 = a/\mathrm{cmR} = 40\ 000\ 元/40\% = 100\ 000\ 元$$

该企业保本量为 10 000 件，保本额为 100 000 元。

（二）企业经营安全程度的评价指标

1. 安全边际指标

许多企业在计算保本点的基础上，还要考虑企业经营的安全程度，确定安全边际指标。

安全边际是指根据现有或预计的销售业务量（包括销售量和销售额两种形式，分别记作 x_1 和 y_1）与保本点业务量之间的差量所确定的定量指标。安全边际包括绝对量和相对量两种形式。安全边际的绝对量，具体又分为安全边际销售量（以下简称安全边际量，记作 MS 量）和安全边际销售额（以下简称安全边际额，记作 MS 额）；安全边际相对量，又称安全边际率（记作 MSR）。它们的计算公式分别是：

$$\begin{aligned}安全边际量(\mathrm{MS}\ 量) &= 现有(实际)或预计(计划)的销售量-保本量\\ &= x_1-x_0\end{aligned}$$

$$\begin{aligned}安全边际额(\mathrm{MS}\ 额) &= 现有(实际)或预计(计划)的销售额-保本额\\ &= y_1-y_0\end{aligned}$$

$$安全边际率(\mathrm{MSR}) = 安全边际量/现有或预计销售量 \times 100\%$$

$= \text{MS量} / x_1$

$= \text{安全边际额} / \text{现有或预计销售额} \times 100\%$

$= \text{MS额} / y_1$

显然，安全边际量与安全边际额有如下关系：

$$\text{安全边际额(MS额)} = \text{单价} \times \text{安全边际量} = p \cdot \text{MS量}$$

安全边际量与安全边际率都是正指标，即越大越好。西方一般用安全边际率来评价企业经营的安全程度，表 3-1 列示了安全边际率与评价企业经营安全程度的一般标准。

表 3-1　企业经营安全性检验标准

安全边际率	10%以下	10%～20%	20%～30%	30%～40%	40%以上
安全程度	危险	值得注意	较安全	安全	很安全

在目标利润和安全边际既定的情况下，保本点指标还可依以下公式计算：

$$\text{保本量 } x_0 = \text{固定成本} \times (\text{安全边际量} / \text{目标利润})$$

$$\text{保本额 } y_0 = \text{固定成本} \times (\text{安全边际额} / \text{目标利润})$$

2. 保本作业率指标

某些西方企业不考核安全边际率，而是计算保本作业率指标。保本作业率又叫危险率（记作 dR），是指保本点业务量占现有或预计销售业务量的百分比，该指标是一个反指标，越小说明越安全。其计算公式为：

$$\begin{aligned}\text{保本作业率(dR)} &= (\text{保本量} / \text{现有或预计销售量}) \times 100\% \\ &= x_0 / x_1 \\ &= (\text{保本额} / \text{现有或预计销售额}) \times 100\% \\ &= y_0 / y_1\end{aligned}$$

安全边际率与保本作业率的关系是：

$$\text{安全边际率} + \text{保本作业率} = \text{MSR} + \text{dR} = 1$$

【例 3-4】　仍按例 3-1 资料，要求：

(1) 计算该企业的安全边际指标。

(2) 计算该企业的保本作业率。

(3) 验证安全边际率与保本作业率的关系。

(4) 评价该企业的经营安全程度。

(1)

$$\begin{aligned}\text{安全边际量(MS量)} &= x_1 - x_0 = 12\ 500\text{ 件} - 10\ 000\text{ 件} \\ &= 2500\text{ 件}\end{aligned}$$

$$\begin{aligned}\text{安全边际额(MS额)} &= y_1 - y_0 = 125\ 000\text{ 元} - 100\ 000\text{ 元} \\ &= 25\ 000\text{ 元}\end{aligned}$$

$$\text{安全边际率(MSR)} = \text{MS量}/x_1 = 2500\text{ 件}/12\ 500\text{ 件} = 20\%$$

(2)

$$\text{保本作业率(dR)} = x_0/x_1 = 10\ 000\text{ 件}/12\ 500\text{ 件} = 80\%$$

(3)

$$\text{安全边际率} + \text{保本作业率} = 20\% + 80\% = 1$$

(4) 因为安全边际率为 20%，所以可以断定该企业恰好处于值得注意与较安全的临界点。

三、单一品种盈利条件下的盈亏平衡分析

(一) 盈利条件下盈亏平衡分析的意义

保本分析是比较特殊的盈亏平衡分析，它以利润为零、企业不盈不亏为前提条件。这样抽象处理，可以简化盈亏平衡分析过程，便于建立定量化模型。但是盈亏平衡分析不应当停留在如此简单的水平上。因为从完整的意义上说，不能始终把利润这个重要因素排除在外，忽略不计；从现实的角度看，企业作为处于现代市场经济环境中独立核算自负盈亏的商品生产者和经营者，绝不能仅仅以不亏本和维持简单再生产为要求。企业不但要保本，还要有盈利；否则就无法发展，甚至影响未来的生存。合理合法取得盈利，既符合社会主义生产目的，又是获得经济效益的具体体现，企业应当理直气壮地为之奋斗，不能实现盈利是不正常的。因此，只有在考虑到盈利存在的条件下才能充分揭示成本、业务量和利润之间正常的关系。

至于为什么不提亏损条件下的盈亏平衡分析，其原因有二：第一是亏损属于非正常情况；第二是亏损是利润的相反数，按盈利条件所建立的盈亏平衡分析模型和结论可以在一定程度上适用于亏损条件分析。

现实中的成本、业务量和利润诸因素之间往往存在着错综复杂的制约关系，为简化盈利条件下的盈亏平衡分析，在研究任何一个因素时，总要假定其他制约因素是已知或不变的。因此，盈利条件下的盈亏平衡分析实质上是逐一描述业务量、成本、单价、利润等因素相对于其他因素而存在的定量关系的过程。

(二) 业务量与其他因素的关系

1. 实现目标利润业务量的计算

所谓实现目标利润（目标利润简记作 TP）的业务量，是指在单价和成本水平既定的情况下，为确保事先确定的目标利润能够实现而应当达到的销售量（记作 x_2）和销售额（记作 y_2）的统称。为此，实现目标利润的业务量又称保利点业务量，有关的计算公式又被称作保利公式，它们包括：

$$\begin{aligned}\text{实现目标利润的销售量}(x_2) &= (\text{固定成本}+\text{目标利润})/(\text{单价}-\text{单位变动成本})\\ &= (a+\mathrm{TP})/(p-b)\\ &= (\text{固定成本}+\text{目标利润})/\text{单位贡献毛益}\\ &= (a+\mathrm{TP})/\mathrm{cm}\end{aligned}$$

$$\begin{aligned}\text{实现目标利润的销售额}(y_2) &= \text{单价}\times\text{实现目标利润销售量}\\ &= p\cdot x_2\\ &= (\text{固定成本}+\text{目标利润})/\text{贡献毛益率}\\ &= (a+\mathrm{TP})/\mathrm{cmR}\end{aligned}$$

【例 3-5】 仍按例 3-1 资料，假定 2015 年的目标利润 TP 为 12 000 元，价格和成本水平同上年完全相同。要求：计算该年实现目标利润的业务量。

$$\begin{aligned}\text{实现目标利润的销售量}(x_2) &= (a+\mathrm{TP})/(p-b)\\ &= (40\ 000+12\ 000)\ \text{元}/(10-6)\ \text{元/件}\\ &= 13\ 000\ \text{件}\end{aligned}$$

$$\text{实现目标利润的销售额}(y_2) = (a+\mathrm{TP})/\mathrm{cmR}$$

$= (40\ 000 + 12\ 000)$ 元 $/40\%$

$= 130\ 000$ 元

2015 年该企业实现 12 000 元目标利润的销售量(保利量)应为 13 000 件,保利额为130 000 元。

2. 实现目标净利润业务量的计算

目标净利润(以下简记为 TTP)是指企业在一定时期应该实现的税后利润目标,这也是利润规划中的一个重要指标。因为只有净利润才是企业可能实际支配的盈利,才能用于提取盈余公积、分配利润。企业领导必然要求管理会计根据事先确定的目标净利润这一指标,进行相应分析,其中,计算为确保目标净利润的实现而应当达到的销售量和销售额,就是一项重要的任务。实现目标净利润业务量的计算公式如下:

实现目标净利润的销售量＝{固定成本＋[目标净利润 /(1－所得税率)]}/ 单位贡献毛益

$= \{a + [\mathrm{TTP}/(1 - \mathrm{tR})]\}/\mathrm{cm}$

实现目标净利润的销售额＝{固定成本＋[目标净利润 /(1－所得税率)]}/ 贡献毛益率

$= \{a + [\mathrm{TTP}/(1 - \mathrm{tR})]\}/\mathrm{cmR}$

式中:tR 为所得税率。

【例 3-6】 仍按例 3-1 资料,假定 2015 年的目标净利润 TTP 为 8040 元,所得税率 tR 为 25%,价格和成本水平同上年完全相同。要求:计算该年实现目标净利润的业务量。

实现目标净利润的销售量＝ $\{a + [\mathrm{TTP}/(1 - \mathrm{tR})]\}/\mathrm{cm}$

$= \{40\ 000 + [8040/(1 - 25\%)]\}$ 元 /4 元 / 件

$= 12\ 680$ 件

实现目标净利润的销售额＝ $\{a + [\mathrm{TTP}/(1 - \mathrm{tR})]\}/\mathrm{cmR}$

$= \{40\ 000 + [8040/(1 - 25\%)]\}$ 元 $/40\%$

$= 126\ 800$ 元

为实现 8040 元的目标净利润,该年应至少销售 12 680 件产品,即实现销售收入126 800元。

3. 保本点业务量、实现目标利润业务量及实现目标净利润业务量的计算公式对比

从有关公式可见,不论是保本分析还是盈利分析,凡计算有关销售量指标,均以单位贡献毛益为分母;凡计算有关销售额指标,则都用贡献毛益率作分母,这是它们共性之所在。但这些公式的分子是不同的。这就决定了在生产单一品种的条件下,影响保本点的因素有三个,影响保利点的因素有四个,而影响实现目标净利润业务量的因素有五个。

其中,计算保利点的公式最为重要,因为它可以把保本点公式和实现目标净利润业务量的公式联系起来。如当目标利润为零时,保利点的公式就自动转变为保本点公式;当要求计算实现目标净利润业务量时,若记不住公式亦可根据已知的目标净利润和所得税率先求出目标利润,再用实现目标利润业务量的计算公式。

(三) 成本与其他因素的关系

在其他因素既定的条件下,往往需要了解成本水平达到什么程度才能实现目标利润,于是有以下公式可供参考:

实现目标利润应达到的单位变动成本＝(销售额－固定成本－目标利润)/销售量

＝单价－(固定成本＋目标利润)/销售量

实现目标利润应达到的固定成本＝销售额－变动成本－目标利润

＝贡献毛益－目标利润

＝销售额×贡献毛益率－目标利润

＝销售额×(1－变动成本率)－目标利润

＝单位贡献毛益×销售量－目标利润

＝(单价－单位变动成本)×销售量－目标利润

上述公式可用于指导目标成本的预测。

（四）单价与其他因素的关系

在其他条件已知，求实现目标利润的单价时，可用以下公式测算：

单价＝(变动成本＋固定成本＋目标利润)/销售量

＝单位变动成本＋(固定成本＋目标利润)/销售量

＝单位变动成本＋单位目标贡献毛益

上述公式可用于指导定价预测。

（五）利润与其他因素的关系

利润与其他因素的关系可以用以下公式表示：

利润＝销售收入－变动成本－固定成本

＝贡献毛益总额－固定成本

＝销售收入×贡献毛益率－固定成本

＝(单价－单位变动成本)×销售量－固定成本

＝单位贡献毛益×销售量－固定成本

＝安全边际销售量×单位贡献毛益

＝安全边际销售额×贡献毛益率

上述公式可用于利润预测和计算。

这里应特别注意：超过保本点以上的安全边际所提供的贡献毛益额就是利润，因为保本点业务量所创造的贡献毛益恰好够补偿固定成本。还有一个关系式值得注意，即：

销售利润率＝贡献毛益率×安全边际率

这表明，企业销售利润率的水平受到贡献毛益率和安全边际率两个因素的共同影响。

（六）有关因素变动对相关指标的影响

尽管我们假定在进行盈亏平衡分析时，诸因素均不变动，但实际这种静态平衡是不可能维持长久的，下面讨论有关因素变动对相关指标的影响，以便把握其中的规律，用于指导经营实践。

1. 因素变动对保本点和保利点的影响

1）单价单独变动时

单价变动会引起单位贡献毛益或贡献毛益率向同方向变动，使得有关保本点业务量和实现目标利润业务量计算公式的分母改变，从而会改变保本点和保利点。

显然，单价上涨，会使单位贡献毛益上升和贡献毛益率上升，相应会降低保本点和保利点，使企业经营状况向好的方向发展；单价下降，情况刚好相反。

2）单位变动成本单独变动时

单位变动成本的变动会引起单位贡献毛益或贡献毛益率向反方向变动，因而使得保本点和保利点的变动趋势恰好同单价变动的影响相反：单位变动成本上升时，会提高保本点和保利点，使企业经营状况向不利的方向发展；反之则相反。

3）固定成本单独变动时

固定成本的变动会改变保本点和保利点业务量计算公式的分子，显然固定成本增加会使保本点和保利点提高，使企业向不利方向发展；反之则相反。

4）目标利润单独变动时

显然，目标利润的变动，只会影响到保利点，但不会改变保本点。

销售量的变动不会影响保本点和保利点的计算。

2. 因素变动对安全边际的影响

1）单价单独变动时

单价变动会引起保本点向反方向变动，因而在销售业务量既定的条件下，会使安全边际向同方向变动。

2）单位变动成本单独变动时

单位变动成本的变动会导致保本点向同方向变动，从而在销售业务量既定的条件下，会使安全边际向反方向变动。

3）固定成本单独变动时

固定成本变动对安全边际的影响同单位变动成本变动对安全边际的影响一样。

4）预计销售量单独变动时

预计销售量单独变动时，会使安全边际向同方向变动。

3. 因素变动对利润的影响

(1) 单价的变动可通过改变销售收入而从正方向影响利润。

(2) 单位变动成本的变动可通过改变变动成本总额而从反方向影响利润。

(3) 固定成本的变动直接会从反方向改变利润。

(4) 销售量的变动可通过改变贡献毛益总额而从正方向影响利润。

上述关系是进行利润敏感性分析的重要前提。

四、多品种条件下的盈亏平衡分析

以上所讨论的保本分析和盈利条件下盈亏平衡分析，都是假定在单一品种条件下进行的。但是在实际经济生活中，绝大多数企业都不止生产经营一种产品。在这种情况下，前面介绍的个别本量利模型就无法运用。因为不同品种的销售量无法直接相加，所以就无法直接应用以单一品种为基础的保本量公式和保利量公式；同时，以销量单位为 x 轴的保本图和盈亏平衡分析图也不能用于反映多品种的本量利关系。这就需要进一步研究适用于多品种条件下的本量分析方法和模型。

在多品种条件下，可以运用的盈亏平衡分析方法有多种形式，包括综合贡献毛益率法、顺序法、联合单位法、分算法和主要品种法等。下面结合表 3-2 所提供的资料，主要介绍综合贡献毛益率法的原理及其应用。

表 3-2 某企业计划资料 单位:元

项目 品种	销 量	单价	单位变动成本	销售收入	贡献毛益	贡献毛益率	固定成本
(甲)栏	①	②	③	④=①×②	⑤=①×(②-③)	⑥=⑤÷④	⑦
A	100 000 件	10	8.5	1 000 000	150 000	15%	
B	25 000 台	20	16	500 000	100 000	20%	
C	10 000 套	50	25	500 000	250 000	50%	
合计	—	—	—	2 000 000	500 000	25%	300 000

综合贡献毛益率法是指在确定企业综合贡献毛益率(以下简记作 cmR′)的基础上分析多品种条件下本量利关系的一种方法。该法对各品种一视同仁,不要求分配固定成本,而是将各品种所创造的贡献毛益视为补偿企业全部固定成本的收益来源。在此法下,多品种保本额和保利额的计算公式分别为:

$$多品种保本额=固定成本/综合贡献毛益率=a/cmR'$$

$$多品种保利额=(固定成本+目标利润)/综合贡献毛益率=(a+TP)/cmR'$$

该法的关键是正确计算综合贡献毛益率,具体计算方法有以下三种。

(一) 总额法

总额法是指根据一定条件下全厂各种产品创造的贡献毛益总额与销售收入总额之比来确定综合贡献毛益率的一种方法。公式是:

$$综合贡献毛益率(cmR')= 贡献毛益总额 / 销售收入总额 \times 100\%$$

$$= \sum cm \cdot x / \sum px$$

上式中的各项总额资料,既可以按事先计划的资料确定,也可以按最近一期或几期的实际资料来确定。当利用计划资料时,总额法被称为计划总额法;当利用实际资料时,总额法被称为近期总额法。不论采用什么资料,分子、分母的归属期必须一致。

【例 3-7】 某企业组织 A、B、C 三种产品的生产经营,有关计划资料如表 3-2 所示。

要求:用计划总额法计算综合贡献毛益率,并测算计划期保本额和实现 150 000 元目标利润的销售额。

由表 3-2 的合计栏得知,该企业计划销售收入总额为 2 000 000 元,贡献毛益总额为 500 000元,固定成本为 300 000 元。则:

综合贡献毛益率=500 000 元/2 000 000 元×100%=25%

保本额=300 000 元/25%=1 200 000 元

实现 150 000 元目标利润的销售额=(300 000+150 000)元/25%=1 800 000 元

该企业计划期保本额和保利额分别为 1 200 000 元和 1 800 000 元。

由于该法只需掌握全厂贡献毛益总额和销售收入总额,不必了解每一品种的单价、单位变动成本和销售量资料,就可以计算出综合贡献毛益率,故比较简单。但该法无法进一步确定每一品种的保本点等指标。

（二）贡献毛益率总和法

贡献毛益率总和法要求先计算每一品种为全企业创造的贡献毛益率（记作 cmR″），再求所有品种的该项指标之和，即可得到综合贡献毛益率。公式为：

$$综合贡献毛益率(\mathrm{cmR}') = \sum 某种产品创造的贡献毛益率 = \sum \mathrm{cmR}_i''$$

$$\begin{aligned}某种产品创造的贡献毛益率(\mathrm{cmR}_i'') &= 该产品创造的贡献毛益 \\ &\div 各种产品销售收入之和 \times 100\% \\ &= \mathrm{Tcm}_i / \sum px_i\end{aligned}$$

【例 3-8】 要求：根据表 3-2 第⑤栏所列的各种产品的贡献毛益和第④栏所列的销售收入总和，按贡献毛益率总和法计算综合贡献毛益率。

A 产品创造的贡献毛益率＝150 000 元/2 000 000 元×100%＝7.5%

B 产品创造的贡献毛益率＝100 000 元/2 000 000 元×100%＝5%

C 产品创造的贡献毛益率＝250 000 元/2 000 000 元×100%＝12.5%

综合贡献毛益率＝7.5%＋5%＋12.5%＝25%

显然，按此法计算的综合贡献毛益率同总额法的计算结果相同。

贡献毛益率总和法适用于已知每种产品创造的贡献毛益率的企业。该法的缺点也是无法进一步确定每种产品的保本点和保利点。

（三）加权平均法

加权平均法是指在掌握每种产品本身的贡献毛益率（记作 cmR_i）的基础上，按各项产品销售额占全厂收入的比重（记作 B_i）进行加权平均，据以计算综合贡献毛益率的一种方法。公式如下：

$$\begin{aligned}综合贡献毛益率(\mathrm{cmR}') &= \sum 某种产品的贡献毛益率 \times 该产品的销售额比重 \\ &= \sum(\mathrm{cmR}_i \cdot B_i)\end{aligned}$$

其中：

$$\begin{aligned}某种产品的贡献毛益率(\mathrm{cmR}_i) &= 该产品的贡献毛益 / 该产品销售收入 \times 100\% = \mathrm{Tcm}_i / px_i \\ &= 该产品的单位贡献毛益 / 该产品的单价 \times 100\% = \mathrm{cm}_i / p_i\end{aligned}$$

$$\begin{aligned}某种产品的销售额比重(B_i) &= 该产品计划销售额 / 各种产品销售额合计 \times 100\% \\ &= px_i / \sum px_i\end{aligned}$$

在加权平均法下，不仅可以计算综合贡献毛益率，据此确定企业的保本额和保利额，而且还可以在此基础上按销售比重将其分解，计算出每一品种的保本额和保利额，进而算出每一品种的保本量等指标。

【例 3-9】 要求：按表 3-2 所示资料，用加权平均法计算综合贡献毛益率，并求出企业综合保本额及各种产品的保本点。

从表 3-2 第⑥栏中可查得 A、B、C 三种产品的贡献毛益率分别为 15%、20%和 50%。

A 产品的销售比重＝1 000 000 元/2 000 000 元×100%＝50%

B 产品的销售比重＝500 000 元/2 000 000 元×100%＝25%

C 产品的销售比重＝500 000 元/2 000 000 元×100%＝25%

综合贡献毛益率=15%×50%+20%×25%+50%×25%

=7.5%+5%+12.5%=25%

综合保本额=300 000 元/25%=1 200 000 元

A 产品保本额=1 200 000 元×50%=600 000 元

B 产品保本额=1 200 000 元×25%=300 000 元

C 产品保本额=1 200 000 元×25%=300 000 元

用每种产品的保本额分别除以各该产品的单价,就可以求出它们的保本量:

A 产品保本量=600 000 元÷10 元/件=60 000 件

B 产品保本量=300 000 元÷20 元/台=15 000 台

C 产品保本量=300 000 元÷50 元/套=6000 套

该企业计划期综合保本额为 1 200 000 元,A 产品的保本点为 60 000 件和 600 000 元,B 产品的保本点为 15 000 台和 300 000 元,C 产品的保本点为 6000 套和 300 000 元。

同样道理,也可以计算出各种产品实现目标利润的业务量。

上述三种计算综合贡献毛益率的方法其实质是一样的,只是它们分别适用于掌握资料详略不同的各种情况。尽管加权平均法要求掌握比其他两法更详细、更具体的资料,但它也因能够提供比其他两法更为有用的信息而更具有实用性。由于在管理会计实务中,大多按加权平均法计算综合贡献毛益率,故也有人将综合贡献毛益率法直接称为加权平均法。

鉴于销售额比重会影响到综合贡献毛益率水平,因而销售额比重即品种结构因素必然构成影响多种本量利关系的另一要素。显然,在其他条件不变的前提下,企业应积极采取措施,努力提高贡献毛益率水平较高的产品的销售比重,降低贡献毛益率水平较低的产品的销售比重,从而提高企业的综合贡献毛益率水平,达到降低全厂保本额和保利额的目的。

【例 3-10】 假定例 3-9 中的 A、B、C 三种产品的销售比重由原来的 50%、25%、25%转变为 25%、25%、50%,它们的贡献毛益率和全厂固定成本均不变。

要求:计算销售结构变化后的综合保本额。

综合贡献毛益率=15%×25%+20%×25%+50%×50%

=3.75%+5%+25%=33.75%

综合保本额=300 000÷33.75%≈888 888.89 元

销售结构变动后的综合保本额为 888 888.89 元。

五、敏感性分析

敏感性分析是一种应用广泛的分析方法,不仅限于本量利关系中。通常,这一方法研究的是,当一个系统的周围条件发生变化时,导致这个系统的状态发生了怎样的变化,是敏感(变化大)还是不敏感(变化小)。从前面盈亏临界点分析和实现目标利润分析中可以看出,销售量、单价、单位变动成本、固定成本诸因素中的某个或某几个因素的变动,都会对盈亏临界点和目标利润产生影响。但各因素在计算盈亏临界点和目标利润的过程中作用不同,影响程度当然也就不一样,或者说,盈亏临界点和目标利润对不同因素变动所作出的反应在敏感性上存在着差异。根据不确定性因素每次变动数目的多少,敏感性分析法可以分为单因素敏感性分析法和多因素敏感性分析法。

单价、单位变动成本、销售量和固定成本的变化,会影响利润的高低。这种变化达到一定程度，会使企业利润消失，进入盈亏临界状态，使企业的经营状况发生质变。敏感性分析的目的之一，就是提供能引起目标发生质变的各参数变化的界限，其方法称为最大最小法。

由实现目标利润的模型 $P=(p-b)x-a$ 可以推导出当 P 为零时求取最大值、最小值的有关公式：

销售量 = 固定成本 /（单价 − 单位变动成本）　$x=a/(p-b)$

单价 = 固定成本 / 销售量 + 单位变动成本　$p=a/x+b$

单位变动成本 = 单价 − 固定成本 / 销售量　$b=p-a/x$

固定成本 =（单价 − 单位变动成本）× 销售量　$a=(p-b)x$

以下举例说明求取最大值、最小值。

【例 3-11】 设某企业为生产和销售单一产品企业。计划年度内预计有关数据如下：销售量为 5000 件，单价为 50 元，单位变动成本为 20 元，固定成本为 60 000 元。则目标利润为 $P=(p-b)x-a=[(50-20)\times 5000-60\ 000]$ 元 $=90\ 000$ 元。

（1）销售量的临界值（最小值）

$$x=a/(p-b)=60\ 000/(50-20)\text{件}=2000\text{件}$$

这就是说，产品销量的最小允许值（即盈亏临界点销量）为 2000 件，再低则会发生亏损。或者说，实际销量只要达到计划年度销售量的 40%（2000/5000），企业就可以保本。

（2）单价的临界值（最小值）

$$p=a/x+b=(60\ 000/5000+20)\text{元}=32\text{元}$$

也就是说，产品的单价不能低于 32 元这个最小值，或者说，单价降低的幅度不能超过 36%（18/50），否则便会发生亏损。

（3）单位变动成本的临界值（最大值）

$$b=p-a/x=(50-60\ 000/5000)\text{元}=38\text{元}$$

这意味着，当单位变动成本由 20 元上升到 38 元时，企业的利润将由 90 000 元下降为零。38 元为企业所能承受的单位变动成本的最大值，此时其变动率为 90%（18/20）。

（4）固定成本的临界值（最大值）

$$a=(p-b)x=(50-20)\times 5000\text{元}=150\ 000\text{元}$$

此时的固定成本总额增加了 150%（90 000/60 000）。

利润敏感性分析法是指从定量分析的角度研究有关因素发生某种变化对某一个或一组关键指标影响程度的一种不确定分析技术。其实质是通过逐一改变相关变量数值的方法来解释关键指标受这些因素变动影响大小的规律。有些因素虽然变化幅度较大，却只对利润产生微小的影响。所以，对于一个企业的管理者来说，不仅需要了解哪些因素对利润增减有影响，而且需要了解影响利润的若干因素中，哪些因素影响大，哪些因素影响小。那些对利润影响大的因素称为敏感因素，反之，则称为非敏感因素。

敏感性分析是目标值变动百分比相当于各参数变动百分比的倍数，通常用敏感系数 S 衡量。其基本公式如下：

$$\text{某因素敏感系数}=\frac{\text{目标值变动百分比}}{\text{因素值变动百分比}}$$

$$\text{单价敏感系数 } S_P=(\Delta\mathrm{TP}/\mathrm{TP})/(\Delta P/P)$$

$$单位变动成本敏感系数\ S_b=(\Delta TP/TP)/(\Delta b/b)$$

$$销量敏感系数\ S_x=(\Delta TP/TP)/(\Delta x/x)$$

$$固定成本敏感系数\ S_a=(\Delta TP/TP)/(\Delta a/a)$$

【例 3-12】 某企业生产和销售单一产品，计划年度内有关数据预测如下：销售量 100 000 件，单价 30 元，单位变动成本 20 元，固定成本为 200 000 元。假设销售量、单价、单位变动成本和固定成本分别增长了 10%。

要求：计算各因素的敏感系数。

预计的目标利润=[(30－20)×100 000－200 000] 元=800 000 元

(1) 销售量的敏感程度：

销售量=100 000×(1+10%) 件=110 000 件

利润=[(30－20)×110 000－200 000]元=900 000 元

利润变化百分比=(900 000－800 000)/800 000=12.5%

销售量的敏感系数=12.5%/10%=1.25

(2) 销售单价的敏感程度：

单价=30×(1+10%) 元=33 元

利润=[(33－20)×100 000－200 000]元=1 100 000 元

利润变化百分比=(1 100 000－800 000)/800 000=37.5%

单价的敏感系数=37.5%/10%=3.75

(3) 单位变动成本的敏感程度：

单位变动成本=20×(1+10%) 元=22 元

利润=[(30－22)×100 000－200 000] 元=600 000 元

利润变化百分比=(600 000－800 000)/800 000=－25%

单位变动成本的敏感系数=－25%/10%=－2.5

(4) 固定成本的敏感程度：

固定成本=200 000×(1+10%) 元=220 000 元

利润=[(30－20)×100 000－220 000] 元=780 000 元

利润变化百分比=(780 000－800 000)/800 000=－2.5%

固定成本的敏感系数=－2.5%/10%=－0.25。

第三节　非线性条件下的盈亏平衡分析

前述在线性条件下，某个企业在某个会计期间或在某种产品的一定产销量范围内，销售收入总额和销售成本总额通常同产销数量保持着按比例增长的相互关系。不过，这种特殊比例关系是在一定条件下存在的。一旦这种条件被改变，如为超额完成任务使产量得到较大幅度增长，为弥补生产用原材料供应不足而从非正常供货渠道购买价格较高的原材料，为扩大产品销售量而采取适当的降价措施等。在这些条件下，有关产品总收入和总成本的变动同其产销数量之间的变动就不再保持特定比例，它们之间的线性关系就不复存在，而是一种非线性关系。非线性条件下的盈亏平衡分析通常分为不完全线性和完全非线性两种情形。

一、不完全线性关系下的盈亏平衡分析

不完全线性关系是指在整个业务量范围内，收入、成本与产销数量不呈线性关系，但是把整个业务量划分为若干区间以后，在每个区间内，收入、成本与产销数量之间的变化情况又大体符合线性关系。若将这种关系描绘在坐标图上，总收入线和总成本线会表现为一条折线，两条折线的交点有多个，亏损区域与盈利区域也有多个。

一般来说，不完全线性关系可分为以下两种不同情况。

(1) 总收入同产销数量线性相关，而总成本却同产销数量非线性相关；或者总成本同产销数量线性相关，而总收入则同产销数量非线性相关。在这种情况下，总收入线和总成本线只有一方出现折点。

(2) 总收入和总成本都同产销数量非线性相关。在这种情况下，总收入线和总成本线双方都出现折点。

不完全线性的基本情况如图 3-2 所示。

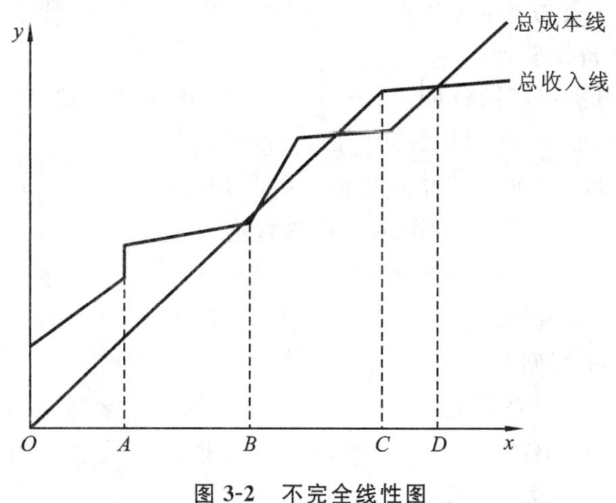

图 3-2　不完全线性图

从图 3-2 中可以看出，以各条线的转折点作为起点的虚线，将企业的产销数量划分为若干个大小不等的区间。当该产品的产销数量在区间[O,D]内时，总收入和总成本都与产销数量非线性相关。而当该产品的产销数量在区间[O,C]内时，总收入与产销数量线性相关；而总成本与产销数量分别在区间[O,A]，[A,B]内与产销数量线性相关。至于固定成本，只是相应地在几个较小的“相关范围”内保持不变。

在实际工作中，产生不完全线性关系的原因是多方面的。从销售收入来看，当某种产品的销售量达到一定数量以后，为扩大销路，需要给客户较多的数量折扣或降低产品的价格。在成本方面，当产品的生产数量达到一定程度时，生产工人的工作效率将有所提高，这样可以更有效地利用人力资源，使人工成本耗费相应降低。不仅如此，当生产量扩大时，还有可能在增加原材料消耗的同时，使有关材料的采购成本得到一定程度的下降。不过，由于生产量的进一步增加，却有可能导致人工和材料供应的紧张，因而使人工成本和材料成本相应增加。即使是固定成本，也有可能因产量剧增或突破原有相关范围而发生跳跃式上升。

针对总收入、总成本同销售数量之间的这种不完全线性关系，其盈亏平衡分析通常“分段”

进行。这就是说，按照总收入、总成本同产销数量之间的具体关联情况，划分若干产销数量区间，然后建立若干相应的盈亏平衡分析模型，并据以确定若干个盈亏平衡点。

下面举一个例子，对它进行盈亏平衡分析。

【例 3-13】 某企业经营某产品，有关资料如表 3-3 所示。

表 3-3 某企业经营某产品的有关资料

项目 \ 产量/件	1000	1001～2000	2001～3000	3000 以上
单位变动成本/元	10	8	8	15
固定成本总额/元	10 000	15 000	20 000	30 000
单位售价/元	20	20	20	14

(1) 该产品产销数量在 1000 件以内时：

总收入＝产销数量×20

总成本＝产销数量×10＋10 000

盈亏平衡点＝10 000/(20－10) 件＝1000 件

则该区间的盈亏平衡分析模型为：

利润或亏损总额＝产销数量×(20－10)－10 000＝产销数量×10－10 000

由于该区间小于 1000 件，所以该区间全部为亏损区。

(2) 该产品产销数量在 1001～2000 件这一区间内时：

总收入＝产销数量×20

总成本＝1000×10＋(产销数量－1000)×8＋15 000＝产销数量×8＋17 000

盈亏平衡点＝[17 000/(20－8)] 件≈1417 件

则该区间的盈亏平衡分析模型为：

利润或亏损总额＝产销数量×(20－8)－17 000＝产销数量×12－17 000

在这一产销数量区间，该产品的生产经营既有亏损也有盈利。当企业的产销数量达到 1417 件时，会第一次出现不盈不亏状态。

(3) 该产品产销数量在 2001～3000 件这一区间时：

总收入＝产销数量×20

总成本＝[1000×10＋(2000－1000)×8＋(产销数量－2000)×8]＋20 000
＝产销数量×8＋22 000

该区间的盈亏平衡分析模型为：

利润或亏损总额＝产销数量×(20－8)－22 000＝产销数量×12－22 000

在这一产销数量区间内，该产品的生产经营始终处于盈利状态，并不存在盈亏平衡点。

(4) 该产品产销数量在 3000 以上这一区间时：

总收入＝3000×20＋(产销数量－3000)×14＝产销数量×14＋18 000

总成本＝1000×10＋(3000－1000)×8＋(产销数量－3000)×15＋30 000
＝产销数量×15＋11 000

盈亏平衡点＝7000/1 件＝7000 件

盈亏平衡分析模型为：

利润或亏损总额＝产销数量×(14－15)＋18 000－11 000＝产销数量×(－1)＋7000

这表示当企业的产销数量达到7000件时，将再次出现不盈不亏的状态。

二、完全非线性关系下的盈亏平衡分析

如前所述，不完全线性关系是将整个业务量划分为若干个区间，每个区间内收入、成本与业务量之间要么已是完全线性关系，要么比较接近完全线性关系。但是如果在划分区间后，收入、成本与业务量之间不仅不是完全线性关系，甚至不能比较接近完全线性关系，或者区间必须划分得非常细。显然，在这种情况下，就不能采用前面划分区间的方法，而要采用曲线分析方法。也就是先用曲线方程式来描述收入与成本，再建立利润方程式，进而进行盈亏平衡的有关分析。由于产品价格和成本等因素的变动，在收入和成本的变动上，有可能双方都是曲线，也有可能一方是曲线，另一方是直线。

当收入或成本随业务量的增长表现为一条直线时，其线性方程为 $y=a+bx$；而当收入或成本随业务量的增长表现为沿曲线而不是直线散布时，就可用一元二次方程来表示：

$$y=a+bx+cx^2$$

现举例说明在完全非线性关系下进行盈亏平衡分析。

【例3-14】 假设某企业经营某种产品，该产品单位售价200元，其余有关资料如表3-4所示。确定该产品的盈亏平衡点。

表3-4　某企业经营某种产品的资料　　单位：元

产(销)量/件	总　收　入	总　成　本	利润(亏损)
0	0	50 000	(50 000)
100	20 000	56 500	(36 500)
200	40 000	64 000	(24 000)
300	60 000	72 500	(12 500)
400	80 000	82 000	(2000)
500	100 000	92 500	7500
600	120 000	104 000	16 000
700	140 000	116 500	23 500
⋮	⋮	⋮	⋮
1300	260 000	212 500	47 500
1400	280 000	232 000	48 000
1500	300 000	252 500	47 500
…	…	…	…
2200	440 000	424 000	16 000
2300	460 000	452 500	7500
2400	480 000	482 000	(2000)
2500	500 000	512 500	(12 500)

首先根据表3-4作图，如图3-3所示。

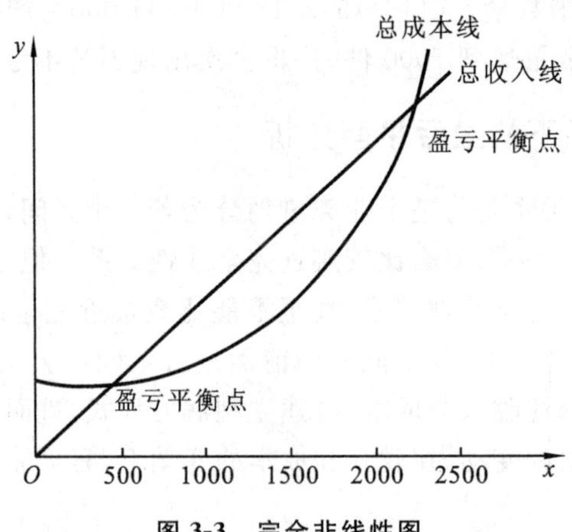

图 3-3　完全非线性图

对表 3-4 中的有关资料进行抽样测量后，选定如下三对数据：

产(销)量(件) $x_1=200$，　$x_2=1300$，　$x_3=2400$

成本总额(元) $y_1=64\ 000$，　$y_2=212\ 500$，　$y_3=482\ 000$

此时，可得到方程组：

$$\begin{cases} y_1 = a + bx_1 + cx_1^2 \\ y_2 = a + bx_2 + cx_2^2 \\ y_3 = a + bx_3 + cx_3^2 \end{cases}$$

将选定的有关数据代入方程组得：

$$\begin{cases} 64\ 000 = a + 200b + 40\ 000c \\ 212\ 500 = a + 1300b + 1\ 690\ 000c \\ 482\ 000 = a + 2400b + 5\ 760\ 000c \end{cases}$$

解此方程组得：

$$\begin{cases} a = 50\ 000 \\ b = 60 \\ c = 0.05 \end{cases}$$

所以

$$y=50\ 000+60x+0.05x^2$$

再确定该产品销售收入函数模型。

设销售收入为 R，销售数量为 x，则：

$$R = 200x$$

由于企业处于盈亏平衡状态时，其收入总额等于成本总额，即利润为零。设 P 代表利润，则：

$$P = R - y = 0$$

$$P = 200x - (50\ 000 + 60x + 0.05x^2) = 0$$

即

$$-0.05x^2 + 140x - 50\ 000 = 0$$

上述方程的解为：

$$x_1 = 420,\quad x_2 = 2380$$

计算结果表明，该产品有两个盈亏平衡点，第一个盈亏平衡点为 420 件(即图 3-3 中第一个交点的横坐标)，该企业在此产销量点上“扭亏为盈”;第二个盈亏平衡点为 2380 件(即图 3-3 中第二个交点的横坐标)，该企业在此产销量点上“转盈为亏”。

本章小结

第一节　盈亏平衡分析亦称本量利分析，是成本-业务量-利润关系分析的简称，是指在变动成本计算模式的基础上，以数学化的会计模型与图式来揭示固定成本、变动成本、销售量、单价、销售额、利润等变量之间的内在规律性联系，为会计预测、决策和规划提供必要的财务信息的一种定量分析方法。本量利分析(CVP 分析)又可称为量本利分析(VCP 分析)。

盈亏平衡分析所考虑的相关因素主要包括固定成本 a、单位变动成本 b、销售量 x、单价 p、销售收入 px 和营业净利润 P 等。这些变量之间的关系可用下式反映。

$$营业净利润(P) = 销售收入 - 总成本 = px - (a + bx)$$

第二节　讲述线性条件下盈亏平衡分析。单位贡献毛益是指产品的销售单价减去单位变动成本后的差额，亦可用贡献毛益总额除以有关销售量求得;贡献毛益率是指贡献毛益总额占销售收入总额的百分比，又等于单位贡献毛益占单价的百分比。

所谓保本，就是指企业在一定时期内的收支相等、盈亏平衡、不盈不亏、利润为零。当企业处于这种收支相等、损益平衡、不盈不亏、利润为零的特殊情况时，称为企业达到保本状态。保本分析就是研究当企业恰好处于保本状态时本量利关系的一种定量分析方法。保本点是指能使企业达到保本状态的业务量的总称。单一品种的保本点可按以下方法确定，即图解法、基本等式法、贡献毛益法。

许多企业在计算保本点的基础上，还要考虑企业经营的安全程度，确定安全边际指标。

某些西方企业不考核安全边际率，而是计算保本作业率指标。安全边际率＋保本作业率＝1。

实现目标利润的业务量又称保利点业务量，有关的计算公式又被称作保利公式，它们包括：

$$实现目标利润的销售量(x_2)=(固定成本+目标利润)/(单价-单位变动成本)$$

$$实现目标利润的销售额(y_2)=单价\times 实现目标利润的销售量$$

在多品种条件下，可以运用的盈亏平衡分析方法有多种形式，包括综合贡献毛益率法、顺序法、联合单位法、分算法和主要品种法等。

综合贡献毛益率法是指在确定企业综合贡献毛益率的基础上分析多品种条件下本量利关系的一种方法。该法对各品种一视同仁，不要求分配固定成本，而是将各品种所创造的贡献毛益视为补偿企业全部固定成本的收益来源。在此法下，多品种保本额和保利额的计算公式分别为：

$$多品种保本额=固定成本/综合贡献毛益率=a/\mathrm{cmR}'$$

$$多品种保利额=(固定成本+目标利润)/综合贡献毛益率=(a+\mathrm{TP})/\mathrm{cmR}'$$

第三节　讲述非线性条件下的盈亏平衡分析。有关产品总收入和总成本的变动同其产销数量之间的变动就不再保持特定比例，它们之间的线性关系就不复存在，而是一种非线性关系。非线性条件下的盈亏平衡分析通常分为不完全线性和完全非线性两种情形。

复习思考题

一、关键概念

盈亏平衡分析、贡献毛益、保本点、安全边际、安全边际率、保本作业率

二、简答题

1. 简述盈亏平衡分析的含义及其基本关系式。

2. 什么是贡献毛益？如何计算？

3. 什么是保本点？如何计算保本量和保本额？

4. 什么是安全边际率和保本作业率？如何计算？

5. 多品种条件下如何计算保本额和保利额？

6. 什么是非线性条件下的盈亏平衡分析？包括哪些情形？

DISIZHANG

第四章 预测分析

学习目的

(1) 了解预测分析的概念、特点及其主要内容。

(2) 掌握定性和定量两类预测分析方法的特征。

(3) 熟练掌握销售预测的加权平均法和平滑指数法等主要定量分析方法的应用。

(4) 熟悉成本预测的基本思路和方法。

(5) 熟悉利润预测的基本思路和方法。

(6) 熟悉资金需要量预测的基本思路和方法。

第一节　预测分析概述

一、预测分析的意义

预测是指根据过去和现在的情况及其资料对未来事物的发展变化趋势所做的预计、推测。预测的主要特点是根据已知推测未知,用过去、现在预计未来。

预测分析,就是预测人员对不同的预测对象、目标,依据过去、现在的信息,选取适当的预测方法进行预测的过程。人们可以对社会发展的各个方面,如人口、经济、政治、军事、气象等进行预测。不同的预测对象需要采取相应的预测方法、预测手段,才能取得人们期望的结果。

管理会计重点研究的是企业生产经营活动中的经营预测。经营预测,是指根据历史资料和现在的信息,运用一定的科学预测方法,对未来经济活动可能产生的经济效益和发展趋势做出科学的预计和推测的过程。

长期以来,人们主要凭经验和直觉进行预测,或者说猜测。但由于未来不确定性的存在以及现代经济生活的日趋复杂,人们不断总结经验,认识事物的发展规律,把现代科学技术,特别是数理分析的方法运用到预测中,建立起科学的预测方法,使预测对未来的估计更为科学。预测着重于提供在一定条件下生产经营各个方面未来可能实现的数据,是决策的基础,为决策提供科学依据。而决策则以预测为基础,通过分析比较,权衡利害得失,从中选择最满意的方案。

二、预测分析的基本原则

(一) 延续性原则

企业经济活动过去和现在的某种发展规律,将来会延续下去,并假定过去和现在的条件,同样也适用于未来,即把未来作为历史延伸进行推测。

(二) 相关性原则

企业经济活动中某些经济变量之间存在着相互依存和相互制约的关系。预测分析就是根据这些经济变量之间存在的相互关系来推测经济活动发展的规律性的。

(三) 相似性原则

企业在经营活动过程中不同的(一般是无关的)经济变量所遵循的发展规律,有时会出现相似的状况。可利用已知经济变量的发展规律类推出未知变量的发展趋势。

（四）统计规律性原则

企业在经营活动过程中对于某个经济变量所做出的一次观测结果往往是随机的，但是多次观测以后得出的结果，却会出现某种统计规律性的情况。预测分析根据此原则就可以利用概率分析及数理统计的方法进行推测。

（五）实事求是原则

真实可靠的数据信息是企业进行正确预测的基本条件。而这些数据信息的获取则需要根据实事求是的原则，从实际出发，深入调查研究，了解企业经营的历史和现状。否则，预测就会偏离实际情况。所以，我们既要收集有利条件的信息，也要收集不利条件的信息。

（六）成本效益原则

任何一项预测工作都是要付出代价的，需要投入一定的人力、物力和财力。如果片面追求预测的精确度，则会造成一定的浪费。如果预测所花费的费用超出其带来的收益，就会失去预测的意义。

三、预测分析的特点

预测分析具有以下特点。

（一）依据的客观性

预测分析是以客观准确的历史资料和符合实际的经验为依据所进行的分析，而不是毫无根据、纯主观的臆测。

（二）时间的相对性

预测分析事先应明确规定某项预测对象的时间期限。预测分析的时间越短，受不确定因素的影响越小，预测结果越准确；反之，预测分析的时间越长，受不确定因素的影响就越大，预测结果的准确性也相对差一些。

（三）结论的可检验性

预测分析应考虑到可能发生的误差，且能够通过对误差的检验进行反馈，调整预测程序和方法，尽量减少误差。

（四）方法的灵活性

预测分析可灵活采用多种方法。在选择预测方法时，应事先进行测试，选择那些简便易行、成本低、效率高的一种或几种方法配套使用，才能达到事半功倍的效果。

四、预测分析的种类

（一）按预测的时间分类

预测按时间可分为短期预测、中期预测和长期预测三类。

1. 短期预测

短期预测是指对计划年度或季度经济发展前景进行的预测。它是为制订月度计划、季度计划及年度计划和短期决策服务的，是明确一年以内经济活动具体任务的依据。

2. 中期预测

中期预测是指对企业较长时期经济活动进行的预测。一般对一年以上、五年以下的经济活动的预测。它主要是用于检查长期计划的执行情况以及检查长期决策的经济效果，以便及时发现问题，纠正偏差。

3. 长期预测

长期预测是指对企业长期(一般是指五年以上)的经济发展前景进行的预测。它是为制订长期计划和长期决策服务的，是企业经营战略决策的重要依据之一。

(二) 按预测的内容分类

预测按内容可分为销售预测、成本预测、利润预测和资金需要量的预测四类。

1. 销售预测

销售预测是指企业根据市场上供需情况的发展趋势，在充分调查、收集各种资料的基础上，运用科学的方法对影响企业销售的各种因素进行分析，测算未来一定时期内企业产品销售量或销售额及其变化趋势的一种活动。

2. 成本预测

成本预测是指在分析企业现有的经济技术条件、市场动态及其发展趋势，以及影响成本变动的有关因素的基础上，对企业未来一定时期内的成本水平和变动趋势所进行的测算。

3. 利润预测

利润预测是指在销售以及成本预测的基础上，通过对影响利润高低的成本、业务量、价格等因素的综合分析，对企业未来一定时期可能达到的利润水平及其变动趋势所进行的预计和测算。

4. 资金需要量预测

资金需要量预测是指根据有关的历史资料，采用特定的方法，预计和推算未来一定期间为保证企业经营目标所需要的资金数量。

五、预测分析的一般程序

第一，确定预测目标，制订预测计划。

第二，搜集、审核和整理资料。

第三，选择预测方法和建立预测模型。

第四，进行计算和预测。

第五，分析预测误差，评价预测结果。

第六，改进预测方法，修正预测模型，给定预测结果。

六、预测分析的方法

预测的基本方法可以分为定性预测分析法与定量预测分析法两种。

(一) 定量预测分析法

定量预测分析法主要根据已有的比较完备的资料，运用一定的数学方法进行科学的加工处理，借以充分揭示有关变量之间的规律性联系，作为预测的依据。

定量预测分析法可大致分为两类：趋势分析法和因果分析法。

1. 趋势分析法

基本原理：趋势分析法是将一个指标本身过去的变化趋势作为预测的依据，这意味着把未来视为“过去历史的延伸”。

主要假定：趋势分析法假定以往对有关指标起影响作用的诸因素在现在和将来依然起作用，将这种作用的延续作为预测未来的主要依据。

主要特点：根据时间的系列做机械的推测，或者说，从数学函数的角度看，以时间为自变量。

不足：缺乏坚实的理论基础，随着预测期的延长，预测的结论不一定可靠，原因在于影响因素有变动的可能。

2. 因果分析法

基本原理：因果分析法是从一个指标与其他指标的相互联系中进行分析，根据它们之间的规律性的因果联系建立数学模型，据以进行预测。

与趋势分析法相比，因果分析法显得较有理论根据。因果预测的模式通常分为回归分析的模式和计量经济学的模式。回归分析模式应用的是表示两个或多个变量之间相互关系的统计学分析方法；计量经济模型包含了许多预测因素，例如经济指标、消费者信心指数等，通过控制预测因素的假设值能够验证各种假设条件，并把预测因素与预测值如销售预测联系起来。

（二）定性预测分析法

定性预测分析法强调人的判断，主要是由熟悉情况和业务的专家根据经验进行分析、判断，提出预测意见，然后再通过一定的形式进行综合，作为预测未来的主要依据，有时也称为集合意见法。定性预测分析法主要是在缺乏完备的资料，或主要因素难以定量分析的情况下应用的。

定性预测分析法和定量预测分析法在实际应用中并非相互排斥，而是相互补充，相辅相成的。定量预测分析法较精确，但很多非计量因素无法考虑进去，如国家经济政策发生重大变动，市场上出现强大的竞争对手等；而定性预测分析法虽可将这些非计量因素考虑进去，但却带有一定的主观随意性。因此，在实际工作中，应根据具体情况将两类分析法有机地结合起来加以应用，才能提高预测分析结果的准确性和可行性。

第二节　销售预测

一、销售预测的意义

销售预测是指在充分调查、研究的基础上预计市场对本企业产品未来时期的需求趋势。销售预测是为了了解产品的社会需求量，掌握产品的销售状态和市场占有情况。在现代市场经济条件下，企业的生存不再取决于上级主管部门的意志，而是取决于市场对企业的接纳程度，取决于企业能否生产出适销对路、质量合格、满足市场需求的产品，市场决定着企业的生产和发展。通过销售预测，可以全面掌握产品市场需求的基本动态和产品销售变化的一般规律，从而正确地组织未来时期的生产经营，合理安排供、产、销，使企业的经营活动正常进行。在市场经济“以需定销”“以销定产”的特性下，销售预测在企业预测中处于先导地位，是企业各项经营预测的基础和前提。通过销售预测，可以获取大量有关政治、经济、技术等企业外部环境变化的信息资料，这些资料是企业管理者科学地制订各项经营决策的依据。销售预测是制订企业经营决策最重要的依据，只有搞好销售预测，才能相互衔接地开展好其他各项经营预测。

二、销售预测的定性分析法——定性销售预测法

定性销售预测法——非数量分析法，是一种直观性预测方法，它是依靠预测人员（一般借助于有关专业人员，如主管、经理、有经验的技术和管理人员）丰富的实践经验和知识，以及主观的分析判断能力，在考虑到某些因素对经济影响的前提下，对事物的性质和发展趋势进行预测和推断的分析方法，受政治、经济形势、消费倾向、市场前景、经济政策（宏观环境的变化）等因素的影响。

定性销售预测法又分为判断分析法和调查分析法两大类。

（一）判断分析法

判断分析法是指销售人员根据直觉判断进行预估，然后由销售经理加以综合，最后得出企业总体的销售预测的方法。判断分析法主要包括推销员判断法、综合判断法和专家判断法。

1. 推销员判断法

推销员判断法是由企业负责销售业务的有关人员根据其所拥有的知识和长期销售工作经验，结合市场调查的情况，将各类顾客对特定预测对象的销售预测值填入卡片或表格，然后由销售部门经理对此进行综合分析以对有关商品未来一定期间的销售变动趋势做出预测结论的一种预测方法。推销员判断法费时短，耗费小，具有较强的实用价值。即使在市场发生变化的情况下，运用这种方法也能很快地对预测结果进行修正。但由于受本身拥有的知识、经验、占有资料多少等因素的影响，推销员对问题理解的广度和深度往往会受到一定的限制。因此，其预测结果难免存在一定的不足。

2. 综合判断法

为了减少判断的片面性，企业往往组织多人对同一产品或市场进行预测判断，再将这些数据加以平均处理。综合判断法是由企业召集有关经营管理人员，以及各地经销商负责人集中开会，由他们根据各自的经验和有关资料对特定产品未来的销售量进行分析判断，分别提出预测意见，然后进行讨论和综合平衡，最终做出结论。此法能够集思广益，快捷实用。

3. 专家判断法

专家判断法是由专家根据他们的经验和判断能力对特定产品的未来销售量进行判断和预测的一种方法，主要有三种形式。

（1）专家个人意见集合法。此法是企业就产品销售的未来趋势先征求专家个人意见，然后加以综合，确定预测值。

（2）专家小组法。此法是由企业组织有关方面的专家组成小组，运用专家们的集体智慧，对预测对象的未来发展变化趋势进行估计和推断的预测方法。专家小组可通过召开座谈会的方式，开展广泛讨论，相互启发，以弥补个人意见的不足，使预测结果更加全面具体。但这种方法容易受权威人士的影响，造成少数有独到见解的专家不愿发表自己的意见，从而一定程度上影响所得出预测结论的客观性。

（3）德尔菲法。此法是通过函询调查方式，向有关专家发出预测问题调查表，征询意见，然后将专家提出的意见进行综合、整理和归纳，在反复反馈、综合的基础上做出预测判断的方法。采用德尔菲法，由于在询证意见时，参加预测的各专家互不相知，因此，它可消除许多心理因素

的影响，使各位专家能真正根据自己的经验、观点和方法进行预测，真正做到各抒己见。同时，该方法需反复征询意见，因此它可通过意见的反馈来组织各位专家之间的信息交流和讨论，通过反复的交流和讨论，使合理的意见为大多数专家所接受，分散的意见趋于集中，最后得出一个比较全面的分析和判断。

【例 4-1】 判断分析法的应用。A 公司有三名销售人员和一名经理，每个预测者预计的销售量和概率如表 4-1 所示。

表 4-1　A 公司销售人员预计销售量和预计概率表

	销售量/件	概率	销售量×概率
甲的预测：			
最高	500	0.2	100
可能	400	0.5	200
最低	300	0.3	90
期望值			390
乙的预测：			
最高	600	0.2	120
可能	500	0.6	300
最低	400	0.2	80
期望值			500
丙的预测：			
最高	550	0.2	110
可能	450	0.5	225
最低	350	0.3	105
期望值			440
经理的预测：			
最高	500	0.3	150
可能	450	0.5	225
最低	300	0.2	60
期望值			435

综合预测销售量＝(390＋500＋440＋435) 件÷4≈441 件

（二）调查分析法

调查分析法是指通过对有代表性顾客的消费意向的市场调查，了解市场影响需求各因素的变化情况，并通过这些因素与企业销售的关系来预测企业产品的销量。

【例 4-2】 某企业生产厨房小家电，根据表 4-2 所示资料预测该公司的销售额。

表 4-2　某企业的销售量预测表

家庭分组（按年收入划分）①	家庭户数/户 ②	每户年均购买额/元 ③	市场潜力/元 ④=②×③	本企业最高市场占有率 ⑤	本企业销售额预测/元 ⑥=④×⑤
不足 10 万元	8000	100	800 000	30%	240 000
10 万元～20 万元	1000	200	200 000	20%	40 000
20 万元～30 万元	500	300	150 000	20%	30 000
30 万元以上	100	400	40 000	10%	4000
合计	9600	—	1 190 000		314 000

三、销售预测的定量分析法——定量销售预测法

定量销售预测法——数量分析法，主要是应用数学的方法，对与销售有关的各种经济信息进行科学的加工处理，并建立相应的数学模型，充分揭示各有关变量之间的规律性联系并做出相应的预测结论。定量销售预测法适用于历史资料比较完备准确、事物发展变化的环境和条件比较稳定的情况。

定量销售预测法主要包括趋势预测分析法、因果预测分析法、季节预测分析法、购买力指数法。

（一）趋势预测分析法

1. 算术平均法

计算公式：

$$Y = \frac{\sum_{i=1}^{n} X_i}{n}$$

这种方法的原理是一视同仁地看待 n 期内的各期销售量对未来预测销售量的影响。优点是计算简单，缺点是没有考虑近期销售业务量对预测期销售状况的不同影响程度。算术平均法适用于各期业务量比较稳定、没有季节性变动的产品的预测。

【例 4-3】 某公司 2014 年 7—12 月的产品销售量如表 4-3 所示。

表 4-3　7—12 月产品销售量表　　单位：吨

月　份	7	8	9	10	11	12
销售量	20	25	23	27	22	23

根据表 4-3 中数据，采用算术平均法预测 2015 年 1 月的产品销售量如下：

销售量预测数＝(20＋25＋23＋27＋22＋23) 吨/6≈23.3 吨

2. 移动平均法

移动平均法是在掌握 n 期销售量的基础上，按照事先确定的期数（记作 m，$m<n/2$）逐期分段计算 m 期的算术平均数，并以最后一个 m 期的平均数作为未来 $n+1$ 期预测销售量的一种方法。

计算公式：

$$Y = \text{最后}\ m\ \text{期销售业务量之和} / m$$

优点：克服了算术平均法远近期销售量对预测量影响程度不同的缺点，有助于消除远期偶然因素的不规则影响。缺点：仍存在只考虑 n 期数据中的最后 m 期资料，缺乏代表性。移动平均法适用于销售业务略有变动的产品预测。

【例 4-4】 某企业生产一种产品，2014 年 1—12 月份销售量如表 4-4 所示。

表 4-4　1—12 月份销售量表　　单位：吨

月份	1	2	3	4	5	6	7	8	9	10	11	12
销量	25	23	26	29	24	28	30	27	25	29	32	33

假设取 $m=5$，根据表 4-4 中数据，采用移动平均法预测 2015 年 1 月的产品销售量如下：

2015 年 1 月的销售量＝(27＋25＋29＋32＋33) 吨/5＝29.2 吨

3. 加权平均法

加权平均法是指在掌握全部 n 期资料的基础上，按照距离预测期远近，近大远小的原则确定各期权数，并据以计算加权平均销售量的一种方法。在采用加权平均法时，确定适当的权数是进行销售预测的关键所在。在若干历史时期中，由于接近预测期的销售量对预测值的影响较大，所以确定的权数较大，而远离预测期的销售量对预测值的影响较小，所以确实的权数通常较小一些。

计算公式：

$$Y = \sum_{i=1}^{n} W_i X_i$$

W_i 应满足两个条件：

① $\sum W_i = 1$；

② $W_1 \leqslant W_2 \leqslant W_3 \leqslant \cdots \leqslant W_n$。

加权平均法的优点是既可以利用 n 期全部历史数据，又充分考虑了远近期数据对未来的影响。缺点是不能按统一的方法确定各期的权数值。

【例 4-5】 某企业生产一种产品，2014 年 1—6 月份销售量如表 4-5 所示。

表 4-5　1—6 月份销售量表　　单位：吨

月　份	1	2	3	4	5	6
销售量	650	660	680	700	710	730
权数	0.1	0.1	0.1	0.2	0.2	0.3

根据表 4-5 中数据，采用加权平均法预测 2014 年 7 月的产品销售量如下：

2014 年 7 月的销售量＝(650×0.1＋660×0.1＋680×0.1＋700×0.2＋710×0.2＋730×0.3) 吨
＝700 吨

4. 指数平滑法

指数平滑法是利用平滑系数(即加权因子)对本期的实际销售量和本期的预计销售量进行加权平均计算后作为预测期销售量的一种方法，即在综合考虑有关前期预测销售量和实际销售量信息的基础上，以事先确定的平滑指数预测未来的销售量。其计算公式如下：

$$S_t = \alpha X_{t-1} + (1-\alpha) S_{t-1}$$

式中：S_t 为预测销售量；α 为平滑系数；X_{t-1} 为上一期销售的实际值，S_{t-1} 为上一期销售的预测值。

在用指数平滑法预测销售量时，关键是 α 值的选择，这是一个经验数值，主观因素较大，不同的 α 值会使预测数产生较大的差异。平滑系数 α 的一般取值在 0.3～0.7 之间；平滑系数越大，近期实际数对预测结果的影响越大；平滑系数越小，近期实际数对预测结果的影响越小。一般情况下，如果销量波动较大或进行短期销量预测，可考虑选择较大的平滑系数；如果销量波动较小或进行长期销量预测，应考虑选择较小的平滑系数。该法比较灵活，适用范围广，但在选择平滑指数时，存在一定的随意性。

【例 4-6】 某企业 1 月—6 月实现销售情况如表 4-6 所示。

表 4-6 1—6 月实现销售量表

单位：台

月　份	1	2	3	4	5	6
销量	1200	1000	1300	1200	1170	1350

若假设 α 为 0.3，1 月份销售量的预测值为 1250 台，则预测 7 月份的销售量如表 4-7 所示。

表 4-7 指数平滑预测计算表

单位：台

月　份	上月实际×α	上月预测×(1－α)	本月预测
1			1250
2	0.3×1200	(1－0.3)×1250	1235
3	0.3×1000	(1－0.3)×1235	1165
4	0.3×1300	(1－0.3)×1165	1206
5	0.3×1200	(1－0.3)×1206	1204
6	0.3×1170	(1－0.3)×1204	1194
7	0.3×1350	(1－0.3)×1194	1241

所以，7 月份的预计销售量为 1241 台。

（二）因果预测分析法

因果预测分析法是根据历史资料，找出预测对象（因变量）与其相关事物（自变量）的依存关系，建立相应的因果关系的数学模型，通过数学模型来确定预测计划期的销售量的一种方法。它的实质就是利用事物发展的因果关系，来推测事物发展的趋势。

最常见的因果预测分析法是回归分析法。回归分析法又包括回归直线法、对数直线法和多元回归法等。

回归直线法，也称一元回归分析法，它假定自变量因素只有一个，根据直线方程式 $y=a+bx$，按照最小平方法原理，确定一条误差最小、能正确反映自变量 x 与因变量 y 之间关系的直线。回归系数 a 和 b 的值可用下列公式表达：

$$a=\frac{\sum y-b\sum x}{n}$$

$$b=\frac{n\sum xy-\sum x\sum y}{n\sum x^2-(\sum x)^2}$$

【例 4-7】 某企业专门生产电冰箱的压缩机，影响压缩机销量的主要因素是电冰箱的销售量。经统计，该企业连续 5 年电冰箱和压缩机的实际销售量如表 4-8 所示。

表 4-8　电冰箱和压缩机的实际销售量表　　单位：万台

年　度	2010	2011	2012	2013	2014
压缩机销售量	20	25	30	36	40
电冰箱销售量	100	120	140	150	165

经分析，电冰箱压缩机的销售量 y 与电冰箱的销售量 x 成线性关系，即 $y=a+bx$，若假设预测期 2015 年的电冰箱销售量预计为 180 万台，采用回归直线法预测 2015 年该企业电冰箱压缩机的销售量如下。

(1) 在公式 $y=a+bx$ 中，设 y 为电冰箱压缩机的销售量；x 为电冰箱的销售量；a 为原来拥有电冰箱对压缩机的年需求量；b 为每销售万台电冰箱对压缩机的需求量。

(2) 整理所给数据如表 4-9 所示。

表 4-9　电冰箱销售预测表　　单位：万台

年　度	电冰箱销售量 x	压缩机销售量 y	xy	x^2
2010	100	20	2000	10 000
2011	120	25	3000	14 400
2012	140	30	4200	19 600
2013	150	36	5400	22 500
2014	165	40	6600	27 225
合计	675	151	21 200	93 725

(3) 计算 a、b 的值

$$b=\frac{n\sum xy-\sum x\sum y}{n\sum x^2-(\sum x)^2}=\frac{5\times 21\ 200-675\times 151}{5\times 93\ 725-675\times 675}\approx 0.313$$

$$a=\frac{\sum y-b\sum x}{n}=\frac{151-0.313\times 675}{5}\approx -12.06$$

(4) 将 a、b 的值代入公式 $y=a+bx$，得出预测结果，2015 年该公司电冰箱压缩机的销售量为：

$$y=a+bx=-12.06+0.313x=(-12.06+0.313\times 180)\text{ 万台}=44.28\text{ 万台}$$

(三) 季节预测分析法

每年重复出现的周期性变动，叫作季节性变动。季节性变动的周期为 12 个月，许多行业的产品销售具有季节性变动的特点。一般来说，农产品的季节性变动甚于工业品，消费品甚于生产资料，非耐用消费品甚于耐用消费品。对销售具有季节性变动特点的产品进行销售预测时，应当充分考虑季节变动的影响。

季节变动对产品销售的影响方式，可用以下两个基本公式表达。

$$Y_t=T_t+S_t$$

式中：T_t 为趋势值；S_t 为季节加量或季节指数(由于季节影响所增加的量)。T_t、S_t 时间不同，取值不同，适用于季节波动与趋势值不成比例关系的预测。

$$Y_t = T_t \cdot S_t$$

式中：T_t为一种长期趋势，它是决定Y_t大小的基本成分；S_t为由于受季节性影响所增加的量。这个公式适用于季节波动与趋势值成比例关系的预测。

这里所说的季节可以是季度、月份、周、日等。S_t以一定的周期循环取值。例如，Y_t代表某企业每个月某产品的销售量，则周期为12；如果代表每季度的销售量，则周期为4。

（四）购买力指数法

购买力指数是指各地区市场上某类商品的购买力占整个市场购买力的百分比。购买力指数法是企业按照各地区购买力指数，将自己的销售潜量总额分配给各地区市场的一种方法。

影响商品购买力的因素主要有人口、个人收入等因素。因此，在预测地区购买力指数时，应根据这些因素对购买力影响的大小，分别为每个因素设定相应的权数或比重，建立数学预测模型。购买力指数的预测模型如下：

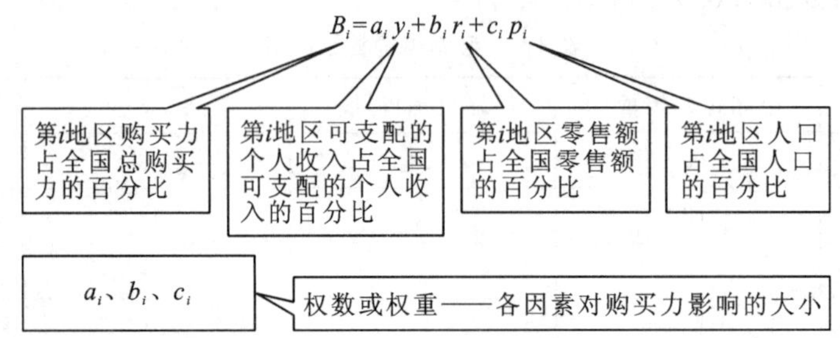

四、销售预测需要注意的问题

销售预测的直接目的是了解产品的社会需求量及销售前景，掌握产品的销售状态和市场占有率，以便正确地规划企业的生产和销售活动。企业产品的销售量、销售变化趋势等，会受到社会经济发展规模与速度、社会购买力水平、市场价格、竞争能力等多种因素的综合影响。社会经济发展规模与速度制约着整个社会的需求和消费水平，影响着单个企业生产、供应和销售活动。社会购买力水平是衡量一定时期内社会上有支付能力的商品需求和国内市场容量大小的重要标志，要正确掌握产品销售的变化趋势，就应对城乡居民的货币收入、储蓄动态，以及就业程度、年景好坏等进行全面的了解。市场价格的某种变动，也必然引起市场需求发生相应的变动。而只有了解同行业、同类产品的竞争能力，才能正确评估本企业所经营产品在同行业、同类产品中所处的地位和市场占有率的变化。为了保证销售预测结论的正确性，进行销售预测时应综合考虑多种因素。

第三节　成本预测

一、成本预测的意义

成本预测是指依据掌握的经济信息和历史成本资料以及成本与各种技术经济因素的相互依存关系，采用科学的方法，对企业未来成本水平及其变化趋势做出的科学推测。成本预测是成本管理的重要环节，实际工作中必须予以高度重视。它是根据企业目前经营状况和发展目标，利用专门的方法对企业未来成本水平和变动趋势进行推测，为编制成本计划，进行成本控制、成本分析和成本考核提供依据。成本预测是降低产品成本、增强企业竞争力和提高企业经济效益的主要手段。

二、成本预测的步骤

成本预测的步骤主要有以下几个。

(1) 根据企业的经营总目标，提出期望的目标成本。

(2) 采用各种专门的方法，预测本企业在当前生产经营条件下成本可能达到的水平，并算出预测成本与目标成本的差距。

(3) 拟定缩小预测成本与目标成本差距的各种方案，对比、分析各种成本方案的经济效果。

(4) 选择成本最优方案并确定正式的目标成本。

三、可比产品成本预测

成本预测按产品的不同，又可分为可比产品成本预测和不可比产品成本预测。

可比产品成本预测是指以往年度正常生产过的产品，其过去的成本资料比较健全和稳定。下面结合成本预测的步骤介绍可比产品成本预测。

(一) 确定初选的目标成本

选择可比产品的初选目标成本主要有两种方法：

(1) 选择本企业历史上先进成本水平或者同行业平均先进水平；

(2) 根据企业预测期的目标利润确定目标成本，用公式表示如下：

$$目标成本=预测的销售额-企业目标利润-应纳税金$$

(二) 在当前生产经营条件下的成本初步预测

成本初步预测是指在当前生产条件下，不采取任何新的降低成本措施确定预测期可比产品能否达到初选目标成本要求的一种预测。初步预测是根据历史资料来推算的，一般可采用以下两种方法。

1. 按照上年预计平均单位成本测算预测期可比产品成本

$$\begin{aligned}上年预计平均单位成本=&(上年1至3季度实际平均单位成本\times上年1至3季度实际产量\\&+上年第四季度预计单位成本\times上年第四季度预计产量)\\&\div(上年1至3季度实际产量+上年第四季度预计产量)\end{aligned}$$

上年预计平均单位成本确定后，可按下列公式计算按上年预计平均单位成本计算的预测期可比产品总成本，作为预测期可比产品成本降低指标的基础。

$$\begin{aligned}\begin{matrix}按上年预计平均单位成本\\计算的预测期可比产品总成本\end{matrix}=&\sum(各种可比产品上年预计平均单位成本\\&\times预测期各种可比产品预计产量)\end{aligned}$$

2. 根据前3年可比产品成本资料测算预测期可比产品成本

根据前3年可比产品成本资料测算预测期可比产品成本的具体方法有简单平均法和加权平均法。在采用这两种方法时，首先，对过去3年的成本资料进行必要的调整，剔除成本中的那些偶然费用，特别是数额较大的，如自然灾害和意外事故造成的停工损失等；其次，对涉及产品设计、工艺改变、耗用的价格有重大变化的情况也要进行调整；最后，根据实际资料，将前3年可比产品成本划分为变动成本和固定成本两部分，对于混合成本也要采用一定的方法分解为固定成本和变动成本，以便进行预测。

（1）简单平均法，适用于前3年销售和成本基本稳定的产品成本预测。其预测公式为：

预测期可比产品总成本＝（前3年单位变动成本之和÷3）×计划年度生产销售量
＋（前3年固定成本总额之和÷3）

（2）加权平均法，在前3年销售和成本变动较大的情况下，为了反映接近预测年份的成本变动对预测值的影响，对最接近预测年份的成本资料在计算平均数时须加大其比重，权数可确定为3，预测期前2年的权数为2，预测期前3年的权数为1。其预测公式为：

预测期可比产品成本＝［（前1年单位变动成本×3＋前2年单位变动成本×2
＋前3年单位变动成本×1）÷6］×计划年度生产销售量
＋［（前1年固定成本总额×3＋前2年固定成本总额×2
＋前3年固定成本总额×1）÷6］

（三）提出各种降低成本的方案

降低成本主要从以下三个方面着手：

（1）改进产品设计，努力节约原材料、燃料和人力等消耗；

（2）改善生产经营管理，合理组织生产；

（3）严格控制费用开支，努力降低管理费用。

（四）正式确定目标成本

企业的成本降低措施和方案确定后，应进一步测算各项措施对产品成本的影响程度，据以修订初选目标成本，正确确定企业预测期的目标成本。

1. 测算材料费用对成本的影响

影响材料费用变动的因素有材料消耗定额和材料价格。材料消耗定额降低形成的节约，应按下列公式计算：

材料消耗定额降低影响的成本降低率＝材料费用占成本的百分率
×材料消耗定额降低的百分率

如果在材料消耗定额发生变动的同时，价格也发生变动，则材料价格变动对成本的影响，可按下列公式计算：

材料价格变动影响的成本降低率＝材料费用占成本的百分率
×（1－材料消耗定额降低的百分率）
×材料价格降低的百分率

材料消耗定额和价格同时降低对成本的影响可按以下公式计算：

材料消耗定额和价格同时降低影响的成本降低率＝材料费用占成本的百分率
×［1－（1－材料消耗定额降低的百分率）
×（1－材料价格降低的百分率）］

2. 测算工资费用对成本的影响

（1）如果工人工资不变、劳动生产率提高：

$$影响的成本降低率=生产工人工资占成本的百分率\times\left(1-\frac{1}{1+劳动生产率提高的百分率}\right)$$

(2) 如果工资增长,而劳动生产率提高超过平均工资增长率而形成节约:

$$劳动生产率和平均工资相互作用影响的成本降低率=生产工人工资占成本的百分比\times\left(1-\frac{1+平均工资增长的百分率}{1+劳动生产率提高的百分率}\right)$$

3. 测算生产增长超过管理费用增加而形成的节约

$$生产增长超过管理费用增加影响成本降低率=管理费用占成本的百分率\times\left(1-\frac{1+管理费用增长的百分率}{1+生产增长的百分率}\right)$$

4. 测算废品率降低而形成的节约

废品损失减少影响的成本降低率=废品损失占成本的百分率×废品损失减少的百分率

四、不可比产品成本预测

不可比产品是指企业以往年度没有正式生产过的产品,其成本水平无法与过去进行比较,因而就不能像可比产品那样通过采用下达成本降低指标的方法控制成本支出。不可比产品成本预测主要采用三种方法:技术测定法、产值成本法和目标成本法。

第四节　利 润 预 测

利润预测是按照企业经营目标的要求,通过对影响利润变动的成本、产销量等因素的综合分析,测算企业未来一定时期内可能达到的利润水平及其变动趋势。利润是综合性很强的指标,企业在一定期间内的全部财务活动和经营工作的好坏,最终都要在利润上反映出来。因此,企业必须抓好利润的管理,认真做好利润的预测工作。这对于加强企业管理、扩大经营成果、提高经济效益有着重要的意义。它是实现企业发展目标的重要环节,也是提高经济效益的重要手段,还是加强利润管理的重要措施。

利润预测同样可以采用多种方法,前面讲到的定性预测分析法和定量预测分析法均可以应用到利润预测分析中。

(一) 直接预测法

直接预测法是指根据本期的有关数据,直接推算出预测期的利润数额,即

利润总额=营业利润+投资净收益+营业外收支净额

其中,营业利润由产品销售利润和其他业务利润组成,这两部分预测利润的公式分别为:

预测产品销售利润=预计产品销售收入-预计产品销售成本-预计产品销售税金
=预计产品销售数量×(预计产品销售单价-预计单位产品成本-预计单位产品销售税金)

预测其他业务利润=预计其他业务收入-预计其他业务成本-预计其他业务税金

(二) 本量利分析预测法

本量利分析预测法就是利用本量利分析的基本公式预测目标利润。

$$目标利润=\sum 预计产品产销数量\times(单位产品销售价格-单位产品变动成本)-固定成本$$

$$= \sum[x(p-b)-a]$$

$$=（单位贡献毛益 \times 产销数量预测数）- 固定成本 = (\text{cm} \times x) - a$$

【例 4-8】 假设长城公司生产和销售 A 产品，预计下年度的销售量达 10 000 件，如果产品单价为 50 元，单位变动成本为 30 元，固定成本总额为 65 000 元，则该公司下年度的目标利润为：

目标利润 $=(p-b)x-a=(50-30)\times10\,000$ 元 $-65\,000$ 元 $=135\,000$ 元

（三）比例预测法

比例预测法就是根据各种利润率指标来预测计划期产品销售利润的一种方法。其中利润率指标主要包括销售收入利润率、销售成本利润率和产值利润率等。

1. 根据销售利润率确定的预测

计划期产品销售利润总额＝预计计划期产品销售收入×销售收入利润率

销售收入利润率是指产品销售利润与产品销售收入的比率，说明了每元的销售收入可以获得多少的利润。所以，只要能预计出计划产品销售收入，就可以据此测算出预计的产品销售利润额。

【例 4-9】 某公司近年来销售利润率基本稳定在 20%，根据销售预测预计下年度该公司的销售额可达 500 万元，故下年度该公司销售利润额预测值为：

销售利润总额＝500 万元×20%＝100 万元

2. 根据销售成本利润率确定的预测

计划期产品销售利润总额＝预计计划期产品销售成本×销售成本利润率

销售成本利润率是指企业在一定时期内取得的销售利润和同一时期发生的成本的比率。它说明了每耗费一元钱的成本，可以取得多少的利润，能敏锐地反映出成本升降的经济效果。所以，在实际工作中，只要能预计出计划期产品的销售成本，就可以据此测算出预计的产品销售利润。

【例 4-10】 某公司近年来其销售成本利润率基本保持在 45%左右，根据成本预测，预计下年度销售成本总额可达 1000 万元，故下年度公司销售利润额预测值为：

销售利润总额＝1000 万元×45%＝450 万元

3. 根据产值利润率确定的预测

计划期产品销售利润总额＝预计计划期产品总产值×产值利润率

产值利润率是指企业一定时期内产品销售利润和工业总产值之间的比率。它说明了每元工业总产值提供利润的情况和增产是否增收。所以，只要能预计出计划期产品总产值，就可以测算出计划期产品销售利润额。

【例 4-11】 某公司经测算下年度产值利润率可达到 16%，工业总产值可达 5000 万元，故下年度该公司利润额预测值为

销售利润总额＝5000 万元×16%＝800 万元

（四）因素分析法

因素分析法是指在本期已实现的利润水平上，充分估计预测期影响产品销售利润的各因素增减变动的可能性，来预测企业下期产品销售利润的数额。影响产品销售利润的主要因素有产品销售量、产品品种结构、产品销售成本、产品销售价格及产品销售税率等。

在预测企业下一会计期间的产品销售利润额时，应首先计算本期的成本利润率：

本期成本利润率＝本期产品销售利润额÷本期产品销售成本×100％

1．预测产品销售量变动对利润的影响

在其他因素都不变的情况下，预测期产品销售量增加，利润额也会增加；反之，预测期产品销售量减少，利润额也会减少。

因销售量变动而增减的利润额＝(预测期产品销售成本－本期产品销售成本)
×本期成本利润率

2．预测产品品种结构变动对利润的影响

产品品种结构变动对利润的影响是由于各个不同品种的产品利润率是不同的，而预测下期利润时，因产品品种结构变动而增减的利润额＝预测下期产品销售成本×(预测期平均成本利润率－本期平均成本利润率)。

$$预测期平均成本利润率 = \sum(各产品本期成本利润率 \times 该产品下期销售比重)$$

3．预测产品销售成本降低对利润的影响

因产品销售成本降低而增加的利润额＝预测下期产品销售成本×产品成本降低率

4．预测产品销售价格变动对利润的影响

因产品销售价格变动而增减的利润额＝预测期产品销售数量×变动后销售价格
×(1－税率)

5．预测产品销售税率变动对利润的影响

因产品销售税率变动而增减的利润额＝预测期产品销售收入×(1＋价格变动率)
×(原税率－变动后税率)

(五)经营杠杆系数法

1．经营杠杆系数

经营杠杆系数法是根据有关产品的营业杠杆同其产销量和利润之间的相互关系，借助于营业杠杆系数预测企业未来一定期间利润的方法。

所谓经营杠杆，是指由于固定成本的存在而导致的利润变动率大于产销量变动率的一种经济现象。在企业生产经营中，当有关产品的其他因素保持不变时，产销量变动必将引起边际贡献发生变动，且二者的变动比率(幅度)必然相等。但由于固定成本在相关范围内保持不变，产销量变动将引起单位产品固定成本的反方向变动，进而导致单位产品利润变动，最终使得有关产品的利润变动率大于其销量变动率。这一经济现象被称为经营杠杆。

经营杠杆的作用强度是用经营杠杆系数(DOL)来表示的，它是利润变动率同销量变动率的比值：

$$
\begin{aligned}
经营杠杆系数(\mathrm{DOL}) &= 利润变动率 / 销量变动率 \\
&= \frac{\mathrm{TP}_1 - \mathrm{TP}_0}{\mathrm{TP}_0} \Big/ \frac{x_1 - x_0}{x_0} \\
&= \frac{\Delta \mathrm{TP}/\mathrm{TP}_0}{\Delta x / x_0} \\
&= \frac{\mathrm{Tcm}_0}{\mathrm{TP}_0} \\
&= 基期贡献毛益 / 基期营业净利润
\end{aligned}
$$

式中：TP_1表示计划期营业净利润；TP_0表示基期营业净利润；x_1表示计划期产品销售量；x_0表示基期产品销售量；Tcm_0表示基期边际贡献。

2. 利润预测

如果某企业经营杠杆系数已经确定，销售变动率也已经确定，那么可以根据目前利润水平预计未来目标利润。基本公式为：

利润变动率＝基期经营杠杆系数×销量变动率

预计利润＝基期利润×(1＋利润变动率)＝基期利润×(1＋经营杠杆系数×产销量变动率)

【例 4-12】 某企业产销甲产品，2013 年全国产销量 100 000 件，销售单价为 100 元/件，单位变动成本为 80 元/件，获利 1 400 000 元。要求计算：

(1) 该企业经营杠杆系数；

(2) 若 2014 年计划增加销售 10%，预计可实现的利润。

计算如下：

(1) 基期贡献毛益总额＝(100－80) 元/件×100 000 件＝2 000 000 元

经营杠杆系数＝2 000 000 元/1 400 000 元≈1.43

(2) 预计可实现利润＝1 400 000 元×(1＋1.43×10%)＝1 600 200 元

第五节 资金需要量预测

一、资金需要量预测的意义

企业正确地进行经营决策、合理地组织经济活动，除了必须进行销售、利润、成本的预测分析以外，还需要开展资金的预测分析工作。进行资金的预测分析，对适时调度资金、减少资金占用、提高资金使用效率都具有重要意义。进行资金预测的目的，在于掌握资金需求的基本趋向，在资金不足时，能够及时足额地筹集到所需资金；在资金有剩余时，能够及早有效地运用多余资金，做到既保证生产经营的正常需要，又使资金占用量尽可能减小，节约使用资金，努力降低资金成本，尽可能提高资金使用效益。

二、资金需要量预测的方法

在资金需要量预测中，常用的方法有资金增长趋势预测法和预计资产负债表法。

(一) 资金增长趋势预测法

资金增长趋势预测法是指运用回归分析法(最小二乘法)原理对过去若干期间销售收入(或销售量)及资金需用量的历史资料进行分析、计量后，确定反映销售收入与资金需用量之间的回归直线($y=a+bx$)，并据以推算未来期间资金需用量的一种方法。

影响资金需求总量变动的因素很多，但从短期经营决策角度看，引起资金发生增减变动的最直接、最重要的因素是销售量。在其他因素不变的情况下，销售量增加，往往意味着企业生产规模扩大，从而需要更多的资金；相反，销售量减少，往往意味着企业生产规模缩小，于是所需要资金也就随之减少。因此，资金需用量与销售量之间存在着内在的相互联系，利用这种相互联系可以建立数学模型，预测未来期间销售量一定水平时的资金需用总量(也称资金需要总量)。

资金需要总量与销售量之间的相互依存关系可用下式表示：

$$y = a + bx$$

式中：y 表示资金需要总量；a 表示资金需要总量中不受销售量变动影响的部分；bx 表示资金需要总量中随着销售量变动成正比例变动的部分；x 表示预测期一定水平的销售量。

运用最小二乘法求得 a、b 的值为：

$$a = \frac{\sum y - b\sum x}{n}$$

$$b = \frac{n\sum xy - \sum x\sum y}{n\sum x^2 - (\sum x)^2}$$

将 a 与 b 的值代入资金需要总量预测趋势直线，即可预测出预测期的资金需要总量。

下面举例说明资金增长趋势预测法的一般应用。

【例 4-12】 长城公司 2009—2014 年销售量与资金需要量的资料如表 4-10 所示，经预测 2015 年公司销售量为 320 万件，试用资金增长趋势预测法预测 2015 年的资金需要量。

表 4-10　长城公司销售量与资金需要量的相关资料

年　度	销售量/万件	资金占用/万元
2009	240	10.8
2010	220	10.4
2011	200	10.0
2012	250	11.0
2013	300	12.5
2014	260	11.0

设 $y=a+bx$，根据回归分析原理，对表 4-10 中的数据进行加工整理，如表 4-11 所示。

表 4-11　回归分析计算表

年　度	销售量 x/万件	资金占用 y/万元	xy	x^2
2009	240	10.8	2592	57 600
2010	220	10.4	2288	48 400
2011	200	10.0	2000	40 000
2012	250	11.0	2750	62 500
2013	300	12.5	3750	90 000
2014	260	11.0	2860	67 600
合计	1470	65.7	16 240	366 100

将表 4-11 中的数据分别代入 $b = \frac{n\sum xy - \sum x\sum y}{n\sum x^2 - (\sum x)^2}$，$a = \frac{\sum y - b\sum x}{n}$，计算回归系数如下：

$$b \approx 0.024$$

$$a = 5.07$$

$$y = 5.07 + 0.024x$$

当 2015 年销售量达到 320 万件时，预计资金需要量为(5.03＋0.024×320）万元＝12.75 万元。

（二）预计资产负债表法

预计资产负债表法又称销售百分比法，是以未来销售收入变动的百分比为主要参数，考虑随销量变动的资产负债项目及其他因素对资金的影响，预测未来需要追加的资金量的一种定量分析方法。

预计资产负债表法的计算步骤如下。

1. 确定资产负债表中的敏感项目

1）资产类项目

在资产类项目中，企业中的流动资产各项目，如货币资金、应收票据、应收账款、其他应收款和存货等，通常会随着销售量的增加而相应地增加，属于敏感资产。对于固定资产项目，如果企业现有的生产经营能力能够满足预测期生产经营规模的需要，就不需要增加固定资产上的资金投入，就属于非敏感项目；反之，如果企业未来的产销业务量超过现有的生产能力，则必须追加资金投入，扩大生产经营规模，以满足生产经营的需要，此时固定资产就属于敏感项目。至于无形资产、长期投资等项目，通常与产销业务量的增减没有直接的联系。因此，属于非敏感项目。

2）负债和所有者权益类项目

在负债和所有者权益类项目中，应付票据、应付账款、应交税金和其他应付款等流动负债项目，其金额通常会随着产销业务量的增加而相应地增加，属敏感项目。长期借款、应付债券等长期负债项目和所有者权益类各项目，通常与产销业务量无关，因此，属于非敏感项目。

2. 确定基期各敏感项目的销售百分比

将随销售额增减变动的各项目基期的金额，除以基期的销售额，取得相应的百分比，其计算公式如下：

某敏感项目销售百分比＝基期该项目金额/基期销售收入

3. 计算企业预测期的留存收益

按照预计销售额和基期销售净利率计算预测期的净利润，减去按预测期股利发放率测算的预计发放股利，其余额可确定为预测期增加的留存收益数额。

4. 编制预测期的预计资产负债表

测算资产负债表中随着销售收入变动的各项资产、负债及所有者权益项目的预测期数额，编制预计资产负债表和预计资金需要总量。

5. 确定预测期的外部资金需用额

根据预计资产负债表中的资产总额确定预计资金需求总额，根据预计负债与预计所有者权益总额确定企业预测期可用资金总额，二者之差即为企业的外部资金需用额。

【例 4-13】 甲公司 2013 年 12 月 31 日的资产负债表如表 4-12 所示。已知：该公司 2013 年的销售收入为 1000 万元，现在还有剩余生产能力，即增加收入不需要进行固定资产方面的投资。假定销售净利率为 10%，如果 2014 年的销售收入提高到 1300 万元，公司的利润预计有 55%向投资者分配，那么要筹集多少资金？

表 4-12 甲公司简要资产负债表 单位:万元

资 产		负债与所有者权益	
现金	60	应交税金	50
应收账款	200	应付账款	100
存货	300	短期借款	250
固定资产	600	应付债券	100
		股本	500
		留存收益	160
资产合计	1160	负债与所有者权益合计	1160

首先,将资产负债表中预计随销售变动的项目分离出来。资产方除固定资产外都随销售量的增加而增加,因为较多的销售量需要占用较多的存货,发生较多的应收账款,导致资金需求增加。在负债与所有者权益一方,应付账款和应交税金也会随销售的增加而增加,但股本、应付债券、短期借款等不会自动增加。

分离后的资产负债表如表 4-13 所示。

表 4-13 甲公司资产负债表(用销售百分比形式表示)

资 产	占销售收入百分比	负债与所有者权益	占销售收入百分比
现金	6%	应交税金	5%
应收账款	20%	应付账款	10%
存货	30%	短期借款	不变动
固定资产	不变动	应付债券	不变动
		股本	不变动
		留存收益	不成比例变动
合 计	56%	合 计	15%(不包括留存收益)

在表 4-13 中,不变动是指该项目不随销售的变化而成比例变化。

其次,确定需要增加(或减少)的外部筹资额。

现金项目: (1300－1000) 万元×6%＝18 万元

应收账款项目: (1300－1000) 万元×20%＝60 万元

存货项目: (1300－1000) 万元×30%＝90 万元

应交税金项目: (1300－1000) 万元×5%＝15 万元

应付账款项目: (1300－1000) 万元×10%＝30 万元

留存收益项目: 1300 万元×10%×(1－55%)＝58.5 万元

即(18＋60＋90－15－30－58.5) 万元＝64.5 万元,说明该公司此时需要再筹集资金 64.5 万元。该公司 2014 年预计资产负债表如表 4-14 所示。

表 4-14　甲公司 2014 年预计资产负债表　　单位:万元

项　　目	2013 年年末资产负债表	占基期销售百分比	2014 年预计资产负债表
资产			
现金	60	6%	78
应收账款	200	20%	260
存货	300	30%	390
固定资产	600	不变动	600
资产总额	1160	56%	1328
负债与所有者权益			
应交税金	50	5%	65
应付账款	100	10%	130
短期借款	250	不变动	250
应付债券	100	不变动	100
负债总额	500	15%	545
股本	500	不变动	500
留存收益	160	不成比例变动	218.5
负债与所有者权益总额	1160	15%(不包括留存收益)	1263.5
需筹措的资金数额			1328－1263.5＝64.5

最后,上述预测过程可用下列公式表示:

$$计划需要追加的资金\ F=\left(\frac{A}{S_0}-\frac{L}{S_0}\right)(S_1-S_0)-D-R+M$$

式中:A 表示随销售收入增减变化而变化的资产;L 表示随销售收入增减变化而变化的负债与所有者权益;S_0 表示基期销售收入;S_1 表示计划期预计销售收入;D 表示计划期提取的折旧减去用于更新改造的余额;R 表示计划期净利润与发放股利之差额;M 表示计划期新增的零星资金开支数额。

资金追加需要量＝(56%－15%)×(1300－1000) 万元－1300×10%×(1－55%) 万元
＝64.5 万元

如果该公司现有剩余生产能力不能完全满足业务量增长的需要,需追加设备一台,价值 5 万元,则该公司需要再筹集资金(64.5＋5) 万元＝69.5 万元。

本章小结

管理会计重点研究的是企业生产经营活动中的经营预测。经营预测,是指根据历史资料和现在的信息,运用一定的科学预测方法,对未来经济活动可能产生的经济效益和发展趋势做出科学的预计和推测的过程。

第一节　要求掌握预测分析的基本概念、基本方法。预测分析由销售预测、成本预测、利润预测、资金需要量预测组成。企业为了规划经营活动,必须对各项重要的经济指标如销售、利润、成本、资金等进行科学的预测，对未来的经营发展趋势做出正确的分析与判断。

第二节 销售预测是指在充分调查、研究的基础上预计市场对本企业产品在未来时期的需求趋势。销售预测是为了了解产品的社会需求量，掌握产品的销售状态和市场占有情况。进行销售预测可采取定性和定量分析预测方法。定性销售预测方法又分为判断分析法和调查分析法两大类。定量销售预测方法主要包括趋势预测分析法、因果预测分析法、季节预测分析法、购买力指数法。

第三节 成本预测是降低产品成本、增强企业竞争力和提高企业经济效益的主要手段。成本预测按产品的不同，又可分为可比产品成本预测和不可比产品成本预测。

第四节 利润预测是实现企业发展目标的重要环节，也是提高经济效益的重要手段。利润预测同样有定性分析预测法和定量分析预测法。

第五节 进行资金的预测分析，对适时调度资金、减少资金占用、提高资金使用效率都具有重要意义。在资金需要量预测中，常用的方法有资金增长趋势预测法和预计资产负债表法。

复习思考题

一、关键概念

预测、定量预测、定性预测、销售预测、成本预测、利润预测、资金需要量预测

二、简答题

1. 筹资预测最常用的方法是什么？
2. 简述指数平滑法与趋势分析法的异同。
3. 简述良好的销售预测的重要性。
4. 为什么说成本预测是成本管理的重要环节？
5. 销售预测和利润预测的定量方法有哪些？

DIWUZHANG

第五章 短期经营决策分析

学习目的……

(1) 掌握各种成本概念在经营决策中的意义。
(2) 了解不同成本概念之间的联系。
(3) 掌握经营决策分析方法的原理。
(4) 熟练掌握生产经营决策的应用。
(5) 熟练掌握定价经营决策的应用。
(6) 熟练掌握订货经营决策的应用。

第一节　经营决策分析概述

一、决策的概念

决策是指为了实现一定的目标，借助于科学的理论和方法，对可供选择的各方案进行分析比较，权衡利弊，从中选择最满意(最优)方案的过程。决策总是为解决某一问题做出的决定；决策是为达到确定的目标，没有目标就没有方向，也无法决策；决策是为了正确行动，如果不准备实践，就用不着决策；决策是从多种方案中做出的选择，没有比较，没有选择，就没有决策；决策是面向未来的，要做出正确的决策，就要进行科学的预测。

决策分析是指为实现企业预定目标，由各级管理人员在科学预测的基础上，对未来经济活动方案进行成本效益分析的过程。管理会计中的决策分析是对企业未来经营管理活动中所面临的问题，由有关人员对各种备选方案所进行的成本、利润等方面的比较，以便为最终确定决策方案奠定基础，也是企业会计人员参与决策活动的主要内容。

本章所讲的只限于经济单位在生产经营或从事经济活动的过程中所面临的问题，即经济决策。譬如，为了能降低成本，是否应购置某项设备？企业产品价格如何制定？生产哪种产品更有利可图？零部件是自制还是外购？生产线如何设置？等等。

二、决策的种类

企业的决策可以按不同的标志分类。

(一) 按时间长短分类

按时间长短分类，决策分为长期投资决策和短期经营决策。

长期投资决策是指对一年以上的生产经营活动产生影响的决策，又称长期决策、投资决策、资本支出决策。

短期经营决策，通常只涉及一年以内的一次性专门业务，并仅对该时期内的收支盈亏产生影响而进行的决策，一般不涉及新的固定资产投资，又称短期决策或经营决策。

短期经营决策按目的分为成本决策和利润决策；按内容分为生产决策、价格决策和存货决策；按决策所依据的环境、条件的状况，分为确定型决策、风险型决策、非确定型决策。

管理会计中的短期经营决策是就企业在利用现有技术装备和经营条件的基础上，对未来一年之内如何有效地开展生产经营活动(包括生产、销售、定价等方面),如何解决所面临的问题(如设备的购置、产品品种的选择、价格的制定、产品最优组合的选择等)进行决策,提供一些基本的评价和分析方法,以达到帮助企业进行决策的目的。这将是本章主要讲授的内容。

(二)按决策的层次分类

按决策的层次分类,决策分为高层决策、中层决策和基层决策。

高层决策是指组织中最高层领导所做的决策,这类决策大多是解决有关全局性的以及与外界有密切联系的重大问题;中层决策,一般是由中级管理人员所做的业务性决策;基层决策,是由基层管理人员所做的执行性决策。中层决策和基层决策大多属于安排一定时期的任务、解决工作或生产过程中的问题的决策。

(三)按决策所依据的环境、条件的状况分类

按决策所依据的环境、条件的状况分类,决策可分为确定型决策、风险型决策和非确定型决策。

确定型决策是指选中的方案在执行后有一个确定结果的决策;风险型决策是指选中的方案在执行后会出现几种可能的结果,这些结果出现的概率是明确的,但要冒一定风险;非确定型决策是指选中的方案执行后会有多种结果,但这些结果出现的概率是不明确的。

(四)按决策的重要程度分类

按决策的重要程度分类,决策可分为战略性决策和战术性决策。

战略性决策是指与确定组织发展方向和远景有关的重大问题的决策;战术性决策是实现战略性决策的策略性措施手段,它比战略性决策具体,涉及的时期也较短。

(五)按决策方案之间的关系分类

按决策方案之间的关系分类,决策可分为接受或拒绝方案决策、互斥方案决策、组合方案决策。

接受或拒绝方案决策,又称为独立方案决策,是指某一方案是否被选择,完全不受别的任何方案应否选择的影响,只需考虑其自身是否可行之类的决策。互斥方案决策是指在两个或两个以上不能同时并存、相互排斥的方案中做出最终选择之类的决策。组合方案决策是指从多个备选方案中选出一组最优组合方案的决策。而组合方案是由两个或两个以上相关联的方案组成的。企业为实现某一目标,必须同时选择两个或两个以上的备选方案。

(六)按照决策的性质分类

按照决策的性质分类,决策可分为常规型决策和非常规型决策。

常规型决策是在管理活动中重复出现的、例行的决策,一般是为当前具体的重复性的问题而采取的决策,用来确定决策方案的资料和背景大部分是已知的。非常规型决策一般具有随机性特点,而决策的问题无先例可循,也缺乏较可靠的数据和情报,难度较大。非常规型决策尤其要依靠决策体制,遵循决策的科学程序,充分运用现代化决策手段,才能使决策成功。

(七)按照决策的目标分类

按照决策的目标分类,决策可分为单一目标决策和多目标决策。

在企业经营和管理的决策中,无论是战略性决策,还是战术性决策,都是为了实现某种目标而进行的。如果企业决策是为了达到同一目标而在多种(即两种以上)备选方案中选定一个最

优方案，那么，这类决策问题便称为单一目标决策问题。如果所要决策的问题，不是为了实现同一个目标，而是在为实现若干个目标的若干方案中进行最优方案的选择，那么，这类决策问题便称为多目标决策问题。

三、决策的原则

1. 合法性原则

决策合法性包括两个方面：决策内容的合法性和决策程序的合法性。任何决策总是在一定复杂的社会关系中进行的，必须具有法律上的可行性。决策的内容要符合现行的法律法规，并且决策要经过一定的合法的组织程序和审批手续。

2. 民主性原则

决策的民主性原则，是指决策者要充分发扬民主作风，调动决策参与者，甚至包括决策执行者的积极性和创造性，共同参与决策活动，并善于集中和依靠集体的智慧与力量进行决策。

民主性原则有三个方面的具体要求：①领导决策人必须切实保障决策参与者、决策执行者在决策活动中的地位和权利；②领导决策人要注意发挥民主作风，正确处理好集权和分权、集中和民主的关系；③领导决策人应该依靠集体进行决策。

3. 相对合理性原则

决策目标、内容应具有合理性。

4. 科学性原则

科学性原则是一系列决策原则的综合体现。现代化大生产和现代化科学技术，特别是信息论、系统论、控制论的兴起，为决策从经验到科学创造了条件，领导者的决策活动产生了质的飞跃。当今领导者必须加强学习现代管理知识，遵循科学性原则，才可进行科学的决策。

决策科学性的基本要求是：①决策思想科学化；②决策程序科学化；③决策方法科学化；④决策体制科学化。

5. 效益性原则

效益性原则又称经济性原则，就是研究经济决策所花的代价和取得收益的关系，研究投入与产出的关系。领导决策必须以经济效益为中心，并且要把经济效益同社会效益结合起来，以较小的劳动消耗和物资消耗取得最大的成果。一方面是决策结果的效益性，它是指在决策的各项要求经过充分有效的执行后，该项目所产生的经济效益。另一方面，决策活动本身也必须具有效益性，如果一项决策所花的代价大于所得，那么这项决策是不科学的。

四、决策的程序

决策程序大致可分为发现问题、确定决策目标、搜集资料、拟订决策行动方案、评价决策行动方案、考虑非计量因素、确定最优方案等七个过程。

1. 发现问题

任何决策都是从发现和提出问题开始的。所谓问题，是指应该或可能达到的状况同现实状况之间存在的差距，也表现为需求、机会、挑战、竞争、愿望等，是一个矛盾群，是客观存在的矛盾在主观世界中的反映。矛盾的复杂性决定着决策中问题的复杂程度。矛盾群是决策的问题源。但并非任何问题都要决策，面对纷繁复杂的问题，要经过一系列思维活动，对问题进行归纳、筛选和提炼，善于抓住有价值的问题，把握其关键和实质。

明确问题包括两个方面。一是要弄清问题的性质、范围、程度以及它的价值和影响。为了能抓准问题，必须深入进行调查研究，搞清事实，明确问题。二是要找出问题产生的原因，分析其主观原因和客观原因、主要因素与次要因素、直接原因与间接原因等。对问题产生的原因做纵向分析和横向分析。纵向分析是指从问题的表面开始进行分析，层层深入，究其根底。横向分析是指将同一层次的原因及其相互关系搞清楚，从而找出主要原因。

2. 确定决策目标

发现问题后，接着就要确定目标。所谓目标，是指在一定条件下，根据需要和可能，在预测的基础上所企求的终极要求，或决策所要获得的结果。确定目标是决策中的重要一环，目标一错，失之毫厘，谬以千里。明智的决策者有这样的体会："目标一旦定好，决策问题已经解决一半"。

确立目标要注意以下几个问题。

(1) 要有层次结构，建立目标体系。目标是由总目标、子目标、二级子目标从总到分、从上到下组成的一个有层次的目标体系，是一个动态的复杂系统。

(2) 目标是可能计量其成果、规定其时间、确定其责任的。

(3) 要规定目标的约束条件。

(4) 目标的确定，要经过专家与领导的集体论证。

短期经营决策分析中确定决策目标就是明确决策要解决的问题是什么。例如，如何安排生产，如何制定产品最优价格，如何充分利用生产设备，如何确定多种产品的最优组合，生产所需的原材料是自制还是购买，亏损产品是否停产，等等。

3. 搜集资料

搜集与决策有关的经济、技术、社会等各方面的情报资料，是进行科学决策的重要依据。情报信息量的大小、正确与否，直接影响到决策质量的好坏。要想在决策上不失误，必须有丰富可靠的情报来源、迅速的情报传递、准确的情报研究，这是决策科学化的重要物质技术基础。

4. 拟订决策行动方案

根据所搜集的数据、资料，制订若干技术先进、经济合理、切合实际的备选方案。拟订供选择用的各种可能方案，是决策的基础。

拟订方案阶段的主要任务是，对信息系统提供的数据、情报进行充分的系统分析，并在这个基础上制订出备选方案。要求做到：①必须制订多种可供选择的方案，方案之间具有原则区别，便于权衡比较；②每一种方案以确切的定量数据反映其成果；③要说明本方案的特点、缺点及实践条件；④各种方案的表达方式必须做到条理化和直观化。

5. 评价决策行动方案

采用适当的分析方法，对各个备选方案的经济效益做出初步评价。就生产企业来说，评价方案优劣的主要依据是其能否取得最大的利润或降低成本。

6. 考虑非计量因素

对各个备选方案做出初步的评价后，还应考虑计划期间与备选方案相关联的各种非计量因素的影响。非计量因素包括国内外政治、经济形势的变动，市场的需求变化，以及人们的心理、习惯的变化，地区差别，等等。对投资决策还要进行敏感性分析。

7. 确定最优方案

从各个备选方案中筛选出经济合理、指标最优、获利能力强的方案，即最优方案，供管理部门参考。

第二节　短期经营决策的成本概念

经营决策通过对各种方案成本、利润的分析，选出最优方案，达到合理、充分地利用现有资源，获取最大经济效益的目的。选优的标准主要看经济效益的高低，而影响经济效益高低的决定性因素则是成本指标。因此，我们在阐述怎样进行决策分析以前，有必要把在进行经营决策的分析、评价中需要考虑的一些主要的成本概念弄清楚。它们和企业传统的成本概念既有联系，又有区别。

一、差量成本

差量成本又称差别成本或差额成本，它是指两个不同备选方案预计未来成本的差额。如零部件自制较外购所增加的成本。差量成本是经营决策分析中应用较广的成本概念。通过对不同方案差量成本的对比，可以评价、分析不同方案的经济效益，从而选出最优方案。

【例 5-1】 某零部件既可自制，也可外购。已知自制的相关成本为 1 万元，外购的相关成本为 0.9 万元，则自制成本较外购成本多 1000 元，即差量成本为＋1000 元。

差量成本还可以用于反映生产能力利用程度的不同（现有生产量的增加或减少）所形成的成本差别。在生产能力以内，即相关范围内，差量成本总额与变动成本总额是一致的。一旦产量超出相关范围，就要扩大生产能力、增加固定成本，差量成本总额将是变动成本和固定成本增加额的和。如表 5-1 中，企业最大生产能力是每年 50 单位，在相关范围（10～50 单位）内每增加或减少 10 单位产品，差量成本总额正好等于变动成本增加或减少额（7000 元）；超出相关范围，差量成本总额等于固定成本增加额 6000 元加上变动成本增加额 9000 元，共计 15 000 元。

表 5-1　差量成本计算表

产量 x /单位	总成本/元			每增加 10 单位的差量成本总额/元		
	固定成本 a	变动成本 bx	合计	a	bx	合计
10	20 000	50 000	70 000	—	—	—
20	20 000	57 000	77 000	0	7000	7000
30	20 000	64 000	84 000	0	7000	7000
40	20 000	71 000	91 000	0	7000	7000
50	20 000	78 000	98 000	0	7000	7000
60	26 000	87 000	113 000	6000	9000	15 000

二、边际成本

边际成本是指产品成本对产品产量无限小变化的变动部分，这是经济学的观念。现实生产实践中，产量变动无限小只能是一个单位（一件产品、一批产量、一个部门的产量等），如果产量小于一个单位，则无实际意义。因此，实际中产量（业务量）的变化量至少应为一个单位，所以，边际成本也就是产量（业务量）每增加或减少一个单位所引起的成本变化量。差量成本是边际成本概念的具体表现形式。如果将产量限制在相关范围内，则单位变动成本与边际成本和差量成本相一致。在决策分析中，边际成本可以用于判断产品售价是否最优。

【例 5-2】 某企业每增加 1 个单位的产量的生产引起总成本的变化及追加成本的变化，如表 5-2 所示。

表 5-2　边际成本计算表

产量/件	总成本/元	边际成本/元
51	610	—
52	613	3
53	616	3
54	726	110
55	729	3
56	732	3

边际成本在决策中运用可以通过收入、成本、利润的关系来反映：

利润＝销售收入—总成本

设 $P(x)$ 为利润，$S(x)$ 为销售收入，$Y(x)$ 为总成本，x 为销售量(或生产量)。

在产销一致的情况下，有：

$$P(x) = S(x) - Y(x)$$

将上式两边对销售量 x 求一阶导数得：

$$P'(x) = S'(x) - Y'(x)$$

式中，$Y'(x)$ 是边际成本。同理，我们称产量变化无限小量时，利润、收入的变化量分别为边际利润、边际收入。

利润最大时，$P'(x)=0$，$S'(x)-Y'(x)=0$，则 $S'(x)=Y'(x)$，即利润最大时，边际收入与边际成本相等。就是说，当边际收入等于边际成本时获利最大，这时的售价和销售量达到最优组合。

【例 5-3】 某厂生产 A 产品，单位售价 125 元，其成本函数 $Y(x)=800+5x+0.04x^2$。求：售价与销售量的最优组合。

$$S' = 125$$

$$Y' = 0.08\,x + 5$$

当 $S'=Y'$ 时，

$$x = 120 \div 0.08 = 1500$$

当售价为 125 元时，最佳销售量为 1500 个单位。

三、机会成本

机会成本又称择一成本，是指在经营决策过程中，因选取某一方案而放弃另一方案所付出的代价或丧失的潜在利益。在决策分析中，每个备选方案都可能取得一定的利益，最优方案一旦确定，则次优方案可能得到的利益将随方案的放弃而丧失，这种利益是潜在的，它是最优方案的机会成本。如李某有存款 20 000 元，每年定期利息 850 元，他发现用 20 000 元买债券更合算，每年获利 1200 元，则存款利息 850 元是买债券的机会成本。在决策的分析中，往往将这些潜在利益作为最优方案的机会成本，从其收益中得到补偿，以全面、合理地评价最优方案的经济效益。也就是说，如果方案的收益不能完全补偿机会成本而有余，则该方案的经济效益不高，不是最优方案，应拒绝接受该方案。

【例 5-4】 某公司现有一空置的车间既可以用于 A 产品的生产，也可以用于出租。如果用来生产 A 产品，其收入为 35 000 元，成本费用为 18 000 元，可获净利 17 000 元；用于出租，则可获租金收入 12 000 元。

在决策中，如果选择用于生产 A 产品则必然放弃出租方案，其本来可能获得的租金收入 12 000元应作为生产 A 产品的机会成本，由生产的 A 产品负担。这时，我们可以得出正确的判断结论：生产 A 产品将比出租多获净利 5 000 元，所以公司应将空置的车间用于生产 A 产品。

产生机会成本的前提：某种资源常常有多种用途，即多种使用“机会”。如果某种资源只有一种用途，则机会成本为零。如自来水公司或煤气公司的地下管道只有一种用途，故其机会成本为零。

四、付现成本

付现成本是指那些需要实际动用现金进行支付的成本。当企业货币资金紧张，向市场上筹措资金又比较困难时，付现成本就成为管理人员考虑的重点。此外，管理人员宁可用付现成本最小的方案取代总成本最低的方案。可见，在企业货币资金紧张的情况下，付现成本相对于总成本意义更为重大。

【例 5-5】 某变压器厂货币资金十分紧张，银行存款余额只有 5 万元，无力购买生产急需的价值为 20 万元的材料矽钢片；银行拒绝贷款，企业又无法从其他渠道筹措到资金。如果不及时购进这批材料，每天停工损失达 2 万元。现有 A、B 两厂可提供材料，货款均为 20 万元。但 A 厂要求用现款支付并一次偿付全部材料款；B 厂经协商同意分期付款，即在六个月内分六次支付，每次支付货款 3.7 万元。在这种情况下，企业购买 B 厂的材料，虽然总成本较 A 厂高，但付现成本较低，这样可以使多支出的成本从早恢复生产所取得的收入中得到补偿。

五、专属成本与共同成本

专属成本又称特定成本，是指那些能够明确归属于特定备选方案的固定成本，即专属成本是指可以明确归属于企业生产的某种产品，或为企业设置的某个部门而发生的固定成本。没有这些产品或部门，就不会发生这些成本，所以专属成本是与特定的产品或部门相联系的特定的成本。专属成本是与共同成本相对应的概念。如零部件自制时所追加的专用工具支出，生产某批产品而专用的机床的折旧费等。

共同成本是指那些由多个方案共同负担的固定成本。共同成本是与专属成本相对应的概念。它没有明确的归属对象，通常由几种（或几批）产品共同分担。如某设备对 A、B、C、D 四种产品进行加工，这里设备折旧费由四种产品共同所有。

六、可避免成本和不可避免成本

有些成本数额可依实际情况通过决策行动加以改变。如与某项方案有直接关系的广告费、培训费等酌量性固定成本和变动成本。它们的发生及数额的多少取决于经营者的决策行动，如果该决策方案舍去，这些费用就不会发生。这些通过经营者的决策行动可改变其数额的成本是可避免成本。但是，有些成本如原有厂房设备的折旧费，它与方案的取舍没有直接关系，是目前已客观存在的成本，称之为不可避免成本。在决策分析中，主要考虑可避免成本，它组成备选方案的差量成本。

如零部件的自制与购买决策。假定企业用现有设备自制零部件，则自制中的直接材料、直接人工等费用，以及购买中的买价均为可避免成本。但不论采取自制还是购买决策，折旧费的发生是不可避免的，而且发生数额相等。

七、可延缓成本和不可延缓成本

可延缓成本是指同已经选定但可延缓实施的某方案相联系的有关成本。不可延缓成本是指同一经选定就要马上实施的方案相联系的有关成本，是与可延缓成本相对应的概念。如：新建一企业，厂区绿化、活动场地等可延缓，则与之相应的成本支出为可延缓成本；但厂房、设备等不可延缓，则厂房、设备的支出为不可延缓成本。

八、沉没成本

沉没成本，又称为沉落成本、沉入成本，是指过去的成本支出和目前进行某项经营决策无关的成本。它不是差量成本，在经营决策的分析评价中不需考虑。如企业用 40 000 元购进一台设备，一年后，发现这台设备并不适合本厂生产需要。若这台设备的账面价值为 35 000 元，则这 35 000 元为已经支付的成本支出，任何新的决定都已无法避免它的发生，则称这 35 000 元为沉没成本。虽然在今后新的决策中不需考虑，但设备的残值或出售获得的变价收入，在今后的决策分析中是不应忽视的。

九、历史成本

历史成本是根据过去已发生的支出而计算的成本。如企业以前建造的厂房、购买的机器设备等，当时的成本已支出。

十、重置成本

重置成本是指目前从市场上购买同一项原有资产所需支付的成本。

十一、相关成本和非相关成本

相关成本是指与备选决策方案相联系的、对决策产生重大影响的、在经营决策分析中必须充分考虑的成本。差量成本、边际成本、付现成本、机会成本、可避免成本、专属成本、重置成本属于相关成本。

非相关成本，又称为无关成本，是指与备选决策方案不存在直接联系的、在短期经营决策中可不予考虑的成本。沉没成本，不可避免成本，历史成本及备选方案中项目相同、金额相等的未来成本等属于非相关成本。

第三节　短期经营决策方法

经营决策的分析方法主要有比较法、差量分析法、临界成本法、图示法、逐步测试法五种。

一、比较法

比较法就是根据具体情况和决策内容将不同方案的成本、利润或贡献毛益加以比较，选出最优方案的方法。比较法比较直观，容易掌握；但要求搜集的资料比较全面。

在运用比较法进行备选方案的择优决策时，应注意以下几点。

(1) 在不存在专属成本的情况下，通过比较不同备选方案的贡献毛益总额，能够正确地进行择优决策。

(2) 在存在专属成本的情况下，首先应计算备选方案的剩余贡献毛益（贡献毛益总额减专属成本后的余额），然后通过比较不同备选方案的剩余贡献毛益总额，能够正确地进行择优决策。

(3) 在企业的某项资源（如原材料、人工工时、机器小时等）受到限制的情况下，应通过计算、比较各备选方案的单位资源贡献毛益额，进而正确进行择优决策。

(4) 由于贡献毛益总额的大小，既取决于单位产品贡献贸易额的大小，也取决于该产品的产销量的大小，我们应该选择贡献毛益总额最大的。因为单位贡献毛益额大的产品，未必提供的贡献毛益总额也大，也就是说，决策中，我们不能只根据单位贡献毛益额的大小来择优决策。

【例 5-6】 某企业现有设备的生产能力是 40 000 个机器工时，现有生产能力的利用程度为 80%。现准备用剩余生产能力开发新产品甲、乙或丙。新产品甲、乙、丙的有关资料如表 5-3 所示。

表 5-3　新产品成本资料表

项目＼产品	甲	乙	丙
单位产品定额工时/小时	2	3	4
单位销售价格/元	30	40	50
单位变动成本/元	20	26	30

由于现有设备加工精度不足，在生产丙产品时，需要增加专属设备 5000 元。在甲、乙、丙产品市场销售不受限制的情况下，进行方案选择可以采用贡献毛益分析法。

该企业现有剩余机器工时 8000 小时。

根据已知数据编制分析表，如表 5-4 所示。

表 5-4　贡献毛益计算表

项目＼方案	生产甲产品	生产乙产品	生产丙产品
最大产量/件	8000/2＝4000	8000/3＝2666	8000/4＝2000
单位销售价格/元	30	40	50
单位变动成本/元	20	26	30
单位贡献毛益/元	10	14	20
专属成本/元	—	—	5000
贡献毛益总额/元	40 000	37 324	40 000

续表

项目 \ 方案	生产甲产品	生产乙产品	生产丙产品
剩余贡献毛益总额/元	—	—	35 000
单位产品定额工时/小时	2	3	4
单位工时贡献毛益额/元	5	4.67	4.375

从计算结果可知，开发新产品甲最为有利。首先，甲产品的贡献毛益总额 40 000 元，比乙产品的贡献毛益总额多 2676 元，比丙产品的剩余贡献毛益总额多 5000 元；其次，甲产品的单位工时贡献毛益额为 5 元，比乙产品高 0.33 元，比丙产品高 0.625 元。可见，无论从贡献毛益总额（或剩余贡献毛益总额）来判断，还是从单位工时贡献毛益额来判断，均为甲产品的生产方案最优。

同时，在零部件自制与购买的决策问题上，主要利用比较法比较两方案的相关成本，此时需要考虑机会成本。

【例 5-7】 某企业需要零部件 3000 个，原来为自制，自制成本为：直接材料 8 元/个，直接人工 6 元/个，变动性制造费用 3 元/个，固定性制造费用总额 8000 元。现拟改为外购，其外购价格为每个 18 元，自制的设备不能作为他用。问该零部件是否应改为外购？

分析：

$$自制相关成本=(8+6+3)\ 元/个=17\ 元/个$$

$$外购相关成本=18\ 元/个$$

自制成本低于外购成本，企业仍应以自制零部件为宜。

【例 5-8】 假如例 5-7 中零部件改为外购后，自制设备可用于出租，租金收入为 6000 元。问零部件是否应该外购？

分析：

$$自制相关成本=[8+6+3+(6000\div 3000)]\ 元/个=19\ 元/个$$

$$外购相关成本=18\ 元/个$$

这时，企业若将零部件改为外购后，设备可出租，则租金收入成为自制方案的机会成本。由于自制成本高于外购成本，所以零部件应改为外购。

二、差量分析法

差量分析法是通过对各种备选方案的差量收入、差量成本、差量利润的分析，选出最优方案的方法。

差量收入是一个备选方案与另一个备选方案的预期收入的差异额；差量成本是一个备选方案与另一个备选方案预期成本的差异额。差量收入减去差量成本得到差量利润。差量利润大于零，表示前一个方案较优；差量利润等于零，则表示两个方案的获利水平相同，需要考虑其他非计量因素，如供求情况、企业生产布局等，选取较优方案；差量利润小于零，表示后一个方案较优。

差量分析法步骤简单，决策中对资料的要求不高；但不易理解。

差量分析法的基本原理：假定 A 方案与 B 方案相比较，

差量收入＝A 收入－B 收入

差量成本＝A 成本－B 成本

差量利润＝A 利润－B 利润＝差量收入－差量成本

当差量利润大于零，A 方案较优；差量利润等于零，A 方案和 B 方案的获利水平相同，需要结合定性的分析方法选取较优方案；差量利润小于零，B 方案较优。

【例 5-9】 根据例 5-7 的资料，用差量分析法决定零部件的取得。

计算分析：

自制与外购的差量收入等于 0，所以用差量分析法决策分析时，只需通过差量成本的大小和方向来判断方案的优劣即可。

自制与外购的差量成本＝(17－18) 元/个＝－1 元/个

自制成本低于外购成本，不应外购零部件。

应注意的是，差量分析法仅适用于两个方案之间的比较，如果有多个方案可供选择，在采用差量分析法时，只能分别两个两个地进行比较、分析，逐步筛选，选择出最优方案。

差量分析法可以应用于企业的各项经营决策。例如，半成品是否进一步加工，亏损或不盈利的产品是否停产，不需用的机器设备是出售还是出租等。

【例 5-10】 某企业生产甲零件，每年需要量为 10 000 个。该零件既可自制也可外购，目前企业已具备自制能力，有关成本资料如表 5-5 所示。

表 5-5　甲零件成本资料表

项　　目	总成本/元	单位成本/元
直接材料	10 000	1
直接人工	80 000	8
变动性制造费用	40 000	4
固定性制造费用	50 000	5
合计	180 000	18

现有一供应商以每件 16 元的价格提供该产品零件，问该企业应自制还是外购？

假设方案一自制，方案二外购。

差量分析如下：

方案一与方案二比较，

差量收入＝0

差量成本＝(1＋8＋4) 元/件×10 000 件－16 元/件×10 000 件＝－30 000 元

差量利润＝0 元－(－30 000) 元＝30 000 元

差量利润 30 000 元＞0，表明在方案一、方案二中，方案一为较优方案，故应选择自制零件。

三、临界成本法

临界成本法是指在各备选方案的相关收入相同、相关业务量不确定时，通过判断处于不同水平上的业务量与成本临界点之间的关系，来做出互斥方案决策的一种方法。该方法适用于业务量不确定的成本决策的分析。

所谓成本临界点，又称成本平衡点，就是指两个备选方案成本相等时的业务量(生产量、销售量、机器小时数、直接人工小时等)。

设有两方案A、B,其固定成本分别为a_A、a_B,单位变动成本分别为b_A、b_B,两方案总成本相等时的业务量为x,即成本平衡点计算如下:

$$a_A + b_A x = a_B + b_B x$$

$$x = \frac{a_A - a_B}{b_B - b_A}$$

当业务量不等于x时,可依两方案成本的大小,选出最优方案。

【例5-11】 某工厂生产某种产品,该产品可用A、B、C三种型号的生产设备加工,有关资料如表5-6所示。

表5-6　生产设备费用表

设备名称	每次调整准备费/元	每件产品加工费/元
A	10	1
B	30	0.8
C	150	0.3

设生产设备A、B、C的总成本分别为Y_1、Y_2、Y_3,业务量为x。

根据已知条件则有:

$$Y_1 - 10 + x$$

$$Y_2 = 30 + 0.8x$$

$$Y_3 = 150 + 0.3x$$

又设生产设备A和B、B和C、A和C的成本平衡点分别为x_1、x_2、x_3,则:

$$x_1 = \frac{30 - 10}{1 - 0.8} = 100$$

$$x_2 = \frac{150 - 30}{0.8 - 0.3} = 240$$

$$x_3 = \frac{150 - 10}{1 - 0.3} = 200$$

当$0 < x \leqslant 100$件时,生产设备A的总成本最小,应选择生产设备A进行生产;当$100 \leqslant x \leqslant 240$件时,生产设备B的总成本最小,应选择生产设备B进行生产;当$x \geqslant 240$件时,生产设备C的总成本最小,应选择生产设备C进行生产。

从例5-11知,生产线或生产设备并不是越先进越好,决策者应根据企业的能力、规模、对产品的需求、使用成本等因素选择合适的生产线或生产设备。如果企业有引进先进生产线或生产设备的能力,但预计市场上对生产出来的产品的需求量不很大时,就不能盲目地引进,否则,其生产能力不能充分利用,会得不偿失。

四、图示法

图示法是根据决策内容,通过制图进行决策分析的方法,因此又称图解法。图示法形象、直观、生动、容易理解,颇受企业管理人员喜欢;但制图麻烦。图示法适用于各因素函数关系能够确定的决策分析。如产品最优组合、零部件自制或购买、售价-数量的最优组合、设备的取得、生产线(或生产设备)的选用等决策分析。

【例 5-12】 沿用例 5-11 的资料，用图示法进行决策分析。

第一，建立每种生产设备总成本与产品产量的函数关系。

设生产设备 A、B、C 的总成本分别为 Y_1、Y_2、Y_3，业务量为 x。根据已知条件则有：

$$Y_1 = 10 + x$$

$$Y_2 = 30 + 0.8x$$

$$Y_3 = 150 + 0.3x$$

第二，制图。

以产品产量为横坐标，生产设备总成本为纵坐标，在第一象限绘图。Y_1、Y_2、Y_3 与 x 均为直线关系，所以在平面直角坐标系里，可以绘出三条直线 Y_1、Y_2、Y_3，它们两两相交得到三个交点，即成本平衡点，其中，Y_1、Y_2 交点的横坐标为 100，Y_1、Y_3 交点的横坐标为 200，Y_2、Y_3 交点的横坐标为 240，如图 5-1 所示。

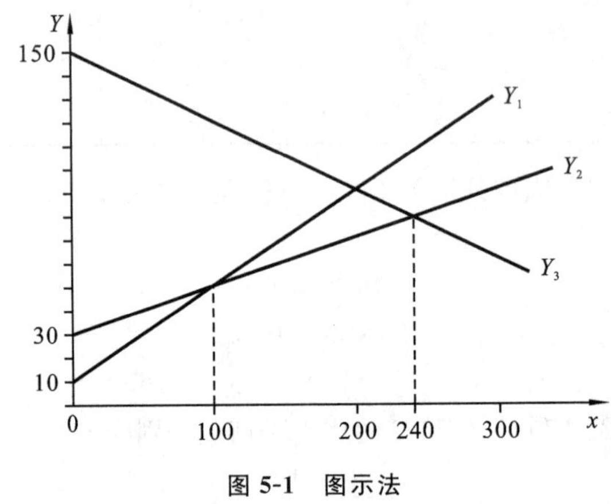

图 5-1 图示法

从图 5-1 中的成本与产量的关系可知：当 $0 < x \leqslant 100$ 件时，生产设备 A 的总成本最小，应选择生产设备 A 进行生产；当 $100 \leqslant x \leqslant 240$ 件时，生产设备 B 的总成本最小，应选择生产设备 B 进行生产；当 $x \geqslant 240$ 件时，生产设备 C 的总成本最小，应选择生产设备 C 进行生产。

五、逐步测试法

逐步测试法是根据企业有限的各种生产条件和各种产品的情况及各项限制因素等数据资料，分别计算单位限制因素所提供的成本、贡献毛益、利润，并加以比较，在此基础上经过逐次测算以解决决策分析问题的一种方法。在逐步测试过程中，将可能出现的组合形式用比较法、差量分析法等进行计算分析，选出贡献毛益或利润最大的组合方案。逐步测试法可以解决比较复杂的决策问题，如产品最优组合、材料组合、零部件的取得等；但分析计算比较麻烦。

【例 5-13】 某厂经过Ⅰ、Ⅱ部门连续生产甲、乙两种产品，有关数据如表 5-7 所示。已知Ⅰ、Ⅱ部门生产能力分别为 4500 机器小时、7500 机器小时。问应如何安排甲、乙两产品的生产？

表 5-7 甲、乙两产品的有关资料

项　目	甲产品	乙产品
单位贡献毛益/元	10	6

续表

项　　目		甲产品	乙产品
生产单位产品所需机器小时/小时	部门Ⅰ	4	1
	部门Ⅱ	2	3
预计需求总量/件		1000	2500

分析：

1000件甲产品、2500件乙产品共需Ⅰ部门6500小时(1000×4小时+2500×1小时)，需Ⅱ部门9500小时(1000×2小时+2500×3小时)，均超过了Ⅰ、Ⅱ部门的生产能力。

所以，在现有的生产条件下，不能同时生产全部的甲产品和乙产品，那么生产多少件甲产品和多少件乙产品，既可充分利用企业的生产能力，又可使企业的利润或贡献毛益达到最大?

第一次测试：

先安排甲产品的生产1000件，两部门的剩余生产能力再安排生产乙产品500件。第一次测试结果如表5-8和表5-9所示。

表5-8　第一次测试结果资料1

项　　目		甲产品	乙产品
单位贡献毛益/元		10	6
生产单位产品所需机器小时/小时	部门Ⅰ	4	1
	部门Ⅱ	2	3
单位机器小时所获贡献毛益/元	部门Ⅰ	2.5	6
	部门Ⅱ	5	2

表5-9　第一次测试结果资料2

产　　品	产量/件	所用生产能力/机器小时		贡献毛益/元
		部门Ⅰ	部门Ⅱ	
甲产品	1000	4000	2000	10 000
乙产品	500	500	1500	3000
合计		4500	3500	13 000
现有生产能力/机器小时		4500	7500	—
剩余生产能力/机器小时		0	4000	—

第二次测试：

先安排乙产品的生产2500件，用完部门Ⅱ的全部生产能力，已无能力再安排生产甲产品。第二次测试结果如表5-10所示。

表5-10　第二次测试结果资料

产　　品	产量/件	所用生产能力/机器小时		贡献毛益/元
		部门Ⅰ	部门Ⅱ	
乙产品	2500	2500	7500	15 000

续表

产品	产量/件	所用生产能力/机器小时		贡献毛益/元
		部门Ⅰ	部门Ⅱ	
甲产品	0	0	0	0
合计		2500	7500	15 000
现有生产能力/机器小时		4500	7500	—
剩余生产能力/机器小时		2000	0	—

因为第二次测试的贡献毛益高于第一次测试的。所以,第二次的生产安排优于第一次的生产安排。但第二次测试结果中第一部门尚剩余 2000 机器小时,如何利用,需继续测试。

第三次测试:

欲利用Ⅰ部门的剩余生产能力,则需Ⅱ部门腾出生产能力来与之配合,所以只有减少乙产品的产量,用减少乙产品产量腾出的Ⅱ部门的生产能力与Ⅰ部门的生产能力配合生产甲产品,是否合算,则需做进一步的测试。

根据资料显示,少生产 1 件乙产品,部门Ⅱ可腾出 3 小时生产 1.5 件甲产品,贡献毛益净增 9 元(1.5×10 元－1×6 元＝9 元)。这样做对企业增加收益有利,但减少乙产品多少件、增加甲产品多少件?在计算时,乙产品的减少量的计算,应以Ⅰ部门的剩余生产能力为限。

增加甲产品 1.5 件,多用Ⅰ部门 1.5×4＝6 机器小时;减少乙产品 1 件,少用Ⅰ部门 1×1＝1 机器小时。这样便净耗用 5 机器小时。所以Ⅰ部门剩余能力 2000 机器小时可少生产乙产品 400 件(2000÷5＝400),多生产甲产品 600 件(400×1.5)。

结论:如表 5-11 所示,生产甲产品 600 件,乙产品 2100 件,企业的贡献毛益达到最大。

表 5-11　甲、乙产品贡献毛益

产品	产量/件	所用生产能力/机器小时		贡献毛益/元
		部门Ⅰ	部门Ⅱ	
甲	600	2400	1200	6000
乙	2100	2100	6300	12 600
合计		4500	7500	18 600
现有生产能力/机器小时		4500	7500	—
剩余生产能力/机器小时		0	0	—

第四节　短期经营决策实务

生产决策所要解决的问题大体可分为三类:生产什么、生产多少和如何生产。生产决策范围很广,我们主要讨论生产决策中几种典型的决策问题,主要包括:①开发新产品的品种决策;②是否停产或转产亏损产品的决策;③零部件自制或外购的决策;④半成品是否进一步加工的决策;⑤生产批量决策分析;⑥产品组合的优化决策分析;⑦生产工艺(或设备)的选择。

一、生产产品的品种决策

在现实生产经营活动中，企业习惯总是按自己现有生产经营能力来安排有关产品的生产经营活动，但在市场经济条件下，市场需要什么产品、企业能生产什么产品，一方面要受市场需求影响，另一方面也要受自己的生产经营能力限制，也就是说，企业只能生产市场需要且自己能生产的若干产品中的某一种或几种。企业利用剩余生产能力生产现有产品中的哪一种、用现有生产能力生产或开发何种产品较合算，是生产产品的品种选择决策分析的内容。

我们知道，剩余生产能力(生产量、机器工作小时、直接人工工时等)一般是有限的。为了使这有限的生产能力得以充分利用，使企业获取更大的利润，应该选择获利总额大的产品进行生产。

由于是用现有剩余生产能力生产现有产品中的一种，则固定成本是非相关成本，因此只需计算贡献毛益总额，选择贡献毛益总额大的产品。所以，如果企业有剩余的生产能力可供使用，或者利用过时老产品腾出来的生产能力的话，在有几种新产品可供选择而每种新产品都不需要增加专属固定成本时，应选择提供贡献毛益总额最多的方案。

【例 5-14】 某企业利用现有设备既可以生产甲产品，也可以生产乙产品或丙产品，但只能生产其中的一种，三种产品的有关资料如表 5-12 所示，要求根据表中的资料，通过计算后说明，该企业应该生产何种产品。

表 5-12　甲、乙、丙三种产品的有关资料

项目＼产品	甲	乙	丙
销量/件	10 000	15 000	5000
售价/(元/件)	10	8	15
单位变动成本/元	5	3	7
固定成本/元	25 000		

计算甲、乙、丙三种产品的贡献毛益额，计算结果如表 5-13 所示。

表 5-13　甲、乙、丙三种产品的贡献毛益　　单位:元

项目＼产品	甲	乙	丙
单位贡献毛益	5	5	8
销量	10 000	15 000	5000
贡献毛益	50 000	75 000	40 000

从表 5-13 中可以看出:乙产品的贡献毛益最多，故企业应选择乙产品进行生产。

另外，如果生产能力用机器小时数(或直接人工工时数)表示，则可以选择单位机器小时(或直接人工时)获利多的产品进行生产。这是因为各种产品所用的机器小时数(或直接人工工时数)是不等的。有些产品每单位虽然能获得较高的利润，但每单位所需的机器小时数(或直接人工工时数)不少;有些产品每单位获利不高，所需的机器小时数(或直接人工工时数)却不多。所以，前者每小时获得的利润不一定比后者多。由于剩余机器小时数(或直接人工工时数)有限，

因此企业应生产那种每小时获利多的产品。

【例 5-15】 某厂生产产品 A、B,其资料如表 5-14 所示。预计生产能力有剩余,问应增产哪种产品?

表 5-14 两种产品 A、B 的有关资料

项目＼产品	A	B
售价/(元/件)	25	33
单位变动成本/元	15	18
单位产品需要机器小时数	4	5

计算单位机器小时的贡献毛益额,计算结果如表 5-15 所示。

表 5-15 A、B 两种产品的贡献毛益

单位:元

项目＼产品	A	B
售价/(元/件)	25	33
单位变动成本/元	15	18
单位贡献毛益/(元/件)	10	15
单位机器小时贡献毛益/(元/小时)	2.5	3

从表 5-15 中的数据可知,A 产品单位机器小时的贡献毛益额较 B 产品单位机器小时的贡献毛益额低,所以应选择增产 B 产品。

但是,如果新产品投产将发生不同的专属固定成本的话,专属固定成本是相关成本,在决策时就应以各种产品的剩余贡献毛益额作为判断方案优劣的标准。其中,剩余贡献毛益额等于贡献毛益总额减专属固定成本。剩余贡献毛益额越大,该产品就越可取。

【例 5-16】 某企业原生产 A、B 两种产品。现 A 产品已过时,准备停产并用闲置下来的生产能力生产 C、D 两种新产品中的一种,各种资料如表 5-16 所示。

表 5-16 两种产品 C、D 的有关资料

项目＼产品	C	D
产销量/件	400	600
售价/(元/件)	3	5
单位变动成本/元	1.5	3
专属固定成本/元	300	700

计算 C、D 两种产品的剩余贡献毛益额,计算结果如表 5-17 所示。

表 5-17　C、D 两种产品的贡献毛益　　单位:元

项目＼产品	C	D
单位贡献毛益	1.5	2
产销量/件	400	600
贡献毛益	600	1200
专属固定成本	300	700
剩余贡献毛益	300	500

从表 5-17 中可以看出:D 产品的剩余贡献毛益比 C 产品多 200 元,故企业应选择 D 产品进行生产。

当然,在决策分析中,也可以采用差量分析法选择获利能力大的产品来生产。

二、亏损产品的处理决策分析

在企业生产经营中,某种产品发生亏损,是企业经常遇到的问题。对于亏损产品的处理,企业往往很容易做出取消该产品生产的决策。但简单取消该产品生产的决策有时不一定会给企业带来效益,也不一定会减少企业的亏损,因此亏损产品是否应该停产或转产,必须综合考虑企业的各种产品的经营状况、生产能力的利用及有关因素的影响进行决策分析,做出停产、继续生产、转产、闲置设备出租等选择。

亏损产品的处理决策分析是一个复杂的多因素综合考虑过程,一般应考虑以下几点。

(1) 亏损产品不产生贡献毛益,通过降低其成本能改善其获利能力,企业应继续生产;否则应停止生产;

(2) 亏损产品产生贡献毛益,在生产能力暂时不能转移的情况下,暂时不要停止生产。

【例 5-17】 某电器厂是一亏损企业,该厂生产 A、B、C 三种电器产品,有关资料如表 5-18 所示。

表 5-18　某电器厂三种产品的有关资料　　单位:元

项目＼产品	A	B	C	合　计
销售收入	400 000	280 000	120 000	800 000
减:变动成本	380 000	120 000	160 000	660 000
贡献毛益	20 000	160 000	−40 000	140 000
减:固定成本	120 000	40 000	20 000	180 000
利润	−100 000	120 000	−60 000	−40 000

问:亏损产品停产后,闲置的能力不能用于其他方面,A、C 产品应否停产?

根据以上资料及要求,A、C 产品负担的固定成本 120 000 元、20 000 元为无关成本,这样相关成本只有变动成本。因为 C 产品提供的贡献毛益为−40 000 元,小于零,非但没有给企业带来贡献毛益,还给企业造成了亏损,所以 C 产品应该停产。生产 A 产品将获得贡献毛益 20 000 元;如果停产,固定成本不会因停产而改变,只能转由其他产品负担,在这种情况下,利润不仅不能增加,反而会减少,所以 A 产品不应停产。

(3) 亏损产品产生贡献毛益,在生产能力和市场条件允许的情况下,提高其生产(销售)量,

或降低成本,使其扭亏为盈。

(4) 亏损产品停产后,闲置下来的生产能力可作他用,如出租或转产其他产品,能使企业获得更多的贡献毛益额,则该亏损产品应停止生产;否则应继续生产。

【例 5-18】 假设例 5-17 中亏损产品 A 停产后,闲置的生产能力可用于对外出租,预计全年可获租金收入 50 000 元,A 产品应否停产?

由于亏损产品的贡献毛益 20 000 元小于闲置的生产能力用于对外出租获得的租金收入 50 000元,因此,亏损产品应停产并将其闲置的能力对外出租,这样可多获利 30 000 元。

上面我们从企业的角度分析了亏损产品的停产、转产的问题。但是产品的停产、转产除了从企业自身利益进行考虑外,还要考虑到该产品给社会带来的影响,即不仅要考虑企业效益,还要考虑社会效益。如果该产品的停产给人民的生活带来困难,如一些生活必需品,即使它们贡献毛益额不高或亏损,也不应只顾企业利益而轻率地做出停产决定,而应在亏损产品上狠下功夫,如通过改善经营管理,降低成本,或在允许的范围内适当提高售价,从而达到扭亏为盈、增加企业利润的目的。例如,食盐就是这样的,食盐是一种盈利低乃至亏损产品,从企业角度来看,企业应该减产或停产。但是食盐是人们生活中的日用必需品,企业停产会影响人们生活。因此,企业要想扭亏为盈或减少亏损、增加盈利,只有在市场允许范围内适当提高价格的同时努力改善经营管理。

三、自制与外购的决策分析

企业生产中所需的一些零部件,可以通过自制或购买获得。如果自制和购买的零部件的质量均符合标准,且供应及时,那么零部件是自制还是购买,需要对两者的成本进行比较分后,才能做出决策。

零部件自制或外购的决策,属于"互斥方案"的决策类型。这类问题的决策不需考虑原有的固定成本,它属于沉没成本,与决策无关,只需比较两个不同方案的相关成本。关于零部件自制与购买的决策分析,大致分为以下三种情况。

(一) 零部件外购,但不减少固定成本

如果自制不需要添置专属设备,是用企业剩余生产能力进行零部件的生产;如果外购,企业剩余生产能力不加以利用(如转产、出租固定资产);此时不论是自制还是外购,设备的折旧等固定费用照常发生,固定成本不因零件外购而减少,是无关成本,所以只需将自制的单位变动成本与购买的价格(包括买价、运杂费等)做出比较即可。当自制单位变动成本大于购买价格时,应该外购;当自制单位变动成本小于购买价格时,应该自制,如图 5-2 所示。

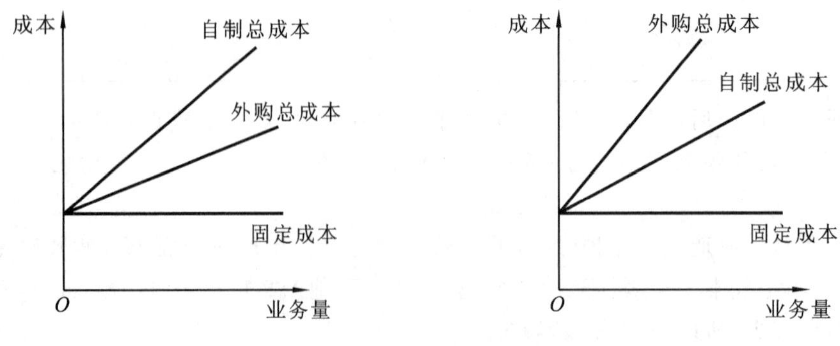

图 5-2 自制和外购成本比较图

【例 5-19】 某厂每年需某零部件 5000 个。如果外购，购买价格为 20 元/个；如果用现有的生产能力生产，则零部件的单位变动成本为 18 元/个，固定成本总额为 80 000 元。问该厂的零部件是自制还是购买？

分析：因为自制的单位变动成本 18 元/个小于外购价格 20 元/个，企业如果外购则多耗费 10 000 元（20×5000 元－18×5000 元），所以该厂的零部件以自制为宜。

（二）零部件自制，但需增加专属固定成本

如果外购可节省一笔专属固定成本，或自制需要增加一笔专属固定成本，则自制增加的成本包括变动成本和专属固定成本两部分。那么，通过比较自制和外购的相关成本，进行决策分析：如果自制增加的成本大于外购增加的成本，则选择外购；如果自制增加的成本小于外购增加的成本，则选择自制。由于单位专属固定成本随产量的增加而减少，因此自制方案单位增加成本与外购单价之间的对比将在某个产量点产生优劣互换的现象，即产量超过某一限度时自制有利，产量低于该限度时外购有利。这时，就必须首先确定该产量限度点（利用临界成本法或图示法），并将产量划分为不同的区域，然后确定在何种区域内哪个方案最优，如图 5-3 所示。

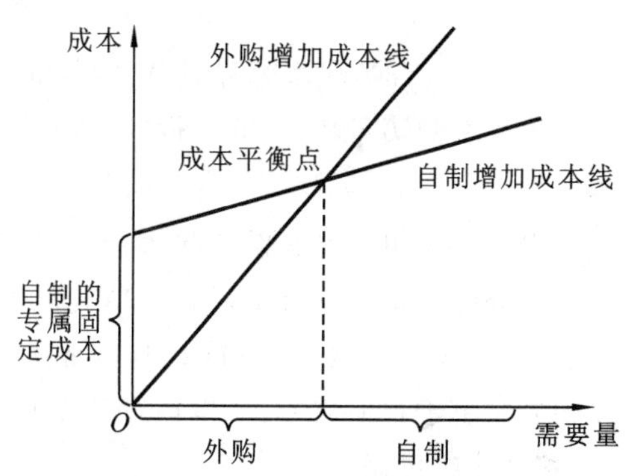

图 5-3　增加专属固定成本情况下自制与外购比较

据图 5-3 所示，当零部件需要量小于成本平衡点时，应考虑外购，因为外购增加的成本小于自制增加的成本；当零部件的需要量大于成本平衡点时，则应考虑自制。

【例 5-20】 某厂每年需零件 1000 件，如果外购，价格为 10 元/件；如果用企业剩余生产能力自制，则需增加专属固定成本 3000 元，自制零件的单位变动成本为 6 元/件。问该厂所需的零件是外购还是自制？

分析方法一：临界成本法

设 X 为零件的年需要量，则自制增加成本为 $3000+6X$，外购增加成本为 $10X$。

$$10X=3000+6X$$

$$\text{成本平衡点}\ X=750\ \text{件}$$

该厂零件的年需要量为 1000 件，大于成本平衡点，自制零件的成本比外购的成本低，所以该厂零件以自制为宜。

分析方法二：比较法

自制增加成本＝3000 元＋6×1000 元＝9000 元

外购增加成本＝10×1000 元＝10 000 元

自制比外购节约成本＝10 000 元－9000 元＝1000 元

自制比外购节约成本 1000 元，所以该厂零件以自制为好。

企业生产经营过程中需要的零部件有时是确定的，也有许多时候是不确定的。如果零部件需要数量是确定的，其决策分析可用比较法、差量分析法、临界成本法、图示法、逐步测试法等方法；如果零部件需要数量事先不能确定，其自制或外购的决策分析的方法一般用临界成本法和图示法。

【例 5-21】 某厂生产需要一种零部件。若自制，单位变动成本为 6 元，并须购置一台设备，其年专属固定成本为 30 000 元；若外购，供应商规定，凡一次购买量在 5000 件以下，单位售价 16 元，超过 5000 件时，单位售价 10 元。问零部件如何取得？

设自制成本为 Y_1，外购成本为 Y_2，零部件需要量为 X。

$$Y_1=30\ 000+6X$$

当一次购买量在 5000 件以下时，有：

$$Y_2=16X$$

当 $Y_1=Y_2$ 时，成本临界点 $X_1=3000$ 件。

当一次购买量超过 5000 件时，有：

$$Y_2=10X$$

当 $Y_1=Y_2$ 时，成本临界点 $X_2=7500$ 件。

从分析结果可以看出：当 $0\leqslant X\leqslant 3000$ 时，外购成本小于自制成本，所以该种零部件应以购买取得；当 $3000\leqslant X<5000$ 时，自制成本小于外购成本，零部件应自制；当 $5000\leqslant X\leqslant 7500$ 时，外购成本小于自制成本，所以该种零部件应以购买取得；当 $X\geqslant 7500$ 时，自制成本小于外购成本，零部件应自制。

（三）零部件外购，闲置设备或生产能力可有其他收入

在零部件外购、腾出的剩余生产能力可以转移（如出租、转产其他产品等）的情况下，由于出租剩余生产能力能获得租金收入，转产其他产品能提供贡献毛益额，因此将自制方案与外购方案对比时，必须把租金收入或转产产品的贡献毛益额作为自制方案的一项机会成本，并构成自制方案相关成本的一部分。这时，再将自制方案的相关成本（变动成本与机会成本之和）与外购的成本相比，择其低者。

【例 5-22】 某企业每年需用某零件 5000 件，一车间可以对其进行加工。发生的成本如下：变动生产成本 50 000 元，固定生产成本 8000 元，追加工具一套，价值 6000 元。如果外购，每件单价为 12 元，同时闲置的能力可以承揽零星加工业务，预计获贡献毛益 5000 元。那么，该企业的零部件应如何取得？

分析：采用比较法将自制和外购的相关成本的大小进行决策分析。分析结果如表 5-19 所示。

表 5-19 外购与自制的相关资料　　单位：元

相关成本	自　制	外　购
变动生产成本	50 000	5000×12=60 000
专属成本	6000	
机会成本	5000	
合计	61 000	60 000

从表 5-19 中可以看出，自制的相关成本为 61 000 元，外购的相关成本为 60 000 元，外购的成本低于自制的成本。故企业应外购取得零部件，这样可节约成本 1000 元。

四、半成品(联产品)是否进一步加工的决策

产品的生产一般有多道工序,如纺织厂各种花布的生产经过了纺纱、织布、印染、整理等工序,其中的半成品棉纱、坯布,既可以作为花布的原材料,也可以作为商品出售获得利润。

还有许多企业,在同一生产过程中,可生产出多种经济价值较大的产品——联产品。如原油通过炼油塔,可以提炼出各种等级的汽油、煤油等产品。又如屠宰厂,有猪肉、猪皮等联产品,以及内脏、骨头等副产品(价值很低或无价值的产品)。猪肉、猪皮等联产品,既可直接作为商品出售,也可做进一步的加工后再出售,如猪肉可加工成各种香肠、肉松等产品。

产品(半成品、联产品)应否进一步加工,或加工到什么程度再出售,是半成品(联产品)是否进一步加工决策分析的内容。

在半成品(联产品)是否进一步加工的决策分析中,不论是半成品还是联产品,进一步加工前的成本(变动成本、固定成本)均是无关成本。

半成品、联产品是出售还是进一步加工,其决策分析的原理和基本程序如图 5-4 所示。

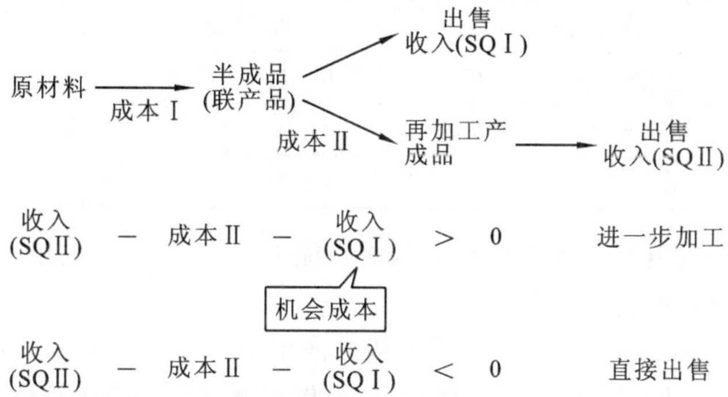

图 5-4 半成品、联产品是出售还是进一步加工决策分析

(一)半成品的出售或进一步加工的选择

半成品如果进一步加工,则需追加一定的成本(包括加工后的变动成本和专属固定成本),其是否应该进一步加工,可用差量分析法,分析其进一步加工后增加的收入,是否能抵偿增加的成本而有余。

进一步加工后的销售收入－半成品的销售收入－进一步加工后追加成本＞0

这也就是说:差量收入(进一步加工后增加的收入)－差量成本(进一步加工后增加的成本)＞0,应考虑进一步加工。如果差量收入－差量成本＜0,则应出售半成品,而不应继续加工。

也可以用比较法比较加工前后的收益来进行决策分析。

【例 5-23】 假定某公司每年生产甲半成品 10 000 件,销售单价 46 元,单位变动成本 20 元,固定成本总额 150 000 元。如把半成品甲进一步加工为完工产品乙,则销售单价可提高到 80 元,但需追加单位变动成本 23 元,专属固定成本 80 000 元。要求:为该公司做出是生产半成品甲,还是进一步加工使其成为完工产品乙的决策分析。

甲半产品是否进一步加工,只需将加工前后的总利润对比,如表 5-20 所示,便可做出决策。

表 5-20　半成品加工前后的总利润对比表　　单位:元

项　　目	继 续 加 工	直 接 出 售	差　　量
相关收入	80×10 000	46×10 000	340 000
相关成本	23×10 000+80 000	0	310 000
差量损益	30 000		

比较分析结果表明:继续加工后再出售比直接出售可多获利 30 000 元,所以应继续加工成产成品乙再出售。

例 5-23 中,由于继续加工前的半成品成本,包括变动成本和固定成本,以及继续加工分配的固定成本都是无关成本,继续加工后追加的变动成本才是相关成本。

假若该企业不具备全部继续加工能力,而只具有 80%的加工能力,甲半成品是否继续加工?

如果企业只有 80%的加工能力,出售和继续加工的比较分析如表 5-21 所示。

表 5-21　出售和继续加工比较分析表(只有 80%的加工能力)　　单位:元

项　　目	继 续 加 工	直 接 出 售	差　　量
相关收入	80×8000=640 000	46×8000=368 000	272 000
相关成本	23×8000+80 000=264 000	0	264 000
差量损益	8000		

计算分析结果表明:由于企业只有 80%的加工能力,即企业生产的甲半成品中 80%继续加工后出售、20%直接出售能获得更多利润。

在继续加工过程工,若半成品与产成品的投入产出比为 2∶1, 甲半成品是否继续加工?

如果半成本与产成品的投入产出比为 2∶1,出售和继续加工的比较分析如表 5-22 所示。

表 5-22　出售和继续加工的比较分析表(投入产出比为 2∶1)　　单位:元

项　　目	继 续 加 工	直 接 出 售	差　　量
相关收入	80×5000=400 000	46×10 000=460 000	−60 000
相关成本	23×5000+80 000=195 000	0	195 000
差量损益	−255 000		

计算分析结果表明:如果半成本与产成品的投入产出比为 2∶1,企业应直接出售半成品甲,这样可多获利 255 000 元。

(二) 联产品的出售与进一步加工的选择

联产品的成本分为联合成本和可分成本。联合成本是指从原料投产加工开始,到联产品完工止所发生的有关成本。可分成本是指各种联产品分离后继续加工所需追加的成本。

在决策分析中,联合成本是无关成本,因此各联产品是否应该进一步加工,只需分析加工后增加的收入能否抵偿可分成本而有余。

进一步加工后的销售收入−加工前的销售收入−可分成本 >0

这也就是说:如果差量收入−差量成本>0,应考虑联产品的进一步加工;如果差量收入−差量成本<0,则应出售联产品,而不应继续加工。

在联产品的生产过程中，还有经济价值很低或无经济价值的副产品，它既可以直接作为商品出售，也可以作为废料处理，或进一步加工后再出售。如果将副产品作为废料处理，需发生处理费用；若对它做进一步的加工，虽然可以省去这笔费用，但需追加加工成本。有些副产品，如木制家具厂的边料，可以直接出售，还可做本厂取暖原料，以节约用煤，还可加工成木制玩具等产品，副产品做原料节约的资金及加工的产品出售获得收益，是副产品出售或进一步加工方案的机会成本，当然副产品是做废料处理，还是做进一步的加工，则需要进行决策分析。

【例 5-24】 假定某公司在同一生产过程中可同时生产出甲、乙、丙、丁四种联产品，其中甲、乙两种联产品可在分离后立即出售，亦可继续加工后再行出售。其有关产量、售价及成本的资料如表 5-23 所示。

表 5-23　出售和继续加工的比较分析表(联产品)　　单位：元

联产品名称		甲产品	乙产品
产量		10 000 千克	4000 千克
销售单价	分离后	2 元/千克	6 元/千克
	加工后	5 元/千克	10 元/千克
加工前的联合成本		14 000 元	20 000 元
加工过程中追加的成本	单位变动成本	2 元	5 元
	专属固定成本	5000 元	1000 元

要求：为该公司做出甲、乙两种联产品是否需要进一步加工的决策分析。

甲联产品分离后继续加工的差量利润＝10 000×5 元－10 000×2 元－10 000×2 元－5000 元＝5000 元>0，分离后继续加工再行出售，可多盈利 5000 元。

乙联产品分离后继续加工的差量利润＝4000×10 元－4000×6 元－4000×5 元－1000 元＝－5000 元<0，分离后立即出售，因为若继续加工再出售反而要损失 5000 元。

【例 5-25】 某厂生产 B、D 两种主要产品和副产品 C。该厂一车间将 100 000 千克的原料加工成半成品 A，总成本为 120 000 元。然后将 60%的 A 转给二车间，进一步加工成产品 B 和副产品 C，追加的总成本为 38 000 元。B、C 的用料分别为 70%、30%。40%的 A 转给三车间，加工成产品 D，追加的总成本为 165 000 元。产品 B、D 及副产品 C 的销售价格分别为 10 元/千克、8 元/千克、1 元/千克。

①该厂打算将产品 D 进一步加工成产品 G。估计原料的损耗为 10%，追加的成本为 100 000元，G 的售价为 11 元/千克，问将产品 D 进一步加工成产品 G 合算否？

②如果将副产品 C 加工后再出售，售价可提高为 3 元/千克，追加加工成本 36 000 元及销售费用 1000 元。问副产品 C 是直接销售还是加工后销售有利？

上述产品生产过程属纯物理过程。

分析：先分析联产品的生产过程。

①D 产品的出售与进一步加工的分析如下：

差量收入＝11×36 000 元－8×40 000 元＝76 000 元

差量成本＝100 000 元

差量利润＝76 000 元－100 000 元＝－24 000 元

差量利润小于0,说明产品D进一步加工成产品G是不合算的。

②副产品C的出售与进一步加工的决策分析如下:

$$差量收入=(3-1)\times 18\ 000\ 元=36\ 000\ 元$$

$$差量成本=37\ 000\ 元$$

$$差量利润=36\ 000\ 元-37\ 000\ 元=-1000\ 元$$

差量利润-1000元<0,说明对C做进一步的加工后,追加的收入弥补不了追加的成本,所以副产品C直接出售有利些。

五、生产批量决策分析

生产批量决策主要解决生产的经济批量问题。产品生产批量决策问题的提出,主要是因为企业所经营的若干种产品的基本结构和方法都是相同的,但由于某种因素的影响和制约,往往需要分期、分批组织生产。在通常情况下,当每次投产批量较大时,即可相应地减少调整次数,节约设备调整准备费用;同时还可适当提高设备利用率和生产工人劳动熟练程度,从而使产品成本有一定程度的降低,但是若不恰当加大投产批量,又会不适当地增加在产品和库存产品的数量,从而增加储存保管费用和存货资金,并加大利息费用。为此,在分批组织生产的企业里,决策者应当在综合计量、分析各种影响因素的基础上,权衡利弊,正确处理有关费用之间的此增彼减、互为消长的相互关系,合理确定某种或若干种产品的每批投产数量,即生产的经济批量。在全年产量一定的情况下,生产批量与生产批次成反比,生产批量越大,生产批次越少;生产批量越小,生产批次越多。生产批量和生产批次与生产准备成本、生产储存成本相关,全年的生产准备成本和生产储存成本之和达到最低时的生产批量就是生产的经济批量。

生产准备成本是指每批产品生产开始前应进行准备工作而发生的成本,如调整设备费、现场清理费等。一般情况下,每次发生的准备成本基本相同,但全年的生产准备成本总额与生产批次成正比,与生产批量成反比。

生产储存成本是指为储存存货而发生的各项成本,如仓储费、保险费、保管员的工资、存货占用资金按投资报酬率计算的机会成本等。它与生产批次成反比,与生产批量成正比。

根据生产批量和生产批次与生产准备成本和生产储存成本的关系和特点,如要降低年准备成本,就应减少生产批次,但减少批次就必然要增加批量,从而提高与批量成正比的年储存成本;若要降低储存成本,就应减少生产批量,但减少生产批量必然要增加批次,从而提高与批次成正比的年准备成本。因此,如何确定生产批量和批次,才能使年准备成本和年储存成本之和达到最低,就是生产经济批量决策需要解决的问题。生产的经济批量决策分一种存货分批生产的经济批量决策和多种存货分批轮换生产的经济批量决策。

(一)一种存货分批生产的经济批量决策

一种存货分批生产的经济批量决策方法通常采用公式法、图示法、比较法。

1. 公式法

为了方便起见,我们假设以下相关符号:

D——全年产量;Q——生产批量;P——每批准备成本;S——单位储存成本;X——每日产量;Y——日耗用量或销售量;TC——存货相关总成本

$$每批生产日数=\frac{Q}{X}$$

$$每批生产结束时的最高储存量 = Q - \frac{Q}{X} \times Y = Q\left(1 - \frac{Y}{X}\right)$$

$$年平均储存量 = \frac{1}{2}Q \times \left(1 - \frac{Y}{X}\right)$$

$$年储存成本 = \frac{1}{2}Q\left(1 - \frac{Y}{X}\right)S$$

$$年准备成本 = \frac{D}{Q}P$$

$$年相关成本合计\ \mathrm{TC} = \frac{1}{2}Q\left(1 - \frac{Y}{X}\right)S + \frac{D}{Q}P$$

(1) 利用 TC 与 Q 的函数关系，用微分法求 TC 为最小值时的 Q 值，即经济批量(EOQ)值：

$$\mathrm{EOQ} = \sqrt{\frac{2DP}{S\left(1 - \frac{Y}{X}\right)}}$$

(2) 将该式代入 TC，得到最低的成本值 $\mathrm{TC}_{\min}$

$$\mathrm{TC}_{\min} = \sqrt{2DPS\left(1 - \frac{Y}{X}\right)}$$

最优批次可根据年产量 D 及经济批量(EOQ)计算：

$$最优批次 = \frac{D}{\mathrm{EOQ}} = \sqrt{\frac{DS\left(1 - \frac{Y}{X}\right)}{2P}}$$

2. 图示法

图示法就是根据年准备成本、年储存成本、年相关成本与生产批量的函数关系，在平面直角坐标系中分别描点制图，得到年准备成本线、年储存成本线、年相关成本线，当年储存成本线和年准备成本线相交时，相关成本合计数达到最小值，该点对应的横坐标就是经济批量，如图 5-5 所示。

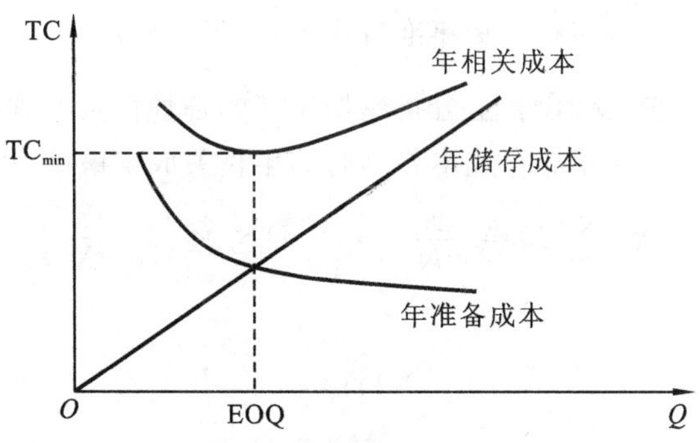

图 5-5　经济批量

【例 5-26】 某厂生产 A 零件 30 000 个，日产量 100 个，日耗用量 30 个，每批生产准备成本为 600 元，每个零件年储存成本为 8 元。试计算 A 零件的最优生产批量和最低的相关成本。

$$\mathrm{EOQ} = \sqrt{\frac{2 \times 30\,000 \times 600}{8 \times \left(1 - \frac{30}{100}\right)}} \approx 2535$$

$$TC_{min}=\sqrt{2\times 30\ 000\times 600\times 8\times\left(1-\frac{30}{100}\right)}\approx 14\ 199$$

A零件的最优生产批量为2535个，最低的相关成本为14 199元。

（二）多种存货分批轮换生产的经济批量决策

一台设备分别生产多种存货，就不能简单按一种存货分批生产的经济批量决策方法计算，应当将企业在现有生产能力条件下的全部产品生产视为一个总体的生产循环，首先根据各种存货的年调整成本与年储存成本之和相等时的年相关成本最低的原理，确定各种存货共同的最优批次（N^*），然后再据以分别计算各种存货各自的经济生产批量（EOQ）。

所谓调整成本，相当于准备成本，是指一台设备由生产一种存货转为生产另一种存货而发生的费用。如调整设备状况、重新布置生产线等发生的成本费用。

计算分析公式如下。

设 N^* 表示共同的最优批次。

$$N^*=\frac{D}{Q}$$

$$Q=\frac{D}{N^*}$$

将上式分别代入年储存成本公式$\frac{1}{2}Q\left(1-\frac{Y}{X}\right)S$，年准备成本公式$\frac{D}{Q}P$，得：

$$一种零部件年储存成本=\frac{1}{2}\times\frac{D}{N^*}\times\left(1-\frac{Y}{X}\right)\times S=\frac{1}{2N^*}\times DS\left(1-\frac{Y}{X}\right)$$

$$一种零部件年准备成本=NP$$

如果企业一台设备同时生产多种存货，那么，多种存货的年储存成本和年准备成本则为：

$$多种存货年储存成本=\frac{1}{2N^*}\times\sum_{i=1}^{n}D_iS_i\times\left(1-\frac{Y_i}{X_i}\right)$$

$$多种存货年准备成本=N^*\sum_{i=1}^{n}P_i$$

上述公式中的n表示在一台设备上分批轮换生产的各种存货的种数。

多种存货的年调整成本与年储存成本相等时的年相关成本最低，因此有：

$$N^*\sum_{i=1}^{n}P_i=\frac{1}{2N^*}\times\sum_{i=1}^{n}D_iS_i\times\left(1-\frac{Y_i}{X_i}\right)$$

整理得：

$$N^{*2}=\frac{\sum_{i=1}^{n}D_iS_i\left(1-\frac{Y_i}{X_i}\right)}{2\sum_{i=1}^{n}P_i}$$

所以：

$$N^*=\sqrt{\frac{\sum_{i=1}^{n}D_iS_i\left(1-\frac{Y_i}{X_i}\right)}{2\sum_{i=1}^{n}P_i}}$$

多种存货的最优生产批量 EOQ 则为：

$$EOQ_i = \frac{D_i}{N^*}$$

【例 5-27】 某厂拟下年度利用现有设备分批轮换生产甲、乙、丙三种产品，有关资料如表5-24所示。

表 5-24　产品成本及其销售量情况表

项目＼产品	甲	乙	丙
全年生产量 D/件	6000	8000	5000
每次调整准备成本 P/元	280	400	320
年单位储存成本 S/元	2	3	3
每日生产量 X/件	40	60	30
每日销售量 Y/件	20	20	10

要求：计算甲、乙、丙三种产品的经济批量。

$$N^* = \sqrt{\frac{6000 \times 2 \times \left(1 - \frac{20}{40}\right) + 8000 \times 3 \times \left(1 - \frac{20}{60}\right) + 5000 \times 3 \times \left(1 - \frac{10}{30}\right)}{2 \times (280 + 400 + 320)}} = 4$$

$$EOQ_{甲} = \frac{6000}{4} \text{件} = 1500 \text{件}$$

$$EOQ_{乙} = \frac{8000}{4} \text{件} = 2000 \text{件}$$

$$EOQ_{丙} = \frac{5000}{4} \text{件} = 1250 \text{件}$$

上述计算分析表明，甲、乙、丙三种产品的经济批量分别为 1500 件、2000 件、1250 件。

六、产品组合的优化决策分析

当企业同时生产经营多种产品时，就每一种产品单独确定的生产批量不一定就是经济批量。因为企业的生产经营活动要受到其实际拥有的资金、设备、物资、劳动力等经济资源的制约，各种产品的生产规模要受到企业正常或最大生产能力的限制；同时企业生产经营的若干种产品中，每一种产品所需资金占用量、所能实现的价格及盈利水平等方面是各不相同的。因此，企业在生产过程中会遇到设备能力、原料来源等方面的限制，为了使企业有限的生产资源得到充分利用，创造出最高的利润额，需要对产品的最优组合进行分析研究。

产品组合的优化分析的方法主要有逐步测试法、比较法、图示法等。

（一）逐步测试法

逐步测试法是根据企业有限的各项生产条件和各种产品的情况及各项限制因素等数据资料，分别计算单位限制因素所提供的贡献毛益并加以比较，在此基础上，经过逐步测试，使各种产品达到最优组合。

【例 5-28】 某企业现有生产能力 40 000 机器小时，尚有 20%的剩余生产能力，为充分利用生产能力，准备开发新产品，有 A、B、C 三种新产品可供选择，资料如表 5-25 所示。

表 5-25 产品单位成本资料

项目 \ 产品	A	B	C
预计单价/元	100	60	30
预计单位变动成本/元	50	30	12
单件定额工时/小时	40	20	10

问如何安排 A、B、C 三种产品的生产？

计算在企业现有条件下 A、B、C 三种产品的单位剩余贡献毛益，如表 5-26 所示，比较 A、B、C 产品的获利能力。

表 5-26 产品获利能力比较表

项目 \ 产品	A	B	C
售价/(元/件)	100	60	30
单位变动成本/元	50	30	12
单位贡献毛益/元	50	30	18
单位机器小时贡献毛益/元	1.25	1.5	1.8

从表 5-26 计算比较得知，C 产品单位人工小时获利能力强于 A、B 产品，所以应先安排 C 产品的生产，多余时间再安排 B 产品生产，最后安排 A 产品生产。

如果新产品 C 的市场需要量为 500 件，为充分利用生产能力又将如何安排，使企业的利润最大化？

企业剩余最大生产能力为 8000(40 000×20%)机器小时，其中用于生产 C 产品 500 件消耗工时 5000(500×10)机器小时。还剩下 3000(8000－5000)机器小时。因为 B 产品的单位机器小时贡献毛益大于 A 产品，所以应该安排 B 产品的生产。生产 B 产品＝3000÷20 件＝150 件。因此安排生产 C 产品 500 件，B 产品 150 件，可使利润最大。

（二）比较法

比较法就是先拟订两个产品的组合方案，比较各组合方案的剩余贡献毛益，剩余贡献毛益最大的方案就是最优方案。

【例 5-29】 某厂本期有人工 6000 小时，可用于甲、乙两种产品的生产。有关资料如表 5-27 所示。

表 5-27 甲、乙两种产品成本及其销售量资料表

项目 \ 产品	甲	乙
售价/(元/件)	60	50
单位变动成本/元	35	30
专属固定成本/(元/件)	5	2

续表

项目　　产品	甲	乙
单耗/(工时/件)	5	4
最大销售量/件	1000	600

问如何安排甲、乙两种产品的生产？

用比较法进行分析如下。

先拟订方案。

方案Ⅰ：先安排甲产品的最大产量1000件的生产，多余时间生产乙产品250件。

方案Ⅱ：先安排乙产品的最大产量600件的生产，多余时间生产甲产品720件。

然后比较两方案的剩余贡献毛益，两方案的剩余贡献毛益计算如表5-28所示。

表5-28　两方案的剩余贡献毛益计算表

单位：元

项目　　方案	方案Ⅰ	方案Ⅱ
销售收入	1000×60＋250×50＝72 500	720×60＋600×50＝73 200
变动成本	1000×35＋250×30＝42 500	720×35＋600×30－43 200
贡献毛益	30 000	30 000
专属固定成本	1000×5＋250×2＝5500	720×5＋600×2＝4800
剩余贡献毛益	24 500	25 200

两方案的剩余贡献毛益比较结果，方案Ⅱ的剩余贡献毛益大于方案Ⅰ的剩余贡献毛益。因此，企业应安排生产甲产品720件，乙产品600件。

（三）图示法

当生产同时受到几项条件限制时，可运用线性规划帮助选择产品的最优组合。线性规划是一种数学方法，它是在一组限制因素中(用线性不等式表示的约束条件)寻求线性目标函数的最优方法。目标函数就是反映作为目标的指标极值(极大值或极小值)的方程。

(1) 首先根据企业现有生产约束条件，用线性不等式列出目标函数方程和约束方程。

(2) 在平面直角坐标系中根据约束方程画出几何图形，确定满足约束条件的可行解区域。

(3) 根据目标函数绘出等利润线。

(4) 根据可行解区间和等利润线确定使利润最大的组合坐标点，该坐标点所表现的各产品的产量值即为最佳组合。

也可以将可行区域中的外凸点所代表的产品组合代入目标函数进行试算，求出目标函数最大值，其组合即为最优产品组合。

【例5-30】 某企业现有Ⅰ、Ⅱ两个设备，其正常生产能力分别为5000小时、6000小时，根据市场需求决定明年生产A、B两种产品，这两种产品均需经过Ⅰ、Ⅱ两个设备进行加工，有关资料如表5-29所示。

表 5-29 设备加工相关资料表

产品	单位产品所需机器时间/小时		预计需求总量/件	单位产品贡献毛益/元
	Ⅰ	Ⅱ		
A	4	2	800	8
B	3	5	1500	18

问应如何安排产品的数量组合,使其利润达到最大?

分析如下。

第一步,列示问题的约束条件和目标函数。

设 X 为 A 产品的产量,Y 为 B 产品的产量,S 为贡献毛益总额。

目标函数 $$S=8X+18Y$$

约束条件:
$$4X+3Y\leqslant 5000$$
$$2X+5Y\leqslant 6000$$
$$X\leqslant 800$$
$$Y\leqslant 1500$$
$$X\geqslant 0,\quad Y\geqslant 0$$

第二步,将组成约束条件的诸方程化为等式,并在平面直角坐标系中作图。

直线 L_1 满足方程 $$4X+3Y=5000$$

直线 L_2 满足方程 $$2X+5Y=6000$$

直线 L_3 满足方程 $$X=800$$

直线 L_4 满足方程 $$Y=1500$$

此外,从图 5-6 知:$ABCDO$ 为可行解区域,其外凸点的坐标分别为(0,1200)、(500,1000)、(800,600)、(800,0)、(0,0),满足上述约束条件的可行解一定在此区域内。

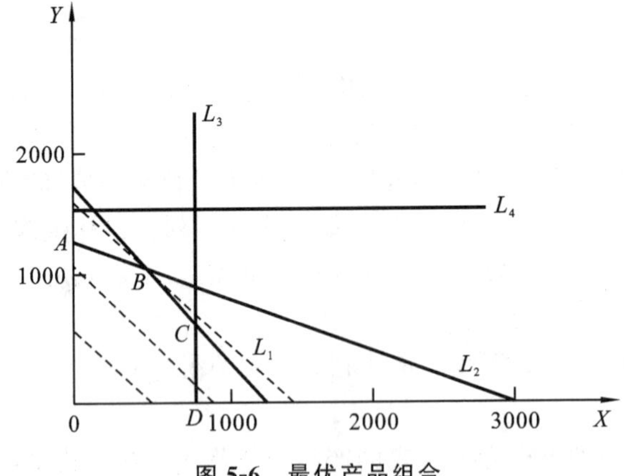

图 5-6 最优产品组合

第三步,根据目标函数绘出等利润线,并在可行解区域内求得最优解。

目标函数变形为:

$$Y=\frac{S}{18}-\frac{4}{9}X$$

这是一束斜率为$-\frac{4}{9}$，截距为$\frac{S}{18}$的平行线。

它与 B 点相交，使得 S 最大，所以 B 点为最优组合点。B 点的坐标为(500，1000)，即 A 产品应生产 500 件，B 产品生产 1000 件。

也可以将可行解区域的外凸点的坐标(原点除外)分别代入目标函数，找出使目标贡献毛益达到最大的坐标点，即产品最优组合点。

$$S_A = (8 \times 0 + 18 \times 1200)\text{ 元} = 21\ 600\text{ 元}$$

$$S_B = (8 \times 500 + 18 \times 1000)\text{ 元} = 22\ 000\text{ 元} \quad \cdots\cdots \quad \text{最大}$$

$$S_C = (8 \times 800 + 18 \times 600)\text{ 元} = 17\ 200\text{ 元}$$

$$S_D = (8 \times 800 + 18 \times 0)\text{ 元} = 6400\text{ 元}$$

计算表明：B 点为最优组合点，即 A 产品生产 500 件，B 产品生产 1000 件。

七、生产工艺(设备)的选择

生产工艺是指加工制造存货所使用的设备、加工方法的总称。同一种存货往往可以按不同的生产工艺加工，采用何种工艺使该存货的总成本最低，是该决策分析要解决的问题。

生产工艺的选择包括加工方法、设备的选择和设备的租赁与购买决策分析。

【例 5-31】 某汽车制造厂零部件加工车间有一套生产设备，既可生产 A 零件，也可生产 B 零件和 C 零件，这三种零件可直接对外销售。有关资料如表 5-30 所示。

表 5-30　加工三种零件的有关资料　　单位：元

项目＼零件	A	B	C
销售单价	23	28	35
单位产品直接材料	6	8	9
单位产品需用生产能力/机时	5	6	8
全部生产能力/机时	36 000		
每机时直接人工	2		
每机时变动性制造费用	0.4		
固定性制造费用总额	20 000		

要求：做出该套设备应以生产哪种零件为宜的决策分析。

分析：无论选择生产哪种零件，固定成本总额均不变，所以可采用贡献边际分析法，如表 5-31所示。

表 5-31　贡献边际计算相关结果　　单位：元

项目＼方案	A	B	C
最大产销量/件	36 000÷5=7200	36 000÷6=6000	36 000÷8=4500
销售单价	23	28	35
单位产品直接材料	6	8	9

续表

项目＼方案	A	B	C
单位产品直接人工	5×2=10	6×2=12	8×2=16
单位产品变动性制造费用	5×0.4=2	6×0.4=2.4	8×0.4=3.2
单位产品变动生产成本	18	22.4	28.2
单位产品边际贡献	5	5.6	6.8
边际贡献总额	36 000	33 600	30 600

计算结果表明：A零件的边际贡献总额最大，所以该套设备应选择生产A零件。

【例5-32】 某车间间歇式地使用某种设备，每年使用约100天。该设备可租赁，也可购买。若租赁，每天租赁费为500元；若购买，其设备买价为20万元，可使用5年，无残值，采用直线法计提折旧，年维修费2000元。使用该设备的营运成本为400元/天。问如何决策？

分析：该例中设备使用时间是确定的，所以可以采用比较法进行决策分析。

如果购买设备，设备购买的年相关成本为：

$$年相关成本=\frac{200\ 000}{5}元+2000元=42\ 000元$$

如果租赁，设备租借的年相关成本=500×100元=50 000元

分析结果表明：购买的年相关成本低，租赁设备的年相关成本高，所以该设备以购买为宜。

例5-32中，设备的使用天数是事先确定的，但是如果设备每年使用天数不确定，那么又该如何取得该设备呢？

分析：设备每年使用天数不确定，无法计算出有关的成本，就不能用比较法进行分析了，可以用临界成本法或图示法进行分析。

设设备每年使用的天数为X。

$$购买设备相关成本=42\ 000元$$

$$租赁设备相关成本=500X元$$

当$42\ 000=500X$时，

$$X=42\ 000元\div500元/天=84天$$

84天即为设备使用的临界天数，当$0<X\leqslant84$天时，租赁设备的年使用成本小于购买设备的年使用成本，所以该设备应租赁取得；当$X\geqslant84$天时，租赁设备年使用成本大于购买设备的年使用成本，所以该设备应购买取得。

【例5-33】 某企业决定生产某产品，现将该产品的价格任务交给第二生产车间。该车间有A、B、C三种型号的机床可加工该产品，有关资料如表5-32所示。

表5-32　三种机床有关资料表　　单位：元

设备种类＼项目	每件产品加工费	每次调整准备费
A型机床	2	40
B型机床	1.2	100

续表

设备种类 \ 项目	每件产品加工费	每次调整准备费
C型机床	0.7	300

要求：做出该产品应由哪种型号的机床加工的决策。

分析：假设A、B、C型机床的总成本分别为Y_1、Y_2、Y_3，业务量为x。

根据已知条件则有：

$$Y_1 = 40 + 2x$$
$$Y_2 = 100 + 1.2x$$
$$Y_3 = 300 + 0.7x$$

又设A、B型机床的成本分界点为x_1，B、C型机床的成本分界点为x_2，A、C型机床的成本分界点为x_3，则计算解得：

$$x_1 = 75\text{ 件}$$
$$x_2 = 400\text{ 件}$$
$$x_3 = 200\text{ 件}$$

计算结果表明：

当产量低于75件时，A型机床加工成本较低，应选用A型机床加工；

当产量在75～400件时，B型机床加工成本较低，应选用B型机床加工；

当产量超过400件时，C型机床加工成本较低，应选用C型机床加工。

第五节　定价决策分析

企业盈利水平的高低与商品价格制定是否合理，有很大的关系。因为商品价格、成本、利润这三者是直接联系和相互依存的，价格的高低对商品的供求关系影响极大。提高价格，需求量减少，必定影响销售和生产，影响利润的实现；降低价格，需求量增加，但价格过低，又不能保证实现足够的利润。一般来说，价格合理，销售量大，成本低，实现的利润就大；反之，定价不合理，可能影响销售量的大小，相应减小实现的利润。总之，价格的制定直接关系到企业的生存和发展。

定价决策分析的方法主要有全部成本定价法、贡献毛益定价法、边际成本定价法。

一、全部成本定价法

全部成本定价法就是按产品的全部成本(包括生产成本、管理费用、财务费用和销售费用)，增加一定比率的利润作为产品销售价格的一种方法，又称为完全成本定价法、成本加成定价法、平均成本定价法。

全部成本定价法下的价格计算分为按成本利润率加成计算和按投资报酬率加成计算两种。

(一) 按成本利润率加成计算

$$\text{单价} = \frac{\text{全部成本} + \text{目标利润}}{\text{产品产量}} = \text{单位全部成本} \times (1 + \text{成本利润率})$$

成本利润率是企业实现利润占全部成本的比例，成本利润率一般是根据企业的目标利润来确定的。采用这种定价方法，不仅能保证收回成本，并可获得目标利润，而且计算简便，易于操作。但这种方法有可能偏离市场需求价格，影响企业销售和目标利润的实现。

【例 5-34】 某磁带厂生产空白磁带，其成本资料如下：直接材料 0.6 元/盒，直接人工 0.3 元/盒，变动性间接制造费用 0.2 元/盒，变动性管理费用 0.2 元/盒，变动性销售费用 0.1 元/盒，固定成本总额为 80 000 元。假定该磁带厂产品成本利润率为 18%，如果预计全年的磁带产量分别为 10 万盒、15 万盒、20 万盒，则磁带的销售单价分别为多少？

各种产量下的单价计算结果如表 5-33 所示。

表 5-33　各种产量下的单价计算结果　　单位：元

项目＼预计产量	100 000 盒	150 000 盒	200 000 盒
①单位变动成本	1.4	1.4	1.4
其中：直接材料	0.6	0.6	0.6
直接人工	0.3	0.3	0.3
变动性间接制造费用	0.2	0.2	0.2
变动性管理费用	0.2	0.2	0.2
变动性销售费用	0.1	0.1	0.1
②单位固定成本	0.8	0.53	0.4
③单位全部成本	2.2	1.93	1.8
④利润加成(④＝③×18%)	0.4	0.35	0.32
⑤单价(⑤＝③＋④)	2.6	2.28	2.12

计算得：全年的磁带产量分别为 10 万盒、15 万盒、20 万盒，则磁带的销售单价分别为 2.6 元、2.28 元、2.12 元。

（二）按投资报酬率加成计算

$$单价=\frac{全部成本+投资额\times投资报酬率}{产品产量}=\frac{全部成本+投资利润额}{产品产量}=单位全部成本+单位投资利润额$$

【例 5-35】 假定例 5-34 中磁带厂生产该产品的原投资总额为 300 000 元，投资报酬率为 15%。在预计全年的磁带产量分别为 10 万盒、15 万盒、20 万盒时，磁带的销售单价分别为多少？

各种产量下的单价计算如表 5-34 所示。

表 5-34　不同产量的单价计算结果　　单位：元

项目＼预计产量	100 000 盒	150 000 盒	200 000 盒
单位变动成本	1.4	1.4	1.4

续表

项目＼预计产量	100 000盒	150 000盒	200 000盒
单位固定成本	0.8	0.53	0.4
单位全部成本	2.2	1.93	1.8
单位投资利润额	0.45	0.3	0.23
单价	2.65	2.23	2.03

计算得：全年的磁带产量分别为10万盒、15万盒、20万盒时，磁带的销售单价分别为2.65元、2.23元、2.03元。

从上面全部成本定价的两种方法相比，按投资报酬率加成定价法较按成本利润率加成定价法合理。因为按成本利润率加成定价法是按成本的固定百分比确定利润加成的。利润加成额占成本的比例为18%，产量在10万盒、15万盒、20万盒下，总成本分别为22万元、29万元、36万元，则利润加成额分别为3.96万元、5.22万元、6.48万元。这样成本越大，利润越多。但是当企业设备利用率下降，即产量降低时，单位固定成本增加，则单位总成本增加，利润额也成比例增加；而充分利用设备能力，增加产量，降低单位总成本，利润反而减少。这样就出现了不合理现象。如果采用按投资报酬率加成定价法，则不存在这个问题。从表5-34可知，利润加成额占成本的比例随着产量的增加分别为20%、16%、13%。因为投资利润额不是随着成本的增减而增减的，产量的变化可以使单位成本发生反比例变化，但投资利润始终不变（即为4.5万元）。所以，按投资报酬率定价要合理一些。

但是，从上述计算可见，全部成本定价法产品价格受产品产销量影响较大。所以，运用这种方法制定价格时，要准确地预测产品的产销量，要时刻注意市场需求的变化。

二、贡献毛益定价法

贡献毛益定价法是一种将变动成本作为基本要素的短期决策手段，是以产品变动成本为基础，加上一定数额的贡献毛益作为产品销售价格的一种方法，又称为变动成本定价法。

$$单价=单位产品变动成本+单位产品贡献毛益$$

式中的单位产品贡献毛益数额取决于企业经营管理的具体需要，可以按变动成本的一定百分比确定。所以公式又可写为：

$$单价=单位变动成本(1+贡献毛益加成率)$$

该方法要求所定的价格，使产品出售后，其销售收入能补偿产品的全部变动成本而有余，即有贡献毛益。该贡献毛益用来抵冲固定成本和提供正常盈利。

【例5-36】 某粉笔厂生产无尘粉笔的单位变动成本为2元/盒，固定成本为60 000元。用贡献毛益定价法制定年产量为10万盒时的产品销售价格。假设该公司希望贡献毛益占变动成本的百分比为80%，则：

$$单价=2(1+80\%)\ 元/盒=3.6\ 元/盒$$

$$单位产品获利=\left(3.6-2-\frac{60\,000}{100\,000}\right)\ 元/盒=1\ 元/盒$$

采取这种定价方法，只要求补偿变动成本，并在此基础上形成一定的预期贡献毛益。但是该方法只考虑了变动成本的补偿，所以只有在固定成本已经得到补偿的条件下才能使用。因此该方法不适合新产品的定价，一般适合于要淘汰的产品、剩余生产能力生产的产品、积压的存货出售等情况下的定价，即适用于特别订货决策分析。

关于特别订货定价决策，可因情况不同而有所区别，具体主要有以下几种。

(1) 只利用暂时闲置的生产能力而不减少正常销售。这种情况按以下要求定价，即可增加利润，接受订货。

当：特别订货价格＞变动成本

因为无论是否接受订货，固定成本都不会发生变动，特别订货所提供的贡献毛益（价格减去变动成本）将直接转化为利润，从而增加企业的利润总额。于是，在这里固定成本属于不相关成本，决策时不需考虑。

(2) 利用闲置的生产能力，并暂时减少部分正常销售以接受特别订货。这种情况按以下要求定价才能使企业增加利润。

$$当：特别订货价格>单位变动成本+\frac{因减少正常销售而损失的贡献毛益}{特别订货数量}$$

这里，因特别订货冲击了正常销售，减少了正常销售的贡献毛益，所以，要想使特别订货为企业增加利润，就必须使特别订货价格在补偿单位变动成本以及因减少正常销售所损失的贡献毛益后仍有富余。

(3) 因为接受特别订货而需增加专属固定成本时，按以下要求定价，即可增加企业利润。

$$当：特别订货价格>单位变动成本+\frac{新增专属固定成本}{特别订货数量}$$

即特别订货价格必须在补偿单位变动成本和单位新增固定成本后仍有富余。这里，由于共同固定成本不变，所以它仍属于不相关成本，不必加以考虑。

(4) 剩余的生产能力可以转移（出租或转产其他产品）时，租金收入或转产收益则成为接受订货的机会成本。这种情况下按以下要求定价，即可增加企业利润。

$$当：特别订货价格>单位变动成本+\frac{机会成本}{特别订货数量}$$

即特别订货价格应超过其单位变动成本和单位机会成本之和。

如果同时出现第(2)、(3)、(4)种情况，特别订货价格必须在补偿单位变动成本的同时，补偿因接受特别订货而损失的单位贡献毛益、新增的单位专属固定成本以及单位机会成本。

【例 5-37】 某公司的产品一直是由固定用户订购出售的，今年产品的产量为 1500 件，其中正常订货量为 1300 件，待出售的存货为 200 件。产品的收入、成本数据如下：正常售价为 60 元/件，单位变动成本为 30 元/件，固定成本总额为 25 000 元。现有一客户想出价 40 元/件，买下全部存货，问该公司经理应否答应他的这一要求？该公司今年的获利总额为多少？

分析：本例属于特别订货决策，将存货的单位变动成本与客户的出价进行对比分析即可。

单位变动成本＝30 元/件

客户的出价是 40 元/件，大于存货的单位变动成本，每单位产品存货将获贡献毛益 10 元/件（40 元/件－30 元/件），由于固定成本已全部摊入正常销售的产品成本中，它是无关成本，所以这 10 元/件的贡献毛益，全部形成额外的利润额，即这批存货获得的利润额为：

(40－30) 元/件×200 件＝2000 元

此结论也可通过表 5-35 比较接受订货前后的贡献毛益得到。

表 5-35　接受订货前后的贡献毛益　　单位:元

项目＼决策	接受订货	不接受订货
销售收入	1300×60+200×40=86 000	1300×60=78 000
变动成本	1500×30=45 000	1300×30=39 000
贡献毛益	41 000	39 000

由表 5-35 可见,如果接受订货,贡献毛益会增加 2000 元(41 000 元－39 000 元)。因为公司的固定成本没有发生变动,所以公司的利润总额也将增加 2000 元。

【例 5-38】 某企业只生产一种产品,企业最大生产能力为 1200 件。年初已按 100 元/件的价格接受正常任务 1000 件,该产品的单位生产成本为 80 元/件,其中,单位固定生产成本为 25 元/件。

(1) 现有一客户追加订货 200 件,问企业可接受的最低价格为多少?

分析:由于企业原有正常订货,固定成本已得到补偿,在不增加专属固定成本的条件下,若接受追加订货,只需考虑追加订货的变动成本即可。

产品的单位变动生产成本=80 元/件－25 元/件=55 元/件

计算结果显示:企业可接受的最低价格为 55 元/件。

(2) 现有一客户要求订货 300 件,客户只愿意出价 80 元/件,问企业在可减少正常订货量的情况下,是否应接受该客户订货?

分析:因为接受客户的订货而要减少正常订货,减少了正常销售的贡献毛益,所以,要想使特别订货为企业增加利润,就必须使特别订货价格在补偿单位变动成本以及因减少正常销售所损失的贡献毛益后仍有富余。所以,在这种情况下,接受客户订货的定价应以单位变动成本和单位损失贡献毛益额的和为限。本例中客户的出价每件 80 元大于该产品的单位变动成本 55 元/件与损失的贡献毛益额 15 元/件[100×(100－55)÷300 元/件]之和 70 元/件,所以可接受订货。接受订货前后贡献毛益计算如表 5-36 所示。

表 5-36　接受订货前后贡献毛益计算表　　单位:元

项目＼决策	接受订货	不接受订货
销售收入	900×100+300×80=114 000	1000×100=100 000
变动成本	1200×55=66 000	1000×55=55 000
贡献毛益	48 000	45 000

计算结果显示:接受订货后的贡献毛益 48 000 元,大于不接受订货的贡献毛益 45 000 元,所以可接受订货。

(3) 现有一客户要求订货 300 件,客户只愿意出价 80 元/件,且企业需增加专属固定成本 6000 元。问企业在可减少正常订货量的情况下,是否应接受该客户订货?

分析:接受客户的订货,不仅要减少正常订货,而且要追加专属固定成本。这类产品的定价应超过其单位变动成本、单位损失的贡献毛益额和单位专属固定成本之和。本例中客户的出价 80 元/件小于该产品的单位变动成本 55 元/件、单位损失的贡献毛益额 15 元/件、单位专属固定成本 20 元/件(6000 元÷300 件)之和 90 元/件,所以不宜接受订货。接受订货前后的剩余贡献毛益计算如表 5-37 所示。

表 5-37 接受订货前后的剩余贡献毛益计算表(增加专属固定成本) 单位:元

项目＼决策	接受订货	不接受订货
销售收入	900×100+300×80=114 000	1000×100=100 000
变动成本	1200×55=66 000	1000×55=55 000
贡献毛益	48 000	45 000
专属固定成本	6000	0
剩余贡献毛益	42 000	45 000

计算结果显示:接受订货后的剩余贡献毛益小于不接受订货的剩余贡献毛益,所以不可接受订货。

(4) 现有一客户要求订货 300 件,客户只愿意出价 80 元/件,若不接受订货,剩余生产能力可出租,租金收入为 6000 元。问企业在可减少正常订货量的情况下,是否应接受该客户订货?

分析:不接受客户的订货,剩余生产能力可出租,有租金收入,如果接受订货则会失去租金收入,剩余生产能力的租金收入则成为接受订货的机会成本,所以接受订货的价格除了要承担自身的变动成本外,还须承担损失的收益及机会成本(设备的租金收入、转产的收益等),即订货价格应超过其单位变动成本、单位损失的贡献毛益额和单位机会成本之和。本例中客户的出价 80 元/件,小于该产品的单位变动成本 55 元/件、单位损失的贡献毛益额 15 元/件、单位机会成本 20 元/件(6000 元÷300 件)之和 90 元/件,所以不宜接受订货。接受订货前后的剩余贡献毛益计算如表 5-38 所示。

表 5-38 接受订货前后的剩余贡献毛益计算表(增加机会成本) 单位:元

项目＼决策	接受订货	不接受订货
销售收入	900×100+300×80=114 000	1000×100=100 000
变动成本	1200×55=66 000	1000×55=55 000
贡献毛益	48 000	45 000
机会成本	6000	0
剩余贡献毛益	42 000	45 000

计算结果显示:接受订货后的剩余贡献毛益小于不接受订货的剩余贡献毛益,所以不可接受订货。

三、边际成本定价法

边际成本定价法就是将某产品的边际成本等于(趋近于)边际收入时的价格作为该产品销售价格的一种定价方法。

边际成本定价法的原理:当边际成本等于(趋近于)边际收入时,利润达到最大值,此时售价-数量达到最优的组合。这种方法是以需求为定价基础的。

【例 5-39】 M 公司预计 W 产品的销售量为 1000 件，总成本 Y 与销售量 x 的函数关系为 $Y=500+8x+0.05x^2$。该公司的最优售价为多少？

设售价为 p。

销售收入函数　$S(x)=px$

则边际收入　$S'(x)=p$

边际成本　$Y'=8+0.1x$

则最优售价-数量组合可由下式确定

$$p=8+0.1x$$

当销售量为 1000 件时，最优售价

$$p=(8+0.1\times1000)\text{ 元/件}=108\text{ 元/件}$$

【例 5-40】 某厂 A 产品的单位售价和销售量以及成本资料如表 5-39 所示。求 A 产品的最优价格。

表 5-39　A 产品的单位售价和销售量以及成本资料

单价/元	销售量/件	销售总成本/元
10	50	200
9.9	52	214
9.8	54	228
9.7	56	242
9.6	58	258
9.5	60	275
9.4	62	290

为方便起见，我们设一组符号：售价——p；预计销售量——x；销售收入——px；边际收入——$(px)'$；销售总成本——Y；边际成本——Y'；实现利润——P。

根据上述有关资料，编制分析计算表（见表 5-40）。

表 5-40　利润分析计算表

p	x	px	$(px)'$	Y	Y'	$(px)'-Y'$	P
元/件	件	元	元	元	元	元	元
10	50	500	—	200	—	—	300
9.9	52	514.8	14.8	214	14	0.8	300.8
9.8	54	529.2	14.4	228	14	0.4	301.2
9.7	56	543.2	14	242	14	0	301.2
9.6	58	556.8	13.6	258	16	−2.4	298.8
9.5	60	570	13.2	275	17	−3.8	295
9.4	62	582.8	12.8	290	15	−2.2	292.8

从表 5-40 中数据可知，当售价从 10 元/件降至 9.8 元/件时，实现的利润额逐渐增加，边际收入与边际成本的差大于 0，说明降价对企业有利；但当降至 9.7 元/件时，此时的利润等于 9.8

元/件时所获利润，且边际收入等于边际成本；当售价从 9.7 元/件降至 9.4 元/件时，利润额逐渐下降，边际收入与边际成本的差小于 0，说明继续降价对企业不利。

根据本例的计算分析，售价下降的最低限度是接近边际收入等于边际成本的地方，这时利润额最大，即最优售价为 9.8 元/件，预计销售量 54 件，最大获利 301.2 元，以及售价为 9.7 元/件，预计销售量 56 件，最大获利仍为 301.2 元。所以 9.8 元/件-54 件组合、9.7 元/件-56 件组合都是最优售价-数量组合。实际工作中，企业在面临同类问题时，具体按哪一组合确定生产经营，要根据实际情况而定。

在实际经营活动中，企业无论选用上述三种定价方法中的哪一种，都会遇到一些困难。因为，这三种方法都是以预先知道需求量和成本为前提的。但是，实际上对需求量和成本进行准确预测是十分困难的。因为需求和成本都受许多主观和客观因素影响和制约。当然，总体来讲，上述三种定价法仍不失为企业在短期决策的定价决策中的重要工具。

第六节　订货决策分析

订货决策分析就是解决存货的经济订购批量和批数、再订货点、保险储备量等决策问题。

存货是企业在生产经营过程中为销售或者耗用而储存的各项资产，包括产成品、商品、半成品、在产品、各类材料、包装物、低值易耗品等。工业企业存货占整个企业资本的 25%～50%，商业企业的这一比例则更高。为了保证生产经营的顺利进行，降低存货成本和存货水平，提高投资效果，有必要采用各种科学的方法，对存货进行合理的计划和有效的控制。

一、存货成本

存货成本是指有关存货从订货、购入、储存，一直到出库的整个过程中所发生的各种费用，以及因缺货而造成的经济损失。一般说来，存货成本分为购入成本、订货成本、储存成本、缺货成本四种。

购入成本又称采购成本，是指采购存货本身的成本，包括存货的买价、运杂费等。全年存货的购入成本在采购批量决策中，在供应厂商提供数量折扣的优惠时，是相关成本，无折扣优惠时，是无关成本。

订货成本是指为订购存货所发生的有关成本，包括采购人员的工资、订购手续费、差旅费、验收检验费等。每次订货成本的大小一般同每次订购数量无关。在每次订货成本和存货的年需用量一定的情况下，全年总订货成本与订货次数成正比，与每次订货数量成反比。

储存成本是指储存存货而发生的成本，包括与存货资金占用有关的费用和与存货实物有关的费用。如存货占用资金按利率或投资报酬率计算的机会成本、保险费、存货损耗费和自设仓库的一切费用（如仓储费、仓库内部搬运费、仓库管理费等）。年储存成本的大小与订货数量、保险储备量、平均储存量的大小，储存时间长短有关。年储存成本与平均储存量成正比，即与订货量成正比。

缺货成本是指存货数量不能及时满足生产和销售的需要而给企业带来的损失。如停工待料损失、产品脱销而损失的利润、因交货延误而应付的罚金及顾客需要未能得到满足而使企业的商誉受到的损失等。缺货成本大多是机会成本，计量比较困难。但缺货成本的多少与存货储备量的大小有关，允许缺货时是相关成本，不允许缺货时为无关成本。当订购数量、保险储备量较大时,缺货的次数和数量就较少,缺货成本就较低;反之,缺货次数和数量越多,缺货成本就越高。不过随着订货数量、保险储备量的增大,储存成本也相应提高。但一般而言,单位缺货成本往往比单位储存成本高得多。

二、经济订货量

从企业安全生产角度而言,存货可分为营运存货和安全存货。营运存货是指企业在正常生产经营过程中所需要的存货量;安全存货是指为避免延迟到货、生产耗用速度加快以及其他情况发生时为满足生产、销售需要的存货量。实际工作中遇到的问题大多都是营运存货的决策问题(事实上许多存货不需要安全存货),因此这里主要讨论营运存货的经济批量问题,安全存货的经济批量问题只做简要说明,不展开阐述。

工业企业的原材料采购和商业企业的商品进货都有一个经济订货量问题。所谓经济订货量就是经济批量,是指存货成本达到最低时的订货量。正确确定经济订货量可建立合理库存,尽量降低存货的订货、储存费用,加速资金的周转,提高经济效益;同时可满足正常生产经营对存货的需要,使各项业务顺利进行;正确计算确定经济订货量,还为降低存货成本奠定基础。总之,合理安排订货,维持合理库存,对企业生产经营具有重要意义。

(一)一般情况下的经济订货量

这里的“一般情况”是指某种存货的订货一次全部到达,提前期为零,所购存货在供应周期内陆续均衡耗用不存在缺货问题,这是一种相当理想的情形。在这个情况下存货总成本中不含缺货成本,而且为简化计算,暂不考虑存货的价格折扣,使年购入成本对经济订货量也不产生影响。因此,影响经济订货量的成本是年订货成本和年储存成本。订货成本与储存成本随订货批量的增减变化成反方向变动。

在各企业中,生产经营过程中年度内所需的某项存货的正常需要量是相对固定的,如果每次订货量越多,则年订货次数就越少,平均存储量就越大,这样订货成本将相对减少,储存成本相应增加。反言之,订货成本将相应增加,储存成本相应减少。一般情况下,经济订货量就是年订货成本和年储存成本两者的和达到最小时的量。

一般情况下经济订货量的计算公式:

$$\text{年订货成本}=\frac{\text{某存货全年需要量 }D}{\text{订货量 }Q}\times\text{每次订货成本 }P$$

$$\text{年储存成本}=\text{平均储存量}\times\text{单位年储存成本 }S=\frac{\text{订货量 }Q}{2}\times\text{单位年储存成本 }S$$

$$\text{年相关成本 TC}=\text{年订货成本}+\text{年储存成本}$$

年相关成本最小时,即年订货成本和年储存成本两者的和达到最小时的订货量,就是经济订货量。

按照微分原理,对上述公式求导数,且令其导数为零,则推导的结论如下:

$$\text{EOQ}=\sqrt{\frac{2DP}{S}}$$

$$\text{全年最佳订货次数}(N^{*})=\frac{D}{\text{EOQ}}$$

$$\text{全年最低相关成本 TC}_{\min}=\sqrt{2DPS}$$

【例 5-41】 假定某厂估计每年需用甲种材料 2000 千克，每次订货成本为 10 元，储存成本平均每千克每年为 1 元。问每次订货的最佳数量和最低相关成本值为多少？

采用公式法计算分析如下：

$$\mathrm{EOQ} = \sqrt{\frac{2 \times 2000 \times 10}{1}}\text{ 千克} = 200\text{ 千克}$$

$$\mathrm{TC}_{\min} = \sqrt{2 \times 2000 \times 10 \times 1}\text{ 元} = 200\text{ 元}$$

计算分析结果表明：每次订货的最佳数量为 200 千克，最低相关成本值为 200 元。

【例 5-42】 某公司需用某种零件 6000 个，每日耗用量 20 个，该零件既可自制也可外购。如外购，单位买价为 10 元，每次订货成本 15 元，单位年储存成本 0.5 元；若自制，单位制造成本 8 元，单次准备成本 2000 元，单位年储存成本 0.6 元，每日产量 100 个。问该零件应如何取得？

采用比较法比较外购和自制方案的相关成本。

如果外购，其经济批量、订货次数、年相关成本为：

$$\mathrm{EOQ} = \sqrt{\frac{2 \times 6000 \times 15}{0.5}}\text{ 个} = 600\text{ 个}$$

$$N^{*} = \frac{6000}{600}\text{ 次} = 10\text{ 次}$$

$$\begin{aligned}\mathrm{TC} &= \text{年购入成本} + \text{年订货成本} + \text{年储存成本} = 6000 \times 10\text{ 元} + \sqrt{2 \times 6000 \times 15 \times 0.5}\text{ 元}\\ &= 60\ 300\text{ 元}\end{aligned}$$

如果自制，其经济批量、订货次数、年相关成本为：

$$\mathrm{EOQ} = \sqrt{\frac{2 \times 6000 \times 200}{0.6 \times \left(1 - \frac{20}{100}\right)}}\text{ 个} = 2236\text{ 个}$$

$$N^{*} = \frac{6000}{2236}\text{ 次} \approx 3\text{ 次}$$

实际每次生产 2000 个，有：

$$\begin{aligned}\mathrm{TC} &= \text{年制造成本} + \text{年储存成本} + \text{年准备成本}\\ &= 6000 \times 8\text{ 元} + \frac{1}{2} \times 2000 \times \left(1 - \frac{20}{100}\right) \times 0.6\text{ 元} + 3 \times 2000\text{ 元} = 54\ 480\text{ 元}\end{aligned}$$

由计算比较得，自制零件的年相关成本低于外购的年相关成本。所以，企业的零件应自制取得，即分 3 次制造，每次制造 2000 个，这时年相关成本最低。

（二）数量折扣条件下的经济订货量

所谓数量折扣，是指每批购买某种物资的数量达到或超过一定限度，即可享受价格上的优惠。

在现实经济生活中，供应厂商为鼓励购买者大量购买，当一次订货量达到一定数量时，往往给予一定的数量折扣。这样，材料的单价并不是经常保持不变的，而同一次订货量的多少具有直接联系。实行数量折扣，是供货企业鼓励用户增加购买量、扩大其产销量的手段，对用户而言，可从数量折扣中获得商品价格降低的收益、运杂费上的节约、订货费用的减少等经济利益，但是，随着每批(次)订货量的增加，储存费用将随着增加，还存在积压资金、多付利息等不利因素，所以，企业管理者应全面权衡接受数量折扣的利弊得失，正确做出存货数量折扣决策。

确定经济订货量需考虑的相关成本包括年购入成本、年订货成本、年储存成本。当三者的和达到最小时的订货量为接受数量折扣下的经济订货量。

在制订数量折扣决策中，不能把材料的购入成本排除在外，即将接受数量折扣条件下的订货量相关总成本和不接受数量折扣下的订货量的相关总成本进行比较，从中选取成本较低的行动方案。

【例 5-43】 某公司生产某产品，全年需用某种原材料 5000 千克，每千克买价 15 元，每次订货成本 40 元，每千克材料年储存成本为 6 元，供货商规定：凡每次购买数量达到 1500 千克，买价可优惠 2%；每次购买数量达到 2500 千克时买价优惠 6%。假设在数量折扣下单位储存费为单价的 30%。

要求：确定材料的经济订货量。

分析：

(1) 先拟订方案。

不接受折扣下的订货量：

$$EOQ=\sqrt{\frac{2\times 5000\times 40}{6}}\text{千克}=258\text{千克}$$

拟订方案(一次订货量)：①258 千克；②1500 千克；③2500 千克。

(2) 比较各方案的相关成本，选择最优方案。

首先计算各方案的相关成本。

① 方案一

购入成本＝5000×15 元＝75 000 元

订货成本＝5000÷258×40 元＝775 元

储存成本＝258÷2×6 元＝774 元

② 方案二

购入成本＝5000×[15×(1－2%)] 元＝73 500 元

订货成本＝5000÷1500×40 元＝133 元

储存成本＝1500÷2×[15×(1－2%)×30%] 元＝3307.5 元

③ 方案三

购入成本＝5000×[15×(1－6%)] 元＝70 500 元

订货成本＝5000÷2500×40 元＝80 元

储存成本＝2500÷2×[15×(1－6%)×30%]＝5287.5 元

然后比较各方案的相关成本。各方案的相关成本比较列表(见表 5-41)如下：

表 5-41　各方案的相关成本比较

单位：元

项目＼方案	方案一	方案二	方案三
购入成本	75 000	73 500	70 500
订货成本	775	133	80
储存成本	774	3307.5	5287.5
合计	76 549	76 940.5	75 867.5

各方案的相关成本比较：方案三的相关成本为 75 867.5 元，在三个方案中最低，所以方案三为最优方案，即企业经济订货量为每次 2500 千克。

（三）边订货边消耗情况下的经济订货量

所谓边订货边消耗，是指每次所订购的货物不是一次全额到达，而是分批陆续到达；另一方面企业因生产经营的需要，也不是等货物全部到达运抵仓库后才开始耗用，而是边补充、边耗用。所订货物到达前期，有关存货的进库速度通常大于出库速度；而当一次订货全部到达后，有关存货则只出不进，其营运存货不断下降，在营运存货准备下降至零时，下一批订货又将开始分批陆续到达，如此循环往复。因此，企业的管理者应当综合考察各种存货的库存周期、库存期间的消耗量和存货实际库存量等多种因素及其变化规则，正确制订边进库边消耗条件下的订货决策。

边订货边消耗情况下的经济订货量为年订货成本和年储存成本之和达到最小值时的量。

决策分析与生产批量的决策分析基本相同，也可使用公式法、图示法、比较法等进行决策分析。其中公式法的计算公式如下：

$$\mathrm{EOQ}=\sqrt{\frac{2DP}{S\left(1-\frac{Y}{X}\right)}}$$

$$\mathrm{TC}_{\min}=\sqrt{2DPS\left(1-\frac{Y}{X}\right)}$$

式中：Y 代表存货的日消耗量；X 代表存货的日入库量。

【例 5-44】 假定某企业生产某产品全年需要甲材料 3600 千克，每次订货成本 10 元，千克材料年储存成本 0.4 元，该材料在供应期间内每日的入库量为 40 千克，每日的耗用量为 10 千克。求甲材料的经济订货量和最低相关成本。

$$\mathrm{EOQ}=\sqrt{\frac{2\times3600\times10}{0.4\times\left(1-\frac{10}{40}\right)}}\text{ 千克}=490\text{ 千克}$$

$$\mathrm{TC}_{\min}=\sqrt{2\times3600\times10\times0.4\times\left(\frac{40-10}{40}\right)}\text{ 元}=147\text{ 元}$$

计算结果表明：甲材料的经济订货量为 490 千克，最低的相关成本为 147 元。

（四）允许缺货下的经济订货量

所谓允许缺货，是指由于某种原因导致存货短缺，但只需支付少量的缺货费用，对企业的生产经营活动并不会造成重大损失；或者为避免存货短缺而增加保险储备量所耗费的代价，比因短货所发生的经济损失要大，此时，发生存货短缺在经济上对企业是有利的，所以应当允许缺货。企业管理者应确定在允许短缺条件下的经济订货量。在无数量折扣下，存货相关总成本为年订货成本、年储存成本和年缺货成本的总和。

在允许缺货情况下，经济订货量为年订货成本、年储存成本和年缺货成本的总和达到最小值时的订货量。

在允许缺货情况下，存货的最低库存量就可能不是零，而可能出现负数。存货的最高库存量不是 Q，而是 Q 减去允许缺货 Q_S。而其平均库存量则低于 $(Q-Q_S)\div2$，经推导为 $(Q-Q_S)^2/2Q$，平均缺货量为 $Q_S^2/2Q$。

再设 K_S 为年单位缺货成本，Q_S 为允许的缺货量。

$$TC= 年订货成本 + 年储存成本 + 年缺货成本$$
$$= P\times\frac{D}{Q}+S\times\frac{(Q-Q_S)^2}{2Q}+\frac{Q_S^2}{2Q}\times K_S$$

上式中 Q 和 Q_S 为自变量，分别对 TC 求一阶导数，并令其等于 0，则在相关总成本达到最低的经济订货量和允许缺货量分别为：

$$EOQ=\sqrt{\frac{2DP}{S}\times\frac{S+K_S}{K_S}}$$

$$Q_S=Q\times\frac{S}{S+K_S}$$

【例 5-45】 假设某厂生产某产品，全年需用某种材料 10 000 千克，允许缺货，每次订货成本 30 元，每千克材料储存成本为 1 元，其单位缺货成本为 1.5 元。求其经济订货量和允许缺货量。

$$EOQ=\sqrt{\frac{2\times10\ 000\times30}{1}\times\frac{1+1.5}{1.5}}\ 千克=1000\ 千克$$

$$Q_S=1000\times\frac{1}{1+1.5}\ 千克=400\ 千克$$

计算结果表明：企业在允许缺货的条件下，该材料的经济订货量为 1000 千克，允许的缺货量为 400 千克，这样可使总成本最低。

三、其他相关概念

（一）存货储备量

存货储备量是指企业为保证正常生产经营活动而必须保证的存货储备数量。

【例 5-46】 某厂某种原料全年需用量为 60 000 千克，全年耗用均匀，没有季节性差别，每年订货 6 次。求平均存货量。

每次订货数量＝60 000÷6 千克＝10 000 千克

平均储备量＝10 000÷2 千克＝5000 千克

（二）安全储备量

安全储备量是用来应付在生产或供应上发生不可预测的情况时所必需的存货数量。从例 5-46 中可知，每两个月采购一次，每逢第二个月的月末原材料用完时采购，以保证生产连续而不致中断，但实际上生产车间领用原材料不会精确均匀，如果因一时生产增加，或者提前领料，使当月的耗用量超过计划数，不到月底就用完，这时新的进货尚未达到，就要影响生产。而且，从订货到交货需要一段时间，即从企业发出订货单后，销货方发货到货物运达企业验收入库的所需天数，称交货期，但预计交货期与实际交货期可能会不一致，如果销货方因故延迟交货，或其他原因，超过交货期，则企业存货用完，又会影响生产。因此，企业必须保持一定数量的存货即安全储备量。

（三）再订货点

原有存货还剩多少单位时必须进行下一次订货？这个数字叫作再订货点。

再订货点＝交货期×平均日耗用量＋安全储备量

【例 5-47】 假定某工厂原材料平均日耗用量为 100 千克，交货期为 6 天，安全储备量为 300 千克，求再订货点。

再订货点＝(6×100＋300) 千克＝900 千克

即该材料还剩下 900 千克时，须通知采购部门订货。

在规定了再订货点后，如果耗用量临时增加，可以在安全储备量中支用，不必调整再订货点。如果耗用量增加不是临时现象，而是经常情况，那么就必须据以调整再订货点，同时安全储备量也应相应提高。

本章小结

管理会计中的决策分析是对企业未来经营管理活动中所面临的问题，由有关人员对各种备选方案所进行的成本、利润等方面的比较，以便为最终确定决策方案奠定基础，也是企业会计人员参与决策活动的主要内容。

第一节 主要进行了经营决策分析概述，讲述了经营决策分析的基本含义。

第二节 介绍了短期经营决策的相关成本概念。相关成本是指与备选决策方案相联系的、对决策产生重大影响的、在经营决策分析中必须充分考虑的成本。差量成本、边际成本、付现成本、机会成本、可避免成本、专属成本、重置成本属于相关成本。

非相关成本，又称为无关成本，是指与备选决策方案不存在直接联系的、在短期经营决策中可不予考虑的成本。沉没成本，不可避免成本，历史成本及备选方案中项目相同、金额相等的未来成本等属于非相关成本。

第三节 介绍了短期经营决策的具体方法。短期经营决策的分析方法主要有比较法、差量分析法、临界成本法、逐步测试法、图示法五种。比较法比较直观，容易掌握，但要求搜集的资料比较全面；差量分析法步骤简单，决策中对资料的要求不高，但不易理解；临界成本法适用于业务量不确定的成本决策的分析；图示法形象、直观、生动、容易理解，适用于各因素函数关系能够确定的决策分析；逐步测试法可以解决比较复杂的决策问题，但分析计算比较麻烦。

短期经营决策包括有关生产决策、定价决策、存货决策的相关内容。

第四节 讲述了短期经营生产决策。生产决策所要解决的问题大体可分为三类：生产什么、生产多少和如何生产。生产决策包括生产产品的品种选择、亏损产品的处理决策分析、零部件自制或外购的决策、半成品(联产品)是否进一步加工、产品组合的优化决策分析、生产批量决策分析、生产工艺(设备)的选择。

第五节 讲述了定价决策分析。如何定价，对企业的盈利能力和发展影响重大。定价决策的方法主要有全部成本定价法、贡献毛益定价法、边际成本定价法。

第六节 讲述了企业的订货决策分析。订货决策分析就是解决存货的经济订货量和批数、再订货点、安全储备量等决策问题。经济订货量就是经济批量，是指存货成本达到最低时的订货量。一般说来，存货成本分为购入成本、订货成本、储存成本、缺货成本四种。

复习思考题

一、关键概念

经营决策、边际成本、差量成本、机会成本、相关成本、无关成本、比较法、差量分析法、临界成本法、逐步测试法、图示法、准备成本、订货成本、储存成本、经济批量、缺货成本、存货储备量、

安全储备量、再订货点

二、问答题

1. 在决策分析中为什么要考虑机会成本？

2. 经营决策分析最常用的方法有哪几种？扼要说明。

3. 经营决策中需要考虑哪些成本，不需要考虑哪些成本？

4. 差量分析法与比较法在决策运用中有何异同？

5. 简述临界成本法的运用方法及特点。

6. “为了扭亏为盈，凡是亏损产品都应该停产”，这句话对否？为什么？

7. 在零部件是自制还是外购的决策分析中如何应用机会成本？

8. 产品销售价格的制定方法有哪些？

9. 一般情况下经济订货量需要考虑哪些相关成本？

10. 经济订货量的确定方法有哪些？

DILIUZHANG

第六章
长期投资决策

学习目的……

（1）熟悉长期投资决策评价指标的用途及其分类。

（2）掌握货币时间价值、现金流量等各项评价指标的计算。

（3）掌握简单的长期投资项目决策分析实务。

（4）了解各种投资决策评价指标的优缺点。

（5）了解长期投资决策分析中的影响因素。

（6）了解长期投资决策评价指标的类型。

第一节　长期投资决策分析概述

一、长期投资的含义

前面我们介绍了有关企业在利用现有技术和经营条件的基础上，就未来一年之内如何有效地开展生产经营活动所面临的问题进行决策分析的一些基本方法。但是，现代企业的生产经营活动，不仅仅只局限于在现有技术装备和经营条件的范围内，为了适应今后若干年的生产经营上的长远需要，企业还必须进行厂房设备的更新、改建、扩建，努力开发新的资源和新的产品，对老产品进行换型、改造等一系列生产经营活动，这类为了在以后若干年获得更多收益而投入大量资金（或资本），以增加生产经营能力的经营活动，称为长期投资。企业长期投资活动中关于企业资金使用方向和使用效果的决策，就叫长期投资决策或投资决策。

二、长期投资的分类和特点

长期投资按投资对象，可分为项目投资、证券投资、其他投资。项目投资是一种以特定项目为对象，直接与新建项目或更新改造项目有关的长期投资行为。证券投资是以各类证券作为投资对象的一种投资行为，包括权益性投资和债券性投资。其他投资则是除了上述投资以外的其他长期投资行为。管理会计中讨论的长期投资问题主要是项目投资问题。长期项目投资具有以下特点。

（1）投资数额大。长期投资实际上是为企业未来的生产经营而进行的投资活动，一般来讲，任何长期投资项目都需要投入大量甚至巨额资金。

（2）影响期长。一方面，长期投资项目建设周期长，在建设周期内项目本身不产生经济效益，且要消耗企业大量人力、物力、财力，将在较长时间内对企业的现金流量和财务状况产生较大影响；另一方面，长期投资项目一旦付诸实施，成功与否都将对企业未来的发展产生巨大影响。

（3）回收速度慢。长期投资项目一次投入资金巨大，但需要靠项目投入使用后的收益来回报。这是一个期限较长甚至是漫长的过程。

（4）风险大。从总体上讲，任何长期投资都是在错综复杂的环境中进行的，不可避免地会受到许多不稳定或不确定因素的影响，因而有关长期投资的决策就有可能存在两种或两种以上的结果，使得某一项目投资的实际效果与预期目标发生背离，从而给企业带来一定的经济损失。有时候这种损失还是相当严重、久远的。

三、长期投资决策的意义

长期投资决策分析是指在长期投资活动中，关于资金使用方向和效果的决策分析。长期投资决策包括诱导式投资决策与主动式投资决策、战术型投资决策与战略型投资决策、合理型投资决策与发展型投资决策、单目标投资决策与复合目标投资决策等。

一项长期投资决策成功与否，对现实的生产经营状况和企业未来的发展影响重大。因此，一项长期投资决策的失误，不仅会影响企业的财务状况和资金周转，给企业带来很大损失，甚至会造成企业的亏损或破产；而且还会使整个国民经济遭受巨大影响，严重的会造成国民经济的比例失调。所以，企业的长期投资方案的抉择，是一种战略性决策，必须认真做好可行性研究工作，正确评价各个备选方案的经济效益，然后从中筛选出最优方案。

本章将着重介绍关于改变或扩大企业的生产或服务能力等方面（如：创建新的工厂、更换或扩充设备等）的长期投资，并如何使投资获得最大报酬所面临的问题进行抉择的基本方法，希望能够给进行长期投资决策分析的企业管理者一些帮助。

第二节　影响长期投资决策的主要因素

一、货币时间价值

（一）货币时间价值的概念

所谓货币时间价值就是作为资本或资金使用的货币在其运用过程中随时间推移而带来的一部分增值价值。也就是说，货币在不同时间里，其价值是不一样的，等量货币在不同时间上的价值量是不同的，现在价值高于未来价值。当然，若只是将一定货币简单地储藏起来，在不存在通货膨胀因素的条件下，其价值不会随着时间的推移而改变。但若将这笔货币作为资金或资本来运用，则会带来利润，使货币随着时间的推移不断增值。所以，企业在生产经营过程中，应加速资金的周转，而不应积压或闲置资金。理解货币时间价值，要把握以下要点。

第一，货币时间价值就是货币的增值部分，一般情况下可理解为利息。

第二，货币的自行增值，是在货币被当作投资资本的运用过程中实现的，否则不可能自行增值，即货币并不具备自行增值的属性，只有作为资本运用才能增值。

第三，货币时间价值与时间正相关。

一般情况下，货币时间价值是在没有通货膨胀和风险的条件下的社会平均资本利润率。由于银行存款和政府债券的风险小，当通货膨胀很低时，人们通常将银行存款利率或政府债券利率视同货币时间价值。人们在投资中，必然要求投资报酬率高于货币时间价值，否则不如把资金存入银行或购买政府债券。所以，货币时间价值成为投资决策分析中评价投资方案的基本标准，就是只有当投资报酬率高于货币时间价值时，才有可能接受该投资项目。

（二）货币时间价值的计算

货币时间价值的计算通常采用银行复利的计算方法计算。

复利就是利生利、利滚利，即每经过一个计息期，就要将每期(如一年)产生的利息加入本金中再计算下一个计息期的利息，如此循环往复的一种计算利息的方法。

货币时间价值的计算包括复利终值、复利现值、年金终值、年金现值的计算。

现值，是指未来某一时点上的一定量资金折算到现在所对应的金额，通常记作 P；终值又称为将来值，是现在一定量的资金折算到未来某一时点所对应的金额，通常记作 S。

1. 复利终值

复利终值是本金按一定的百分率(复利率)计算利息，经过若干期后达到的本利总和。

复利终值计算公式为：

$$F = P(1+i)^n$$

式中：F 表示复利终值；n 表示期数；i 表示复利率；P 表示本金，期初的货币量。

$(1+i)^n$称作一元的复利终值系数，表示一元的终值，可记作$(F/P,i,n)$。该系数可通过查一元的复利终值系数表(参见本书附录 A)求得。

【例 6-1】 将资金 30 000 元存入银行，5 年后从银行能取出多少？设年利率为 10%。

按照 $F=P(1+i)^n$，30 000 元 5 年后的复利终值为：

$$30\ 000\times(1+10\%)^5\text{元}=30\ 000\times1.610\ 5\text{元}=48\ 315\text{元}$$

30 000 元存入银行，5 年后能取出 48 315 元，其中 18 315 元就是本金 30 000 元在 5 年时间的价值。

【例 6-2】 张某用现金 5000 元买下一张政府发行的债券，期限为 4 年。他在 4 年后能得到 8000 元的现金，问此债券的年利率为多少？

已知 $P=5000$ 元，$F=8000$ 元，$n=4$ 年，求 i。

因为 $$(1+i)^n=F/P$$

所以 $$(1+i)^4=8000/5000=1.6$$

从一元的复利终值系数表(附录 A)上查知：

$n=4$ 年，终值系数$=1.6$ 的年利率在 12%～14%之间。$i_1=12\%$时，终值系数$=1.573\ 5$；$i_2=14\%$时，终值系数$=1.689\ 0$，采用插入法测算年利率。

利率

$$\left.\begin{matrix}\left.\begin{matrix}12\%\\ i\end{matrix}\right\}i-12\%\\ 14\%\end{matrix}\right\}14\%-12\%$$

终值系数

$$\left.\begin{matrix}\left.\begin{matrix}1.573\ 5\\ 1.6\end{matrix}\right\}1.6-1.573\ 5\\ 1.689\ 0\end{matrix}\right\}1.689\ 0-1.573\ 5$$

所以 $$\frac{i-12\%}{14\%-12\%}=\frac{1.6-1.573\ 5}{1.689\ 0-1.573\ 5}$$

$$i=12.46\%$$

债券的年利率为 12.46%。

【例 6-3】 某公司 2011 年年末存入银行 1000 元，2012 年年末存入 1500 元，2013 年年末又存入 1800 元，银行年利率为 10%。问该公司在 2013 年年末的本利和为多少？

该公司 2013 年年末的本利和为 F。

$$F=[1000\times(1+10\%)^2+1500\times(1+10\%)^1+1800\times(1+10\%)^0]\text{ 元}$$
$$=(1000\times1.210+1500\times1.100+1800\times1)\text{ 元}$$
$$=4660\text{ 元}$$

该公司在 2013 年年末的本利和为 4660 元。

2. 复利现值

复利现值是指未来某期的一定量货币，按复利贴现率计算的现在价值。

计算复利现值的方法就是如何将终值换算为复利现值。将终值换算为现值就叫贴现，贴现时所用的利率可称为贴现率，所以在计算现值时，时间价值就表现为贴现率。

复利现值是复利终值的逆运算，公式为：

$$P=F(1+i)^{-n}$$

式中：P 表示复利现值；F 表示 n 年后的货币量，即终值；n 表示期数；i 表示年贴现率。

$(1+i)^{-n}$ 是一元的复利现值系数，可记作 $(P/F,i,n)$，该系数可通过查一元的复利现值系数表(附录 B)求得。

【例 6-4】 某厂现在应存入银行多少资金，才能在 4 年后得现金 800 000 元。银行年利率为 10%。

$$P=800\,000\times(1+10\%)^{-4}\text{元}=800\,000\times0.683\text{ 元}=546\,400\text{ 元}$$

该厂现在将 546 400 元资金存入银行，4 年后可得款 800 000 元。

【例 6-5】 某打印店今年年底购置了一台新的打印机，使用期 5 年，年投资报酬率 10%，预计每年为企业增加的利润额如表 6-1 所示。

表 6-1　预计每年为企业增加的利润额

年　　末	1	2	3	4	5	合　　计
利润/万元	2	2.5	3	5	5	17.5

问：利润的总现值为多少？

$$\text{利润现值}=(2\times0.909+2.5\times0.826+3\times0.751+5\times0.683+5\times0.621)\text{ 万元}$$
$$=12.656\text{ 万元}$$

该打印店 5 年获得的 17.5 万元利润总额其总现值为 12.656 万元。

需要说明的是，我们在计算复利终值和复利现值中涉及的复利计息期不一定都是 1 年，也可以是季、月或者是日，即在 1 年内可以复利若干次，此时给出的年利率，可以称之为名义利率。如果复利计息期为 1 年，实际利率就是给定的名义利率；而如果给定的名义利率在 1 年之内可以复利若干次，即复利计息期为季、月或日，则实际利率不等于名义利率。

实际利率和名义利率的关系表现为：

$$1+i=\left(1+\frac{r}{n}\right)^n$$

式中：i 表示实际利率；n 表示每年复利次数；r 表法名义利率。

【例 6-6】 已知年利率为 10%，一年复利 2 次，求实际利率为多少？

根据公式：
$$1+i=\left(1+\frac{r}{n}\right)^n$$

得：

$$i=\left(1+\frac{r}{n}\right)^{n}-1=\left(1+\frac{10\%}{2}\right)^{2}-1$$
$$=1.1025-1=10.25\%$$

3. 年金

年金就是在相同的间隔期（一年、半年）收到或付出等额款项。如定期收入、职工工资、保险费、直线法计提的折旧费等。年金一般具有连续性、等额性、同方向性的特点。

年金通常包括普通年金、即付年金、递延年金、永续年金四种。在实际分析、评价长期投资的经济效益时，最常用的年金是普通年金。

1）普通年金

普通年金是每期期末所收入或付出的等额款项，又称为后付年金。普通年金的复利计算分为普通年金终值和普通年金现值。

（1）普通年金终值。

普通年金终值 F，就是普通年金（每期末等额收付款项）的复利终值之和，也就是自第一次收付到最后一次收付时，全部收付额按复利计算的最终本利和。

设每期等额收付款项为 A，即年金值，复利率为 i，期数为 n，则年金终值 F 计算如图 6-1 所示。

$$F_A=A+A(1+i)+A(1+i)^2+A(1+i)^3+\cdots+A(1+i)^{n-1}$$
$$(1+i)F_A=A(1+i)+A(1+i)^2+A(1+i)^3+\cdots+A(1+i)^{n}$$

整理得年金终值计算的一般公式：

$$F_A=A\times\frac{(1+i)^n-1}{i}$$

式中：$\frac{(1+i)^n-1}{i}$为年金终值系数，可以用$(S/R,i,n)$表示。

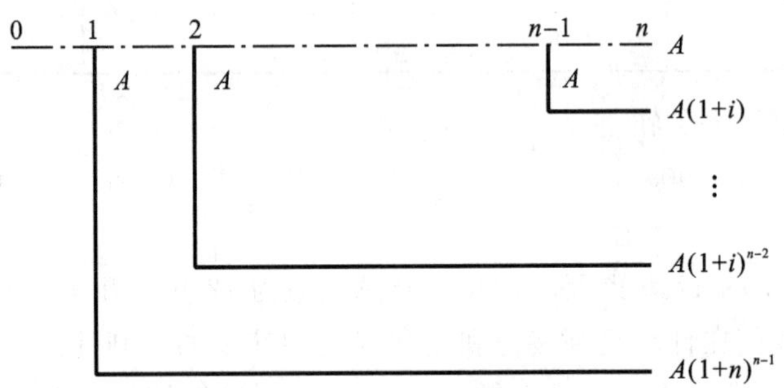

图 6-1　普通年金终值图

年金终值系数的含义为每期末的普通年金 1 元，年利率为 i，经过 n 期后的最终价值。它可通过查一元的年金终值系数表（附录 C）求得。

【例 6-7】 某厂扩建厂房需 5 年完工，每年年末投资 10 万元，按年利率 10%计算 5 年的总投资额。

$$F=10\times\frac{(1+10\%)^5-1}{10\%}\text{ 万元}=10\times6.1051\text{ 万元}=61.051\text{ 万元}$$

每年年末投资 10 万元在年利率 10%时，5 年的总投资额为 61.051 万元。

(2) 普通年金现值。

普通年金现值 P，就是普通年金(每期末等额收付款项)的复利现值之和，也就是为了在将来若干期内的每期末收付相同的金额，按复利计算的现在所需要的本金数。

设复利率为 i，期数为 n，每期等额收付款项为 A(即年金值)，则年金现值 P 计算如图 6-2 所示。

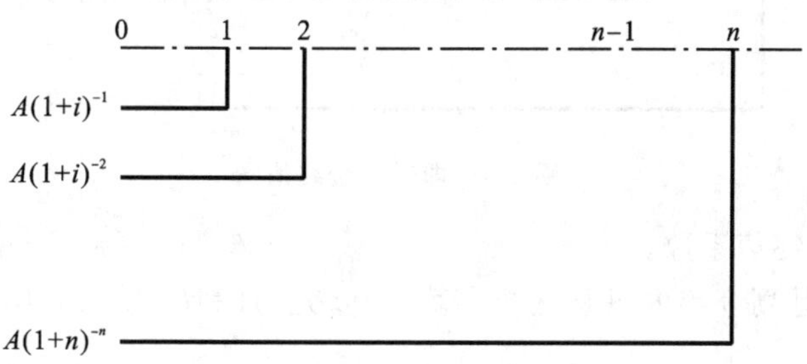

图 6-2　普通年金现值图

因此，普通年金现值(本金)为：

$$P = A(1+i)^{-1} + A(1+i)^{-2} + A(1+i)^{-3} + \cdots + A(1+i)^{-n}$$

整理得普通年金现值的计算公式：

$$P = A \times \frac{1-(1+i)^{-n}}{i}$$

式中：$\frac{1-(1+i)^{-n}}{i}$为一元年金的现值系数，可查一元的年金现值系数表(附录 D)。

【例 6-8】 某人为购买住房向银行借款 20 万元，期限 5 年，年利率为 7.2%，问每月末还款额多少(等额偿还)？

设每月还款额为 A。因为年利率为 7.2%，所以月利率为 0.6%。

$$A \times \frac{1-(1+0.6\%)^{-5\times 12}}{0.6\%} = 200\ 000$$

$$A = 3979.14 \text{ 元}$$

2) 即付年金

即付年金又称为预付年金，是指每期期初所收入或付出的等额款项。即付年金与普通年金的区别在于其收支付期不同，普通年金的收付期在每期期末，而即付年金的收付期在每期的期初，相对而言，即付年金的收付期比普通年金的提前了一期。即付年金的计算分为即付年金终值 F、即付年金现值 P。

(1) 即付年金终值 F。

即付年金终值的计算可比照普通年金终值的计算，只是比普通年金的终值多一个第一期期初收付的年金终值，少一个第 n 期期末收付的年金数，如图 6-3 所示。

所以，即付年金终值的计算公式为：

$$F = A \times (1+i) \times \frac{(1+i)^n - 1}{i} = A \times \left[\frac{(1+i)^{n+1}-1}{i} - 1\right]$$

式中：$\frac{(1+i)^{n+1}-1}{i} - 1$ 为即付年金终值系数。

即付年金终值系数也可以利用普通年金的终值系数表，先查得 $n+1$ 期的值，然后再减 1，

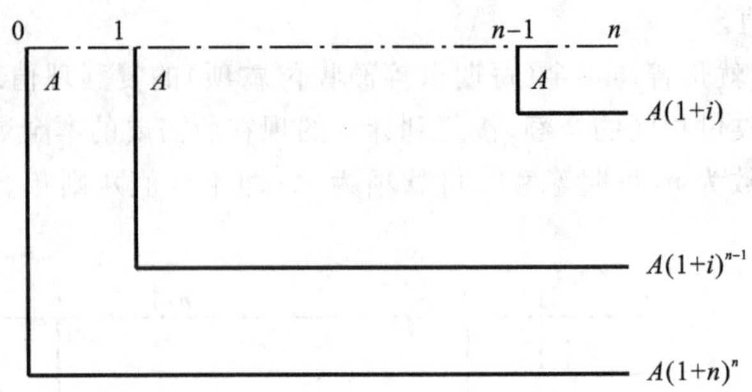

图 6-3　即付年金终值图

就可以得到即付年金终值系数。

【例 6-9】 某人计划今年内每月月初存款 2000 元，月利率为 1%，问年底时存款的本利和为多少？

本利和＝2000×1.01×12.682 元＝25 618 元

或

本利和＝2000×(13.809－1) 元＝25 618 元

年底此人可得本利和 25 618 元。

(2) 即付年金现值 P。

即付年金现值的计算可比照普通年金现值的计算，只是比普通年金的现值多一个第一期期初支付的年金现值，少一个第 n 期期末支付的年金数，如图 6-4 所示。

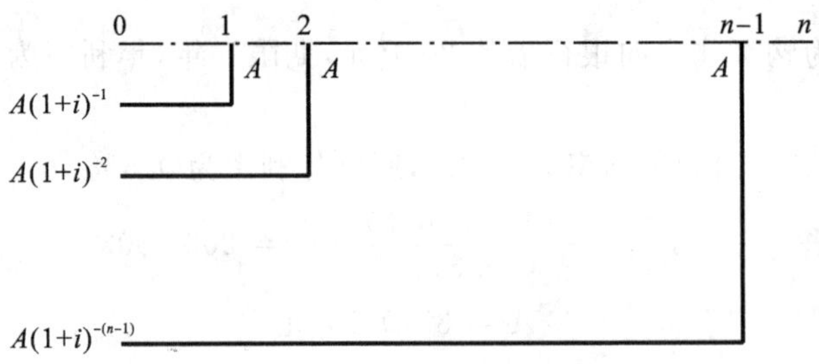

图 6-4　即付年金现值图

所以，即付年金现值的计算公式为：

$$P = A \times (1+i) \times \frac{1-(1+i)^{-n}}{i} = A \times \left[\frac{1-(1+i)^{-(n-1)}}{i} + 1\right]$$

式中：$\frac{1-(1+i)^{-(n-1)}}{i}+1$ 为即付年金现值系数。

【例 6-10】 某学生父亲欲在银行存入一笔钱，以便在今后 4 年内能于每学年初支付该学生的学费 5000 元，若银行的年利率为 5%，则该学生的父亲应存入多少？

存款额＝5000×1.05×3.546 元≈18 615 元

或

存款额＝5000×(2.723＋1) 元＝18 615 元

该学生的父亲必须存入 18 615 元，才能保证该学生在今后 4 年内能于每学年初支付 5000 元学费。

3）递延年金

递延年金是在第 m(m 为自然数)期末以后各期所收入或付出的等额款项，如图 6-5 所示。

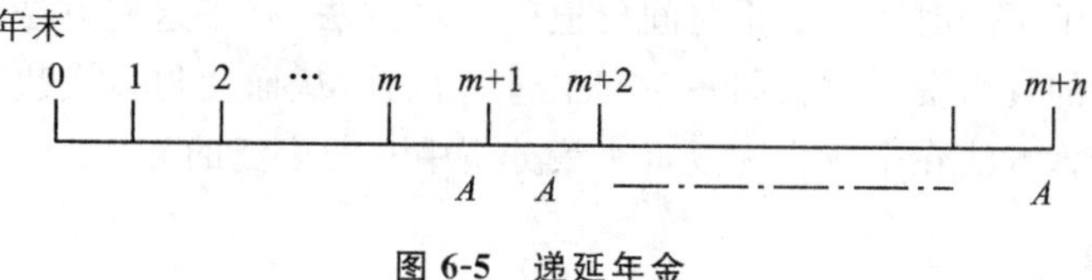

图 6-5 递延年金

与普通年金相比，前面的 m 期末发生收付，其实际收付期为 $n-m$ 期。所以，递延年金的终值与普通年金终值计算方法相同，只要按实际收付期计算即可。

递延年金终值 $F=A[F/A,i,(n-m)]$

递延年金的现值与普通年金现值的计算不大相同，递延年金的现值 P 的计算公式为：

$$P=A\times\frac{1-(1+i)^{-(m+n)}}{i}-A\times\frac{1-(1+i)^{-m}}{i}$$
$$=A\times(P/A,i,m+n)-A\times(P/A,i,m)$$

或

$$P=A\times\frac{1-(1+i)^{-n}}{i}\times(1+i)^{-m}$$
$$=A\times(P/A,i,n)\times(P/F,i,m)$$

【例 6-11】 某投资项目需 2 年建成。建成投产后可使用 5 年，每年税后利润为 5 万元，若年利率为 10%，试计算税后利润的现值。

$$利润现值=\left[5\times\frac{1-(1+10\%)^{-7}}{10\%}-5\times\frac{1-(1+10\%)^{-2}}{10\%}\right]万元$$
$$=(5\times4.868-5\times1.736)\ 万元=15.66\ 万元$$

或
$$利润现值=\left[5\times\frac{1-(1+10\%)^{-5}}{10\%}\times(1+10\%)^{-2}\right]万元$$
$$=5\times3.791\times0.826\ 万元=15.66\ 万元$$

4）永续年金

永续年金又称为终身年金，是指无限期继续收入或付出的等额款项。

永续年金由于没有收付终止的日期，所以没有终值。永续年金的现值计算公式为：

$$P=\frac{A[1-(1+i)^{-n}]}{i}$$

当 $n\to\infty$ 时，$(1+i)^{-n}\to0$，因此

$$永续年金现值=\frac{A}{i}$$

【例 6-12】 某基金组织准备发起建立一项奖励基金，用于奖励在某一方面做出突出贡献的人士，计划每年的奖金额为 10 万元。假定银行存款年利率为 10%，问该基金组织需要募集多少资金？

该基金组织需要募集的资金＝10 万元÷10%＝100 万元

另外，在实际工作中年金问题还有偿债基金、年均投资回收额等。所谓偿债基金是为了偿还若干年后到期的债务，每年必须积累固定数额的资金。偿债基金的建立实质上就是已知年金

终值求年金的问题。所谓年均投资回收额，是为了收回现在的投资，在今后一段时间内每年收回相等数额的资金。年均投资回收额的确定实质上是已知年金现值求年金的问题。

上面我们介绍了不同时间的货币时间价值的计算方法，有了这些方法，在投资决策分析中就可以将不同时间的货币资金放在同一时间上进行比较，从而使得投资决策方案具有可比性。货币时间价值的计算方法在企业实际投资决策分析中有着广泛的应用。

二、现金流量

现金流量是指投资项目在其计算期内因资金循环而引起的现金流入和流出增加的数量。

人们在进行任何一项长期投资时，都希望该项投资能够带来一定数量的资金收入。在管理会计中，投资的支出是现金流出，投资带来的资金收入是现金流入，而现金流入和现金流出统称为现金流量。

现金流量在投资决策分析中具有重要作用。现金流量所揭示的未来期间实现的货币资金收支运动，可以序时动态地反映项目投资的流向与回收之间的投入产出关系，便于投资决策者更完整、准确、全面地评价具体投资项目的经济效益；现金流量信息可以排除非现金收付内部周转的资本运动形式，从而简化了有关投资决策评价指标的计算过程；现金流量实现了与项目计算期的各个时点密切结合，有助于在计算投资评价指标时，应用货币时间价值的形式进行动态投资效果的综合评价。因此在投资决策中，现金流量是影响投资决策的重要因素。估算和确定现金流量也就成为投资决策分析中的一项重要内容。

“现金”是广义的现金，它不仅包括各种货币资金，还包括项目需要投入企业所拥有的非货币资源的变现价值。比如，一个投资项目需要使用原有的厂房、设备、材料等，则相关的现金流量是指它们的变现价值，而不是其账面价值。

（一）现金流入量

现金流入量是指投资项目实施后在项目计算期内所引起的企业现金收入的增加额，简称现金流入。现金流入量包括以下几项。

（1）营业收入：项目投产后每年实现的全部资金收入，它是经营期主要的现金流入量项目。

（2）回收固定资产的余值：投资项目的固定资产在终结点报废或中途变价转让时所回收的价值。

（3）回收流动资金：主要是指新建项目在项目计算期完全终止时，因不再发生新的替代投资而回收的原垫付在存货、货币资金、应收账款等各种流动资产上的全部流动资金投资额。

（4）其他现金流入量：以上三项指标以外的现金流入量项目。

（二）现金流出量

现金流出量是指投资项目实施后在项目计算期内所引起的企业现金流出的增加额，简称现金流出。现金流出量包括以下几项。

（1）建设投资（含更改投资）：在建设期内按一定生产经营规模和建设内容进行的固定资产投资、无形资产投资和开办费投资（又称为递延资产投资）等项投资的总称。它是建设期发生的主要现金流出量。

（2）流动资产投资：投资项目完成后投入使用过程中，在材料、在产品和产成品存货、货币资金、应收账款等项目上所需占用资金的支出，又称为流动资金垫支。

(3) 付现成本:使用该固定资产生产有关产品的过程中,发生的用现金支付的相关支出,即除该年折旧额等(包括摊销额、年借款利息等)项目以外的支出总额,又称为经营成本。

付现成本＝总成本－折旧额及摊销额、借款利息

(4) 所得税:项目投产后获得利润(应税所得额)依法缴纳所得税款。

(5) 其他现金流出量:不包括在以上内容中的现金流出量项目(如营业外净支出)。

(三) 现金净流量

1. 现金净流量(NCF)的含义

现金净流量是指投资项目在其有效期内,现金流入量和现金流出量的净额。当流入量大于流出量时,净流量为正值,称为现金净流入量;反之,净流量为负值,称为现金净流出量。

现金净流量具有以下两个特征。

第一,无论是在经营期间,还是在建设期间,都存在现金净流量这个指标。

第二,不同阶段上的现金流入项目和现金流出项目发生的可能性不同,从而各阶段上现金净流量在数值上表现出不同的特点:建设期内的现金净流量一般小于或等于零;在经营期内的现金净流量则多为正值。

根据现金净流量的含义,现金净流量的理论计算公式为:

年现金净流量＝年现金流入量－年现金流出量

2. 现金净流量假设

现金流量的确定是重要的,但现金流量的确定是困难的,为了便于确定年现金净流量的具体内容,简化现金流量的计算过程,我们特做如下假设。

(1) 建设期投入全部资金假设。不论项目的原始总投资是一次投入还是分次投入,除个别情况外,假设它们都是在建设期内投入的。

(2) 项目投资的经营期与折旧年限一致假设。假设项目主要固定资产的折旧年限或使用年限与经营期相同。

(3) 时点指标假设。为了便于利用货币时间的形式,不论现金流量具体内容所涉及的价值指标实际上是时点指标还是时期指标,均假设按照年初或年末的时点指标处理。其中:建设投资在建设期内有关年度的年初或年末发生,流动资金投资则在经营期的第一年初发生;经营期内各年的收入、成本、折旧、摊销、利润、税金等项目的确认均在年末发生;项目最终报废或清理均发生在终结点。

(4) 确定性假设。假设与项目现金流量有关的价格、产销量、成本水平、所得税等因素确定。

(5) 可行性假设。假设投资决策是从企业投资者的立场出发,投资决策者确定现金流量就是为了进行项目财务可行性研究,该项目已经具备国民经济可行性和技术可行性。

3. 现金净流量的计算

现金净流量分为投资现金净流量、营业现金净流量、项目终止现金净流量。

某年投资现金净流量＝－该年发生的投资额

某年营业现金净流量＝年税后利润＋年折旧额＋年摊销额＋年利息

为简化公式,将年折旧额、年摊销额、年利息简写为年折旧额等,即:

某年营业现金净流量＝年税后利润＋年折旧额等

=年税前利润×(1-所得税率)+年折旧额等

=(年收入-年总成本)×(1-所得税率)+年折旧额等

=(年收入-年付现成本-年折旧额等)×(1-所得税率)+年折旧额等

项目终止现金净流量=固定资产的税后残值收入+原投入的流动资金

【例 6-13】 某设备买价 26 万元,可使用 6 年,使用后每年的税后利润 4 万元,按直线法计算折旧,预计残值为 2 万元,所得税率为 40%。试计算每年的现金净流量。

年折旧额=(26-2) 万元÷6=4 万元

0 年末的现金净流量=-26 万元

1~5 年末的现金净流量=4 万元+4 万元=8 万元

6 年末的现金净流量=4 万元+4 万元+2 万元=10 万元

【例 6-14】 某项目需投资 1200 万元用于构建固定资产,另外在第一年年初一次投入流动资金 300 万元,项目寿命 5 年,直线法计提折旧,5 年后设备残值 200 万元,每年预计付现成本 300 万元,可实现销售收入 800 万元,项目结束时可全部收回垫支的流动资金,所得税率为 40%。计算每年的现金净流量。

(1) 计算每年的净利润(见表 6-2)。

每年的折旧额=(1200-200) 万元/5=200 万元

表 6-2 利润表

单位:万元

年数 项目	1	2	3	4	5
销售收入	800	800	800	800	800
付现成本	300	300	300	300	300
年折旧额	200	200	200	200	200
税前利润	300	300	300	300	300
所得税额	120	120	120	120	120
税后净利润	180	180	180	180	180

(2) 计算年现金净流量(见表 6-3)。

表 6-3 现金净流量表

单位:万元

年数 项目	0	1	2	3	4	5
固定资产投资	-1200	—	—	—	—	—
流动资产投资	-300	—	—	—	—	—
税后净利润	180	180	180	180	180	180
年折旧额	200	200	200	200	200	200
残值收入	—	—	—	—	—	200
流动资产收回	—	—	—	—	—	300
现金净流量	-1500	380	380	380	380	880

三、资金成本

在长期投资决策中，为了判断投资项目的经济效益，需要为投资项目确定一个合适的利率（或投资报酬率）。这个利率通常称作资金成本或资本成本，它是指企业取得长期投资的资金来源的成本。

（一）资金成本的含义

资金成本，又称为资本成本，是指企业取得和使用资本必须付出的代价。它包括筹资费用、资金占用费。资金成本一般用百分率来表示。

筹资费用是指取得资金而发生的费用，如企业发行债券、股票所发生的有关费用。

资金占用费是指企业取得所需资金并在一定时间内占用这部分资金而必须支付给资金所有者的报酬，如利息、股息。

在投资无风险或风险很小的情况下，如果投资方案的报酬率（投资利率）高于资金成本，一般来说，投资是合算的，它能使投资者获得满意的利润。反之，如果投资方案的报酬率低于资金成本，那么该项投资方案不能使投资者获得满意的利润，投资是不可行的，应舍去该方案。可见，资金成本是投资者能否接受某项无风险或风险很小的投资方案的最低报酬率，可以用它来评价、分析投资方案的优劣，并决定投资方案的取舍。

资金成本由投资者（国家、企业有关部门、投资者个人）根据银行借款利率、各行业或部门的平均资金利润率、证券投资的实际利率、投资部门预定的资金利润率等项因素制订。

（二）资金成本的计算

在企业资本结构中，长期资金分为债务资本和权益资本两大类，其中债务资本又分为长期借款和债券，权益资本则分为普通股、优先股、留成收益三种。

1. 个别资本成本

个别资本成本就是某种长期资本的使用成本。计算公式如下：

$$K = \frac{D}{P - f} = \frac{D}{P(1 - F)}$$

式中：K 表示资金成本率；D 表示资金年实际占用费；P 表示该资金的筹资总额；f 表示资金筹资费；F 表示筹资费率。

1）债务资本成本的计算

债务资本成本包括借款或债券利息和筹资费用两部分。

$$K_d = \frac{I \times (1 - T)}{L \times (1 - F)}$$

式中：K_d表示长期借款或债券的资金成本率；I 表示长期借款或债券的利息；T 表示所得税率；L 表示长期借款或债券的本金；F 表示长期借款或债券的筹资费率。

【例 6-15】 某企业拟按面值 6000 万元发行为期 5 年、每年付息、到期一次还本、年利率 12%、筹资费率 4%的长期债券。该企业所得税率为 25%，计算该企业债券的成本。

$$K_d = \frac{I(1 - T)}{L(1 - F)} = \frac{6000 \times 12\% \times (1 - 25\%)}{6000 \times (1 - 4\%)} = 9.4\%$$

该企业债券的成本为 9.4%。

由于长期借款筹资费用一般很小，可以忽略不计。所以，长期借款的成本率 K_r可简写为：

$$K_r = \frac{I \times (1-T)}{L} = R \times (1-T)$$

式中:R 为借款利率。

【例 6-16】 某企业为一项目向银行借入资金 500 万元。该借款年利率为 12%,借款期限 2 年,每年付息一次,到期一次还本。企业所得税率 25%,计算企业的借款成本。

$$K_r = R \times (1-T) = 12\% \times (1-25\%) = 9\%$$

企业的借款成本为 9%。

2)权益资本成本

权益资本中普通股与优先股的资金占用费指的是向股东发放的股利,它是用税后利润支付的,计算成本时不必考虑所得税的影响。

普通股的资金成本 K_c 的计算公式为:

$$K_c = \frac{D_c}{P_c(1-F_c)} + G$$

式中:D_c 表示预期年股利额;P_c 表示普通股筹资额;F_c 表示普通股筹资费率;G 表示普通股利年增长率。

【例 6-17】 某企业按面值发行普通股股票 2000 万元,筹资费率 4%,预计下一期股利率为 12%,今后年股利增长率为 5%。计算该企业普通股的资金成本。

$$K_c = \frac{2000 \times 12\%}{2000 \times (1-4\%)} + 5\% = 17.5\%$$

该企业普通股的资金成本为 17.5%。

优先股资金成本 K_p 的计算公式与普通股资金成本的计算公式基本相似,所不同的是优先股的股利是固定额,其股利增长率为零。所以,优先股资金成本的计算公式为:

$$K_p = \frac{D_p}{P_p(1-F_p)}$$

式中:D_p 表示预期年股利额;P_p 表示优先股筹资额;F_p 表示优先股筹资费率。

留成收益 K_e 是所得税后所形成的,属于股东权益。使用留成收益,同样存在资金成本,但不存在筹资费用。其资金成本计算公式为:

$$K_e = \frac{D_e}{P_e} + G$$

式中:D_e 表示预期年股利额;P_e 表示留成收益筹资额;G 表示普通股利年增长率。

2. 综合资金成本

从上述各种资金来源的资金成本的计算可以看出,就不同来源的资金而言,资金所有者承担的风险不同,作为资金使用者的企业所支付的代价也不同。资金所有者承担的风险越大,要求获得的报酬就越高,资金使用者付出的代价也越大,资金成本也就越高;反之,亦然。

在实际工作中,企业往往从不同渠道取得投资资金,为了提高筹资的经济效益,确定最佳资金结构,企业应计算综合资金成本。

综合资金成本是由企业各类来源的投资资金占总资金的比重为权数计算的加权平均资金成本。其计算公式为:

$$K = \sum_{i=1}^{n} W_i K_i$$

式中：K 表示加权平均资金成本率；W_i 表示各种资金来源所占比重；K_i 表示各种资金来源的资金成本。

【例 6-18】 某公司某项目投资资金有如下几种来源，各种来源的资金数额及资金成本如表 6-4 所示。计算该公司建设项目的资金成本。

表 6-4　资金成本计算表　　单位：万元

资金来源	数　额	资金成本
银行借款	1500	10%
公司债券	1500	12%
普通股	5000	15%
留成收益	2000	15%
合计	10 000	—

(1) 计算各种资金的比重。

银行借款＝1500÷10 000＝15%

公司债券＝1500÷10 000＝15%

普通股＝5000÷10 000＝50%

留成收益＝2000÷10 000＝20%

(2) 计算该企业综合资金成本率。

$$K=15\%\times10\%+15\%\times12\%+50\%\times15\%+20\%\times15\%=13.8\%$$

该公司建设项目的资金成本为 13.8%。

四、投资风险价值

长期投资所涉及的时间一般很长，而且影响未来收入和支出的因素很多，如材料价格、市场对产品的需求及国内外政治、经济形势的变化等。这些因素之间的关系错综复杂，对投资项目的影响程度事先又无法做出准确的估计，从而使得投资具有一定的风险性。

通常人们乐于进行无风险或风险性很小的投资，如资金存入银行、买政府债券等。如果进行有风险或风险性较大的投资，则希望该投资方案的报酬率大于无风险或风险性很小的投资方案的投资报酬率，以获得更多的报酬来补偿投资所承担的风险。我们将具有风险的投资方案的预定报酬率超过无风险或风险性较小的投资方案的预定报酬率的部分，称为投资风险报酬。而由于承担风险投资所获得的更多的额外报酬称为投资风险价值。投资的风险性越大，投资风险报酬、投资风险价值应当越大。反之，投资风险报酬和投资风险价值随风险程度的减小而相应减少。

投资者在进行长期投资的过程中，由于要承担一定的风险，所以对某投资项目所要求的最低报酬率必须等于资金成本加上投资风险报酬，即投资项目的投资报酬率应等于资金成本加投资风险报酬(价值)。如果希望投资有较高的经济收益，则其投资报酬率必须超过最低报酬率。但实际工作中，一般在资金成本中已考虑了风险因素，所以在评价投资方案时，则主要看其报酬率是否大于资金成本。

五、经济寿命

一项固定资产从启用到丧失其应有的功能而无法修复为止的期限，称为固定资产的自然寿命。固定资产的年平均成本达到最低的使用年限为固定资产的经济寿命。经济寿命一般短于自然寿命。因为，任何固定资产都会由于使用和自然损耗，而逐渐降低效率和精度，逐渐增加原材料和能源的消耗，以及逐渐增加修理工作量。于是在固定资产的使用中，收益将逐年下降，维修费将逐年上升，使固定资产的年平均成本，随着使用年限的延长，初而逐年下降，继而逐年上升，上升到某一限度，再继续使用在经济上已不合理，因此必须更新。

为了进行长期投资决策，需要知道各备选方案的经济寿命，片面地认为固定资产的使用年限越长越经济的观点是脱离实际的。

受使用期限影响的成本有两部分。一部分是用于固定资产投资上的成本，称为资产成本。在不考虑资本成本因素的情况下，资产成本就是指折旧。另一部分逐年增加的材料，能源和人工成本，维修成本，以及由于产量、质量下降而减少的收益（机会成本），统称劣势成本。每年平均资产成本和劣势成本之和为年平均成本。

固定资产使用期限越长，年折旧额越低；而劣势成本则是随使用期限的增加而逐年增加，但增加额不一定相等，为便于分析，按线性处理。年平均资产成本随固定资产使用年限的延长而下降，每延长一年的下降额，则随使用年限的不断延长而递减。因此，当使用年限较短时，每延长一年，资产成本的下降额超过劣势成本的增加额，年平均成本也随之下降。但是，当使用年限延长到一定程度时，每延长一年，资产成本的下降额将小于劣势成本的增加额，年平均成本就随之而上升。当使用年限延长到某一年，年平均资产成本的下降额与年平均劣势成本的上升额相等或最为接近，这时年平均成本处于最低水平，这一使用年限就是固定资产的经济寿命。

设 C 表示资产成本，即固定资产原值减去净残值；n 表示固定资产使用年限；$\frac{C}{n}$表示年平均资产成本；G 表示劣势成本的年增加额（第 1 年按 0 计算）；$(n-1)G$ 表示最后一年的劣势成本；$\frac{(n-1)\times G}{2}$表示年平均劣势成本；T 表示年平均成本。

则：

$$T=\frac{C}{n}+\frac{(n-1)\times G}{2}$$

对 T 求 n 的一阶导数，并令其为 0，则固定资产的经济寿命为：

$$N=\sqrt{\frac{2C}{G}}$$

所以，最低年平均成本 $T_{\min}=\sqrt{2CG}-\frac{G}{2}$

【例 6-19】 设某厂拟购一台设备，购价和安装费等共需 4000 元，估计残值净收入为 300 元，劣势成本每年增加额为 400 元，设备的使用年限 6 年。不考虑资本成本因素，残值也不随使用年限变动，则该设备的经济寿命和最低平均成本，计算如下：

因为
$$C=4000\text{ 元}-300\text{ 元}=3700\text{ 元}$$

$$N=\sqrt{\frac{2\times 3700}{400}}\text{ 年}=4.3\text{ 年}$$

最低年平均成本 $T_{\min}=\sqrt{2\times 3700\times 400}\text{ 元}-\frac{400}{2}\text{ 元}=1520\text{ 元}$

经济寿命的计算也可列表进行,如表 6-5 所示。

表 6-5　经济寿命的计算表　　单位:元

使用年限 n	1	2	3	4	5	6
第 n 年劣势成本 $(n-1)G$	0	400	800	1200	1600	2000
n 年内年平均劣势成本 $\frac{(n-1)G}{2}$	0	200	400	600	800	1000
n 年内年平均成本 $\frac{C}{n}$	3700	1850	1233	925	740	617
n 年内年平均成本 T	3700	2050	1633	1525	1540	1617

从表 6-5 中知,第 4 年的年平均成本值最小,所以该固定资产的经济寿命为 4 年。

六、各项税款

各项税款是指项目投产后依法缴纳的、单独列示的各项税款,包括营业税、城市维护建设税、所得税等。税率的高低影响了现金净流量的大小。税率越高,税额越多,现金净流量越小;税率越低,税额越少,现金净流量越大。

第三节　长期投资决策分析的方法

长期投资决策分析通过计算各种指标进行投资效益的评价。常用指标主要包括非贴现指标和贴现指标。

按照评价分析所使用的指标,长期投资决策分析的方法包括非贴现现金流量法和贴现现金流量法。

一、非贴现的现金流量法

(一) 非贴现的现金流量法的含义

非贴现的现金流量法是通过非贴现指标进行评估投资效益的方法。

所谓非贴现指标,也称为静态指标,即没有考虑货币时间价值因素的指标,包括投资利润率和静态投资回收期。

非贴现的现金流量法分为静态投资回收期法、投资利润率法。

(二) 静态投资回收期法

1. 静态投资回收期法的含义

静态投资回收期法是指通过计算静态回收期评价投资项目效益,进行投资决策分析的方法。

所谓静态投资回收期,简称回收期,是指收回全部投资总额所需要的时间。

2. 静态投资回收期的计算

1) 经营期年现金净流量相等

$$\text{投资回收期}=\frac{\text{投资总额}}{\text{年现金净流量}}$$

2）经营期年现金净流量不相等

先计算逐年累计的现金净流量，然后用插入法计算出投资回收期，回收期为累计现金净流量与原始投资额达到相等所需要的时间。

回收期越短，收回原投资额的速度越快，投资方案在未来时期承担的风险越小，项目投资效益越高。当回收期小于经济寿命时，方案可行。在多个备选方案中，应选择回收期短的方案。

【例 6-20】 假定某公司有甲、乙、丙三个投资方案，各方案的现金流量、有效年限等数据如表 6-6 所示。求：甲、乙、丙三方案的回收期。

表 6-6 投资方案资料表　　单位：万元

方案 \ 项目 \ 时间/年		0	1	2	3	4
方案甲	净收益		500	500		
	净现金流量	－10 000	5500	5500		
方案乙	净收益		1000	1000	1000	1000
	净现金流量	－10 000	3500	3500	3500	3500
方案丙	净收益		2000	2000	1500	1500
	净现金流量	－20 000	7000	7000	6500	6500

投资回收期的计算一般可以用列表的方式进行，如表 6-7 所示。

表 6-7 投资回收期的计算表　　单位：万元

	时间/年	净现金流量	回　收　额	未回收数	回收时间
方案甲	0	－10 000		10 000	
	1	5500	5500	4500	1
	2	5500	4500		0.82
回收期＝(1＋4500/5500) 年＝1.82 年					
方案乙	0	－10 000		10 000	
	1	3500	3500	6500	1
	2	3500	3500	3000	1
	3	3500	3000		0.86
回收期＝(2＋3000/3500) 年＝2.86 年					
方案丙	0	－20 000		20 000	
	1	7000	7000	13 000	1
	2	7000	7000	6000	1
	3	6500	6000		0.92
回收期＝(2＋6000/6500)年＝2.92 年					

从表 6-7 可见，方案甲的回收期最短，能最快收回投资，方案乙次之，方案丙的回收期最长。

回收期法计算简便，容易理解，但它只能反映有关投资方案收回原始投资额的快慢，不能反映投资方案的获利水平。它没有考虑各投资方案在回收期内现金流入量的分布情况及回收期以后投资方案的经济效益。回收期法的最大缺点是没有考虑到货币时间价值的存在，而这又是长期投资决策所必须考虑的因素。

如果在回收期法中考虑货币时间价值因素，那么将失去回收期法的最大优点：计算简便。

【例 6-21】 某机械厂为建造一电子设备，投资 20 万元，该设备经济寿命 5 年，该电子设备投产后，使该厂现金净流入量分别增加 8 万元、5 万元、5 万元、4 万元、4 万元。假设折现率为 10%，若考虑货币时间价值，则该设备的投资回收期计算如表 6-8 所示。

表 6-8　折现率为 10%的现值计算表　　单位：万元

项目 / 年数	现金净流入量	现值系数	现　　值	累计现值
1	80 000	0.909	72 720	72 720
2	50 000	0.826	41 300	114 020
3	50 000	0.751	37 550	151 570
4	40 000	0.683	27 320	178 890
5	40 000	0.621	24 840	203 730

投资回收期＝[4＋(200 000－178 890)/24 840]年＝4.85 年

（三）投资利润率法

投资利润率法是通过计算投资利润率评价投资项目效益，进行投资决策分析的方法。

投资利润率又称为投资报酬率，计算公式为：

$$投资利润率=\frac{年平均利润额}{平均投资总额}\times 100\%$$

或

$$投资利润率=\frac{年平均利润额}{投资总额}\times 100\%$$

投资利润率法的决策标准是：投资利润率越大，投资方案的获利能力越强。所以，投资项目的投资利润率越高越好。一般来讲，当某投资方案的投资利润率大于投资者所要求的平均报酬率时，该方案是可行的；反之，方案则不可行。

【例 6-22】 根据表 6-6 中的数据，计算甲、乙、丙三个方案的投资利润率。

根据表 6-6 中的数据，甲、乙、丙三个方案的投资利润率计算如下：

投资利润率(甲)＝[(500＋500)/2]/10 000＝5%

投资利润率(乙)＝[(1 000＋1 000＋1 000＋1 000)/4]/10 000＝10%

投资利润率(丙)＝[(2 000＋2 000＋1 500＋1 500)/4]/20 000＝8.75%

如果按投资利润率法来判断，通过计算可知，方案乙最优，方案丙次之，方案甲最差。

投资利润率法与回收期法一样，具有计算简便、容易掌握的优点；但是仍未考虑货币的时间价值，忽略了现金流入量的分布问题，从而不能准确地反映方案的优劣。

（四）非贴现的现金流量法的优缺点

非贴现的现金流量法计算简单、明了、容易掌握。投资利润率法考虑了所有时间的利润，回收期法只考虑了回收期内的利润，但是两者均没有考虑货币的时间价值，都不能准确地反映方案的优劣。所以，非贴现的现金流量法一般只适用于方案的初选，或者投资后各项目间经济效益的比较。

二、贴现的现金流量法

贴现的现金流量法是通过贴现指标进行评估投资效益的方法。

贴现指标也称为动态指标，是考虑货币时间价值因素的指标，包括净现值、现值指数、内含报酬率、等年值等。

贴现的现金流量法主要有净现值法、现值指数法、内含报酬率法、等年值法等。

贴现的现金流量法的各种评价指标均考虑了货币的时间价值，从而使决策者在长期投资决策中，能较好地判别各方案的优劣；但是贴现指标计算复杂，不易掌握。

（一）净现值法

1. 净现值法的概念

净现值法是通过计算净现值指标进行评估投资效益的方法。所谓净现值（NPV）是指在项目计算期内，按一定贴现率计算的各年现金净流量现值的代数和。

2. 净现值的计算公式

$$净现值 = \sum 营运期间现金净流入量现值 - \sum 现金净流出量现值$$

3. 运用净现值法的步骤

（1）求年现金净流量。

（2）求现金净流量现值。

（3）求净现值。

4. 净现值指标的决策标准

如果净现值大于或等于0，说明该投资方案的报酬率大于该投资的资金成本，则该投资方案是可行的，一般若干可行性备选方案中，净现值最大的为最优方案。

如果净现值小于0，说明该投资方案的投资报酬率小于资金成本，则此方案是不可行的。

所以，净现值大于或等于零是项目可行的必要条件，净现值越大，投资效益越高。

5. 净现值法的优缺点

净现值法的优缺点体现在净现值这一指标上。净现值是一个贴现的绝对值正指标。优点主要有：一是综合考虑了货币时间价值，能较合理地反映投资项目的真正经济价值；二是考虑了项目计算期的全部现金净流量，体现了流动性与收益性的统一；三是考虑了投资风险性。缺点是无法直接反映投资项目的实际投资报酬率水平；当各项目投资额不等时，难以确定最优的投资项目。

【例 6-23】 某公司 20×1 年有 A、B 两个方案可供选择，其投资额均为 75 000 元，于 20×1 年年初一次投入。资金成本率为 10%，使用期均为 5 年，两个投资方案各年的净现金流量如表 6-9 所示。

表 6-9　两个投资方案各年的净现金流量表　　单位:元

年份 / 方案	20×1 年	20×2 年	20×3 年	20×4 年	20×5 年
A 方案	20 000	20 000	20 000	20 000	20 000
B 方案	30 000	30 000	20 000	10 000	10 000

问用净现值法来决策,选用哪种投资方案较好?

根据表 6-9 中数据计算 A、B 方案净现值如下:

$$方案A净现值=[20\,000\times(P/A,10\%,5)-75\,000]元=816元$$

$$\begin{aligned}方案B净现值&=[30\,000\times(P/A,10\%,2)+20\,000\times(P/F,10\%,3)\\&\quad+10\,000\times(P/A,10\%,2)(P/F,10\%,3)-75\,000]元\\&=5129.8元\end{aligned}$$

方案 B 净现值大于方案 A 净现值,B 方案优于 A 方案,选择 B 方案。

（二）现值指数法

1. 现值指数法的概念

现值指数法是通过计算现值指数指标进行评估投资效益的方法。所谓现值指数(PVI),又称为获利能力指数,是指按一定贴现率计算的在经营期内各年现金净流入量的现值合计与年现金净流出量现值合计的比值。

2. 现值指数的计算公式

$$现值指数=\frac{\sum 经营期各年现金净流入量现值}{\sum 年现金净流出量现值}$$

3. 现值指数的运用标准

现值指数是一个贴现的相对值正指标。如果现值指数大于或等于 1,说明投资方案的报酬率大于或等于资金成本,方案可行。在若干可行性备选方案中,现值指数最大者为最优。如果现值指数小于 1,投资方案的报酬率小于资金成本,则投资方案不可行。总之,现值指数大于或等于 1 是项目可行的必要条件。现值指数越大,投资效益越高。

4. 现值指数法的优缺点

现值指数法的优点与净现值法基本相同:一是综合考虑了货币时间价值,能较合理地反映投资项目的真正经济价值;二是考虑了项目计算期的全部现金净流量,体现了流动性与收益性的统一;三是考虑了投资风险性;四是能准确判断投资方案的优劣。现值指数法的缺陷是不能直接反映投资项目的实际投资报酬率水平。

【例 6-24】　根据表 6-9 中的数据，计算 A、B 两方案的现值指数来判断哪个方案为优。

计算分析:

$$方案A现值指数=20\,000\times(P/A,10\%,5)\div75\,000=1.01$$

$$\begin{aligned}方案B现值指数&=[30\,000\times(P/A,10\%,2)+20\,000\times(P/F,10\%,3)\\&\quad+10\,000\times(P/A,10\%,2)(P/F,10\%,3)]\div75\,000\\&=1.07\end{aligned}$$

A、B 两方案的现值指数均大于 1,且 B 方案的现值指数大于 A 方案的现值指数,B 方案优于A方案,选择B方案。

净现值法和现值指数法能较准确地将方案的优劣程度反映出来,但不能据以了解各个投资方案本身可以达到的实际投资报酬率是多少,这两种方法中所用的投资报酬率是投资者预计的数值,也就是说,是按照预定的报酬率计算的净现值或现值指数。

（三）内含报酬率法

1. 内含报酬率法的概念

内含报酬率法是通过计算内含报酬率指标进行评估投资效益的方法。所谓内含报酬率又称内部收益率(IRR),是指投资项目在项目计算期内各年现金净流量的现值合计数等于零时的贴现率,亦可将其定义为能使投资项目的净现值等于零的贴现率。

2. 内含报酬率的计算方法

根据经营期内的现金流量的不同情况,内含报酬率的计算方法分逐步测试法和插入法两种。

1）插入法

(1）插入法适用的条件:经营期内各年现金净流量相等,且全部投资均于建设起点一次投入,建设期为零,即适合于规则现金流,如图6-6所示。

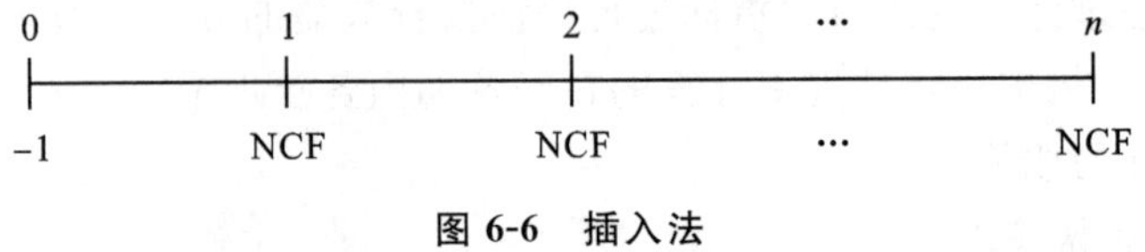

图6-6 插入法

(2）插入法计算内含报酬率的步骤如下:

首先计算年金现值系数$(P/R,i,n)$。

因为　　经营期年现金净流量×年金现金系数－投资总额＝0

所以　　年金现值系数＝投资总额÷经营期年现金净流量

其次根据计算出来的年金现值系数与已知的年限n,查年金现值系数表,确定内含报酬率的范围。最后用插入法求出内含报酬率。

2）逐步测试法

(1）逐步测试法适用的条件:适合于不规则现金流。

(2）逐步测试法计算内含报酬率的步骤如下。

第一步,估计一个贴现率i_1,计算项目的净现值。如果净现值>0(或<0),说明内含报酬率$>i_1$(或$<i_1$);重新估计一个贴现率i_2,再计算项目的净现值,如果净现值<0(或>0),说明内含报酬率$<i_2$(或$>i_2$),则实际的内含报酬率介于i_1和i_2之间。如此反复测试,寻找出使净现值由正到负或由负到正且接近零的两个贴现率。

第二步,根据上述相邻的两个贴现率求该方案的内含报酬率。

3. 内含报酬率的运用标准

内含报酬率是个动态相对量正指标。内含报酬率大于或等于预定投资报酬率,方案可行;如果投资方案的内含报酬率小于预定投资报酬率,则方案不可行。内含报酬率大于或等于预定投资报酬率是项目可行的必要条件,且内含报酬率越大,投资效益越高。

4. 内含报酬率法的特点

内含报酬率法的特点包括:①比较客观,不受行业基准报酬率高低的影响;②从动态上直接反映投资项目的实际报酬率水平；③内含报酬率的计算过程比较麻烦。

【例 6-25】 某公司需购置一种设备，市场上有两种设备可供选择。预定报酬率为 15%，所得税率为 25%，有关资料如表 6-10 所示。问：购买哪种设备合适？（设备折旧采用直线法计算）

表 6-10　购买设备相关资料

单位：万元

项目＼设备	A 设备	B 设备
购进价	12	15
流动资产垫支	2	0
预计残值	1	0
年限/年	10	10
年净利润	1.4	1.5

(1) 计算现金净流量。企业购买 A、B 设备两种方案的现金流量计算如表 6-11 所示。

表 6-11　现金流量计算表

单位：万元

年数＼设备	A	B
0	−14	−15
1～9	2.5	3
10	5.5	3

(2) 计算内含报酬率。

由表 6-11 知，A 设备在经营期内的现金净流入量是不相等的，故采用逐步测试法求其内含报酬率：

$$14\%\text{的净现值}=-0.217$$

$$12\%\text{的净现值}=0.512$$

计算得：

$$IRR=13.4\%$$

B 设备在经营期内的现金净流入量是相等的，故采用插入法求其内含报酬率：

$$\text{净现值为 0 的年金现值系数}=\frac{15}{3}=5$$

$$IRR=15.13\%$$

计算结果显示，购买 A 设备的内含报酬率小于 15%，而购买 B 设备的内含报酬率大于 15%，所以应选择 B 设备为宜。

【例 6-26】 某公司于 20×5 年 1 月 1 日以每股 5.5 元的价格购入 H 公司股票 1000 万股，20×5 年、20×6 年、20×7 年、20×8 年分别分派现金股利每股 0.25 元、0.32 元、0.39 元、0.45 元，并于 20×9 年 1 月 1 日以每股 7.2 元的价格售出，要求计算该项投资的收益率。

首先，采用逐步测试法进行测试，如表 6-12 所示。

表 6-12 投资收益率测试表

时间	股利及出售股票的现金流量	测试 1		测试 2	
		系数 10%	现值	系数 14%	现值
20×5 年初	-5500	1	-5500	1	-5500
20×5 年底	250	0.909	227.25	0.877	219.25
20×6 年底	320	0.826	264.32	0.769	246.08
20×7 年底	390	0.751	292.89	0.675	263.25
20×8 年底	7650	0.683	5224.95	0.592	4528.80
净现值		509.41		-242.62	

然后，采用插入法计算投资收益率。由于折现率为 10%时净现值为 509.41 万元，折现率为 14%时净现值为-242.62 万元，因此，该股票投资收益率必然介于 10%与 14%之间。

这时，可以采用插入法计算投资收益率：

IRR=12.67%

于是，该项投资收益率=12.67%。

（四）等年值法

1. 等年值法的概念

等年值法是通过计算等年值指标进行评估投资效益的方法。所谓等年值(R)是投资方案营运期间现金净流入量的年金值与年现金净流出量年金值的差值。

2. 等年值的计算公式

等年值=营运期间现金净流入量的年金值-年现金净流出量的年金值

3. 等年值指标的运用标准

等年值大于或等于零是项目可行的必要条件，等年值越大，投资效益越高。

4. 等年值法的优缺点

等年值是一个贴现的绝对值正指标。优缺点与净现值基本相同。不同的是，如果被选方案有效年限不等，则等年值法较净现值法判断优劣的准确程度要高一些。

【例 6-27】 某企业计划购入 B 型设备以替换现有的 A 型设备，经调查：A 型设备原始价值 100 000 元，预计使用 10 年，残值为 5000 元，按直线法计提折旧，该设备已使用 4 年，尚可继续使用 6 年，每年可获营业收入 180 000 元，经营成本 120 000 元。B 型设备买价 145 000 元，预计使用 7 年，残值收入 8000 元，折旧仍取直线法。该设备投入使用后，同 A 型设备相比，每年不仅可增加营业收入 15 000 元，而且还可降低经营成本 15 000 元。另外，当购入 B 型设备时，A 型设备可按 40 000 元变价出售。该企业资金成本 14%，所得税税率 33%。问该公司是否应对 A 型设备进行更新。

分析：采用等年值法。根据等年值的大小决定方案的取舍。

方案一：使用 A 型设备

期初丧失变现支出=-40 000 元

年折旧=(100 000-5000) 元/10=9500 元

账面价值=(100 000-9500×4) 元=62 000 元

变现损失减税＝(40 000－62 000) 元×33%＝－7260 元

年营业现金流量＝[(180 000－120 000)×(1－33%)＋9500×33%] 元＝43 335 元

残值收入＝5000 元

NPV＝[43 335×(P/A,14%,6)＋5000×(P/F,14%,6)－47 260] 元＝123 549.8 元

等年值＝123 549.8 元/(P/A,14%,6)＝31 769 元

方案二:使用 B 型设备

设备投资＝145 000 元

年折旧＝(145 000－8000) 元/7

年营业现金流量＝[(195 000－105 000)×(1－33%)＋(145 000－8000)/7×33%] 元
＝66 758.6 元

残值收入＝8000 元

NPV＝[66 758.6×(P/A,14%,7)＋8000×(P/F,14%,7)－145 000] 元＝144 458 元

等年值＝144 458 元/(P/A,14%,7)＝33 689 元

计算结果显示,更新设备后等年值比较大,故该公司应对 A 型设备进行更新。

第四节　长期投资决策中的敏感性分析

凡进行长期投资活动,投资者都要进行长期投资项目方案的优选和决策工作。但长期投资项目的方案都是建立在对影响投资效果的各相关因素(如资金成本、项目使用年限、年现金净流入量等)的估计和预测的基础上制订出来的。因此,投资者的优选和决策结果则完全取决于对这些相关因素的估计和预测的准确程度。对这些相关因素的估计和预测的准确性越高,决策就越正确。但是,众所周知,任何估计和预测的准确性都会受到各种主观条件和客观经济生活的影响和限制。因此,当某相关因素发生变动时,必然会对投资项目方案产生影响。如投资者优选和决策的方案是否由最优或较优变为次优或不优,从可行变为不可行。这就需要投资者在项目优选后,进行项目的敏感性分析,测试评选结论的可靠性,避免对项目投资方案的分析、评价和结论做绝对化的理解,从而事先考虑好较为灵活的对策和措施,以防止决策失误。

所谓的敏感性分析就是探讨某一相关因素(通常为投资项目的年现金净流入量、使用年限)变动对该投资项目预测或决策的预期结果(净现值、内含报酬率)的影响程度。如果相关因素的变动范围很小,则说明该相关因素的敏感性很强、灵敏度很高,对结论影响较大,即它稍有不利变动,就会改变投资项目的可行性或最优地位;反之,则意味着相关因素的敏感性不强,对结论影响不大,即相关因素虽有所变动,但幅度不是太大,对投资项目的预期结果不会改变。敏感性分析的目的就是在投资项目优选后,对能够保持该项目评选原有结论不变的允许变动范围进行测算。

长期投资决策中的敏感性分析,通常用来研究有关投资方案的年现金净流入量和使用年限这两个因素变动对该方案净现值的影响程度,或有关投资方案的内含报酬率变动对年现金净流入量和使用年限的影响程度。

一、年现金净流入量或使用年限的变动对净现值的敏感性分析

【例 6-28】　方案 G 的有关数据如下:

原投资额 50 万元在基期一次投入，投资报酬率为 10%，使用年限为 10 年，从第一年末开始每年末现金净流入量为 10 万元。其净现值 NPV 可以计算如下：

$$\mathrm{NPV}=(100\ 000\times6.145-500\ 000)\ 元=114\ 500\ 元$$

净现值 NPV=114 500 元>0，方案 G 可行。下面我们进行敏感性分析。

(1) 确定年现金净流入量的下限值，求得不影响投资方案可行性的年现金净流入量的变动幅度。

年现金净流入量的下限就是使该方案的净现值为零时的年现金净流入量，即：

$$年现金净流入量的下限\times\frac{1-(1+10\%)^{-10}}{10\%}=原始投资$$

所以

$$年现金净流入量的下限=\frac{500\ 000}{6.145}\ 元=81\ 366.97\ 元$$

则年现金净流入量可允许的变动幅度为 81 366.97 元至 100 000 元。就是说，如果投资方案的使用年限不变(10 年)，每年的年现金净流入量在 81 366.97～100 000 元范围内变动，方案 G 的净现值不会出现负值。如果年现金净流入量低于 81 366.97 元，净现值则为负数，方案 G 将变为不可行的了。

(2) 确定有效年限的下限值 n，求得不影响投资方案可行性的有效年限的变动幅度，这时年现金净流入量不变(仍为 100 000 元)

$$\frac{1-(1+10\%)^{-n}}{10\%}=\frac{500\ 000}{100\ 000}=5$$

$$\frac{1-(1+10\%)^{-7}}{10\%}=4.868$$

$$\frac{1-(1+10\%)^{-8}}{10\%}=5.335$$

年数			年金现值系数		
7	$n-7$	$8-7$	4.868	$5-4.868$	$5.335-4.868$
n			5		
8			5.335		

$$\frac{n-7}{8-7}=\frac{5-4.868}{5.335-4.868}$$

$$n=\left[7+(8-7)\times\frac{5-4.868}{5.335-4.868}\right]\ 年=7.28\ 年$$

如果方案 G 的年现金净流入量不变，其使用年限在 7.28～10 年之间变动时，投资报酬率则不小于 10%。如果使用年限达不到 7.28 年，投资报酬率将小于 10%，则方案 G 就由可行变为不可行。

假设一个次优方案 C。如果次优方案 C 的净现值为 30 000 元；方案 G 有效年限不变，如果年现金净流入量下降为 85 000 元，则：

$$净现值=\left[85\ 000\times\frac{1-(1+10\%)^{-10}}{10\%}-500\ 000\right]\ 元=22\ 325\ 元$$

说明当方案 G 在有效年限不变，年现金净流入量降到接近下限时，虽然净现值仍大于 0，但小于次优方案 C 的净现值，从而丧失了最优地位。由此可知，方案 G 对年现金净流入量这一相关因素较敏感。

方案 G 要保持最优地位的年现金净流入量的下限值计算如下：

方案 G 保持最优地位的条件，是其净现值 NPV_G 必须大于方案 C 的净现值 NPV_C（30 000 元）。所以方案 G 的年现金净流入量的下限使得 $NPV_G = NPV_C$ 成立。

设方案 G 的年现金净流入量的下限为 X，则

$$X \times \frac{1-(1+10\%)^{-10}}{10\%} - 500\ 000 = 30\ 000$$

$$X = \frac{530\ 000}{6.145}\text{元} = 86\ 248.98\text{元}$$

当方案 G 的年现金净流入量大于 86 248.98 元时，才能保持最优地位。

若方案 G 的年现金净流入量不变，有效年限下降为 8 年，则：

$$\begin{aligned}\text{净现值} &= \left[100\ 000 \times \frac{1-(1+10\%)^{-8}}{10\%} - 500\ 000\right]\text{元} \\ &= 33\ 500\text{元}\end{aligned}$$

净现值仍大于方案 C 的净现值，这说明方案 G 对有效年限这一相关因素不很敏感，即使有效年限下降到接近其下限时，也不会改变方案的可行性和最优地位。

方案 G 保持最优地位的有效年限下限 n 为：

$$100\ 000 \times \frac{1-(1+10\%)^{-n}}{10\%} - 500\ 000 = 30\ 000$$

$$\frac{1-(1+10\%)^{-n}}{10\%} = \frac{500\ 000 + 30\ 000}{100\ 000} = 5.300$$

查附录 D 得：

$$\frac{1-(1+10\%)^{-7}}{10\%} = 4.868$$

$$\frac{1-(1+10\%)^{-8}}{10\%} = 5.335$$

$$n = \left[7 + (8-7) \times \frac{5.300 - 4.868}{5.335 - 4.868}\right]\text{年} = 7.93\text{年}$$

当方案 G 的有效年限大于 7.93 年时，能保持方案的最优地位。

根据上述对方案 G 的年现金净流入量和有效年限的变动对净现值的敏感性分析结果可知：方案 G 对年现金净流入量因素较敏感，对有效年限不敏感。但这不能由此而断定方案 G 肯定不如方案 C。因为方案 C 的各相关因素敏感性可能更强，这需要对方案 C 也进行敏感性分析，对它们的敏感性分析的结果做综合比较，才能分出两者的优劣。

总之，只要方案 G 的年现金净流入量保持在 81 366.97～100 000 元范围，有效年限保持 7.28～10 范围内，就能保持方案的可行性；若年现金净流入量、有效年限分别大于 86 248.98 元、7.93 年，则能保持其最优地位。

二、内含报酬率变动对年现金净流入量和使用年限的敏感性分析

【例 6-29】 依例 6-28 中方案 G 的数据进行敏感性分析。

方案 G 投资报酬率为 10%。设次优方案 C 的内含报酬率为 11.406%。

方案 G 的一元年金现值系数$=\frac{500\ 000}{100\ 000}=5$

查附录 D 得：

$$i_1=15\%,\quad \frac{1-(1+15\%)^{-10}}{15\%}=5.019$$

$$i_2=16\%,\quad \frac{1-(1+16\%)^{-10}}{16\%}=4.833$$

所以方案 G 的内含报酬率为：

$$15\%+\left(16\%-15\%\times\frac{5.019-5}{5.019-4.833}\right)\%=15.1\%$$

下面进行敏感性分析。

（一）有效年限不变，方案 G 的内含报酬率变动对年现金净流入量的影响

内含报酬率从 15.1%变为 10%，年现金净流量的减少额：

$$\frac{500\ 000}{\frac{1-(1+15.1\%)^{-10}}{15.1\%}}\text{元}-\frac{500\ 000}{\frac{1-(1+10\%)^{-10}}{10\%}}\text{元}$$

$$=\frac{500\ 000}{5}\text{元}-\frac{500\ 000}{6.145}\text{元}$$

$$=18\ 633.04\text{ 元}$$

以上计算的结果表明，方案 G 在有效年限不变的情况下，若内含报酬率降低 5.1%（即 15.1%－10%），会使年现金净流入量减少 18 633.04 元。为了保证方案 G 是可行的，其年现金净流入量必须大于 81 366.96 元(100 000 元－18 633.04 元)。

方案 G 的内含报酬率从 15.1%降为 11.406%，年现金净流入量的减少额为：

$$\frac{500\ 000}{\frac{1-(1+15.1\%)^{-10}}{15.1\%}}\text{元}-\frac{500\ 000}{\frac{1-(1+11.406\%)^{-10}}{11.406\%}}\text{元}$$

从前面有关资料知：$(P/R,15.1\%,10)=5$，$(P/R,11.406\%,10)$则用插入法计算：

查附录 D 有：

$$i_1=10\%,\quad \frac{1-(1+10\%)^{-10}}{10\%}=6.145$$

$$i_2=12\%,\quad \frac{1-(1+12\%)^{-10}}{12\%}=5.65$$

所以

$$\frac{1-(1+11.406\%)^{-10}}{11.406\%}$$

$$=6.145+(5.65-6.145)\times\frac{11.406-10}{12-10}$$

$$=5.797$$

$$\text{年现金净流入量减少额}=\frac{500\ 000}{5}\text{元}-\frac{500\ 000}{5.797}\text{元}=13\ 748.49\text{ 元}$$

方案 G 在有效年限不变的情况下，年现金净流入量必须大于 86 251.51 元(100 000 元－13 748.49 元)，才能保证内含报酬率高于 11.406%，继续保持其最优地位。

(二) 年现金净流入量不变,方案G内含报酬率的变动对有效年限的影响

内含报酬率从15.1%变为10%,有效年限变为n:

$$\frac{1-(1+15.1\%)^{-10}}{15.1\%}=\frac{1-(1+10\%)^{-n}}{10\%}$$

即

$$\frac{1-(1+10\%)^{-n}}{10\%}=5$$

用插入法得:$n=7.28$年。

如果年现金净流入量不变,内含报酬率降低5.1%,会使有效年限减少2.72年(10年－7.28年)。为了保证方案G是可行的,其有效年限必须大于7.28年。

内含报酬率从15.1%降为11.406%,有效年限变为x:

$$\frac{1-(1+15.1\%)^{-10}}{15.1\%}=\frac{1-(1+11.406\%)^{-x}}{11.406\%}$$

即

$$\frac{1-(1+11.406\%)^{-x}}{11.406\%}=5$$

用插入法计算知:$x=7.82$年

也就是说,如果年现金净流入量不变,有效年限要大于7.82年,才能使G方案内含报酬率大于11.406%,使它继续保持最优地位。

第五节　长期投资决策分析实务

一、租借或购买决策

企业在生产经营过程中,需用的土地、建筑物及其机器设备等固定资产,可以通过购置或租赁的方式取得,具体选择哪种方式,需从提高投资效益的角度进行租赁或购买决策。

【例6-30】 某企业急需一台新型专用设备,现拟有经营租入和贷款购买两个备选方案。若经营租入,租期3年,每年租赁费45 000元,每年维修费3000元。若自行购买,需要向银行贷款120 000元。设备购入后预计可使用3年,每年维修费2500元,残值收入9000元。贷款年利率12%,要求3年内等额归还本金并付当年利息。该企业以直线法计提折旧,所得税税率40%。该企业应如何决策?

分析:采用净现值法。根据净现值的大小决定方案的取舍。

方案Ⅰ:购入设备

三年还本付息金额表如表6-13所示。

表6-13　还本付息金额表

单位:元

项目 年数	贷款余额	还　本	付　息	合　计
0	120 000			
1	80 000	40 000	14 400	54 400
2	40 000	40 000	9600	49 600

续表

年数\项目	贷款余额	还　本	付　息	合　计
3	0	40 000	4800	44 800

年折旧＝(120 000－9000)元/3＝37 000 元

年现金净流出量的计算如表 6-14 所示。

表 6-14　年现金净流出量计算表

单位:元

年数\项目	利息、折旧和维修费抵税	年现金净流出量
1	(14 400＋37 000＋2500)×40%＝21 560	54 400＋2500－21 560＝35 340
2	(9600＋37 000＋2500)×40%＝19 640	49 600＋2500－19 640＝32 460
3	(4800＋37 000＋2500)×40%＝17 720	44 800＋2500－17 720＝29 580

$$现金净流出量现值=[35\ 340\times0.8929+32\ 460\times0.7972+29\ 580\times0.711\ 8-9000\times(P/F,12\%,3)]元=72\ 081.04\ 元$$

方案Ⅱ:租入设备

现金净流出量现值＝(45 000＋3000)×(1－40%)×(P/A,12%,3) 元＝69 171.84 元

从上述计算结果得知,租赁方案的年现金流出量较购买方案少 2909.2 元(72 081.04 元－69 171.84 元),所以该企业以租赁设备为宜。

二、是否更新决策

当精确度高、生产效率高、性能好、耗能低的新设备出现时,管理人员往往会遇到是否对目前正使用的在精确度、生产效率、性能、寿命等方面都有所降低,耗能量高的旧设备进行更新的问题。这就需要进行是否更新改造的决策分析。

【例 6-31】 某企业现有一台设备,账面净值 75 000 元,预计使用 10 年,已使用 5 年,期满残值收入 5000 元,现在变卖可获收入 60 000 元。企业拟对该设备进行更新。新设备买价 100 000元,运杂及安装费 5000 元,可使用 5 年,到期残值收入 5000 元。新设备投入使用后每年可为企业节约成本 35 000 元。企业按直线法计提折旧,所得税率为 40%,预定投资报酬率 10%。确定该企业应否对旧设备进行更新。

计算新、旧设备现金净流量,将新设备多获得的现金净流入量现值与增加的投资支出进行比较,来决定企业是否应对旧设备予以更新。

(1) 计算新设备取代旧设备的投资期现金净流出量:

新设备买价＝100 000 元＋5000 元＝105 000 元

旧设备变价收入＝60 000 元

旧设备出售账面损失＝75 000 元－60 000 元＝15 000 元

损失抵税额＝15 000 元×40%＝6000 元

更新旧设备现金流出量＝105 000 元－60 000 元－6000 元＝39 000 元

(2) 计算旧设备更新后经营期的年现金净流入量增量：

新设备年折旧额=(105 000−5000)元/5=20 000 元

旧设备年折旧额=(75 000−5000)元/5=14 000 元

年现金净流入量增量=35 000×(1−40%)+(20 000−14 000)×40%=23 400 元

(3) 计算更新设备后终止期的现金净流入量增量：

现金流入量差量=0

(4) 计算旧设备更新后的净现值增量：

$$\Delta NPV=[23\ 400\times(P/A,10\%,5)-39\ 000]\text{ 元}=49\ 704.42\text{ 元}$$

计算结果表明：新设备代替旧设备后，净现值的增量>0，即新设备创造的收益高于旧设备，所以应更新旧设备。

三、大修还是更新决策

企业生产的过程，也就是其设备的使用过程，但是设备的使用，由于有形磨损和无形磨损会使其精确度、性能、效益逐渐降低。当超过一定程度(即日常维修所能恢复的程度)，即其精确度、性能、效益不能满足企业生产对设备的客观要求时，就需要进行大修或更新改造；如果对其进行大修理，一般也能使设备的精确度、性能、效率有所提高，满足生产的要求，且费用较少，但其精确度、性能、效率、寿命不可能完全恢复如初；如果购买新设备取代旧设备，进行设备的更新改造，虽然新设备在精确度、性能、效率、寿命等方面都优于旧设备，但购置新设备的费用一般高于旧设备的大修理费用。是对旧设备进行大修，还是更新，则需要通过经济上的比较分析，才能做出决策。

【例 6-32】 某企业准备对已使用多年的旧设备予以更新或大修理，所得税率为 25%，其他有关资料如表 6-15 所示。该企业要求投资报酬率达到 12%，问设备是大修还是更新？

表 6-15　某企业新、旧设备的有关资料　　单位：万元

项目＼设备	旧　设　备	新　设　备
原价	22	30
预计使用年限/年	8	10
已使用年限/年	5	0
预计残值	2	1
年计提折旧额	2.5	2.9
账面价值	9.5	30
变现价值	4.5	0
年营业现金净流量	5	7
大修理费用	5	—

(1) 计算各期间新、旧设备的现金净流量。

① 0 年末的现金净流量。

新设备：

新设备的买价：　　　　　　　　　30 万元

旧设备的变价收入：　　　　　　　4.5 万元

抵交所得税额：　　　(9.5－4.5) 万元×25%＝1.25 万元

现金净流量：　　　－(30－4.5－1.25) 万元＝－24.25 万元

旧设备：

大修理支出：　　　　　　　　　－5 万元

现金净流量：　　　　　　　　　－5 万元

② 营运期间现金净流量。

新设备:年营业现金净流量：　　　7 万元

旧设备:年营业现金净流量：　　　5 万元

③ 终结期(10 年后)现金净流量。

新设备现金净流量:1 万元

旧设备现金净流量:2 万元

(2) 计算新、旧设备的等年值。

因为两设备的可使用年限数相差太大,用等年值法评价方案的优劣准确度较净现值法高。

新设备等年值

$$=7+\frac{1}{(S/R,12\%,10)}-\frac{24.25}{(P/R,12\%,10)}$$

$$=7+\frac{1}{17.549}-\frac{24.25}{5.65}$$

$$=2.76$$

旧设备等年值

$$=5+\frac{2}{(S/R,12\%,3)}-\frac{5}{(P/R,12\%,3)}$$

$$=5+\frac{2}{3.374}-\frac{5}{2.402}$$

$$=3.51$$

结论:新、旧设备的等年值均＞0,方案都可行;但是旧设备的等年值大于新设备的等年值,所以,企业目前以大修为宜。

四、投资规模决策

新工厂创办之前,投资者往往会遇到工厂规模应该建多大的问题。大、小规模的工厂各有其优缺点。小规模企业投资小,易管理,生产经营灵活,较易适应市场需求变化;但小规模企业,生产能力小,一旦产量超出生产能力,就要加班或增加作业班次,使单位产品的人工成本增加。大规模企业,生产能力强,生产效益高,适合于市场需要量大的产品的生产;但它投资大,机构庞大,不易指挥和管理,改变生产方向较困难,难以适应市场的需求变化,若管理不好,效率、成本都会受到影响。所以在投资环境中,投资者需要进行工厂规模大小的选择。

【例 6-33】 某部门准备建造一座工厂生产产品 Q,估计年销售量的概率分布如表 6-16 所示。现有两个方案可供选择:一是建造年生产能力为 30 000 件的大厂;一是建造年生产能力为 10 000 件的小厂,大、小厂的有效年限为 10 年,10 年末均无残值,其他资料如表 6-17 所示。该部门希望的投资报酬率为15%，问该部门应建造大厂还是小厂？

表6-16　销售量相关概率资料

年销售量/件	10 000	20 000	30 000
概　　率	0.3	0.5	0.2

表6-17　建造大、小厂房相关资料

项目＼规模	大　厂	小　厂
原投资额	2 000 000元	1 000 000元
年除折旧以外的各项支出		
年产量在10 000件以下	60元/件	70元/件
年产量超过10 000件部分	60元/件	80元/件

分析：按下列步骤进行分析。

①计算年销售量为10 000件时大、小厂净现值差额：

大、小厂净现值差额＝[－60×10 000－(－70×10 000)]×5.019元
－(2 000 000－1 000 000)元
＝－498 100元

②计算年销售量为20 000件时大、小厂净现值差额：

大、小厂净现值差额＝[－60×20 000－(－70×10 000－80×10 000)]×5.019元
－(2 000 000－1 000 000)元
＝505 700元

③计算年销售量为30 000件时大、小厂净现值差额：

大、小厂净现值差额＝[－60×30 000－(－70×10 000－80×20 000)]×5.019元
－(2 000 000－1 000 000)元
＝1 509 500元

④计算大、小厂期望的净现值的差额：

大、小厂期望的净现值差额＝(－498 100×0.3＋505 700×0.5＋1 509 500×0.2)元
＝405 320元

计算结果说明：建设大厂的净现值较小厂的净现值多405 320元，所以该部门以建设大厂为宜。

本章小结

长期投资决策是企业长期投资活动中关于企业资金使用方向和使用效果的决策。

第一节　主要介绍了长期投资决策的相关问题。长期投资具有投资数额大、影响期长、回收速度慢、风险大等特点。一项长期投资决策成功与否，对现实的生产经营状况和企业未来的发展影响重大。

第二节　影响长期投资决策的主要因素包括货币的时间价值、现金流量、资金成本、风险价值、经济寿命、各项税款等。

所谓货币时间价值就是作为资本或资金使用的货币在其运用过程中随时间推移而带来的一部分增值价值。货币时间价值的计算包括复利终值、复利现值、年金终值、年金现值的计算。复利终值是本金按一定的百分率(复利率)计算利息,经过若干期后达到的本利总和;复利现值是指未来某期的一定量货币,按复利贴现率计算的现在价值;年金就是在相同的间隔期(一年、半年)收到或付出相等款项。年金通常包括普通年金、即付年金、递延年金、永续年金四种。重点是普通年金。

现金流量是指投资项目在其计算期内因资金循环而引起的现金流入和流出增加的数量。现金流入量和现金流出量的净额为现金净流量。现金流入量包括营业收入、回收固定资产的余值、回收流动资金、其他现金流入量;现金流出量包括建设投资(含更改投资)、流动资产投资、付现成本、所得税款、其他现金流出量。

资金成本,又称为资本成本,是指企业取得和使用资本必须付出的代价。它包括筹资费用、资金占用费。资金成本一般用百分率来表示。

风险价值(报酬)是投资者冒风险进行投资所得到的超过平均报酬的那部分额外报酬。

固定资产的经济寿命是固定资产的年平均成本达到最低的使用年限。

各项税款指项目投产后依法缴纳的、单独列示的各项税款,包括营业税、城市维护建设税、所得税等。

第三节 讲述了长期投资决策分析的具体方法。长期投资决策分析是通过计算各种指标进行投资效益的评价。常用指标主要包括非贴现指标和贴现指标。

非贴现指标包括投资利润率和静态投资回收期。回收期越短,收回原投资额的速度越快,当回收期小于经济寿命时,方案可行;投资利润率越大,投资方案的获利能力越强。

贴现指标也称为动态指标,即考虑货币时间价值因素的指标,包括净现值、现值指数、内含报酬率、等年值等。

净现值大于或等于零是项目可行的必要条件,净现值越大,投资效益越高。

现值指数大于或等于1是项目可行的必要条件。现值指数越大,投资效益越高。

内含报酬率大于或等于预定投资报酬率,是项目可行的必要条件。内含报酬率越大,投资效益越高。

等年值大于或等于零是项目可行的必要条件。等年值越大,投资效益越高。

第四节 长期投资决策中的敏感性分析通常用来研究有关投资方案的年现金净流入量和使用年限这两个因素变动对该方案净现值的影响程度,或有关投资方案的内含报酬率变动对年现金净流入量和使用年限的影响程度。敏感性分析的目的就是在投资项目优选后,对能够保持该项目评选原有结论不变的允许变动范围进行测算。所谓的敏感性分析,就是探讨某一相关因素(通常为投资项目的年现金净流入量、使用年限)变动对该投资项目预测或决策的预期结果(净现值、内含报酬率)的影响程度。

第五节 通过具体案例进行了长期投资决策分析实务的讲解。

复习思考题

一、关键概念

长期投资、现金流量、货币时间价值、年金、风险价值、经济寿命、资金成本、静态投资、回收期、净现值、现值指数、内含报酬率、等年值

二、简答题

1. 简述长期投资决策的特点。
2. 确定现金流量的前提条件是什么？
3. 年金的特点有哪些？
4. 简述贴现评价指标之间的关系。
5. 简述净现值法的基本原理。
6. 内含报酬率应如何计算？
7. 评价投资效益的指标有哪些？它们是如何评价投资效益的？
8. 比较各种年金。

DIQIZHANG

第七章
全面预算管理

学习目的 ……

(1) 了解全面预算的内容及其编制程序。

(2) 熟悉编制预算的各种方法。

(3) 掌握业务预算的编制及其各种预算之间的关系。

(4) 掌握财务预算的编制。

第一节　全面预算概述

预算是计划工作的成果，它既是决策的具体化，又是控制生产经营活动的依据。预算在传统上被看成是控制支出的工具，但新的观念又将其看成是“利用企业现有资源增加企业价值的一种方法”。

一、全面预算的内容

(一) 全面预算的含义

全面预算由一系列预算构成的体系，各项预算之间相互联系。它是指用数量形式集中而系统地反映企业在未来一定期间的全部经济活动及其成果，即在预测与决策的基础上，按照规定的目标和内容对企业未来一定时期的销售、生产、成本、利润、现金的流入与流出等有关方面以计划的形式具体地、系统地反映出来，以便有效地组织与协调企业的全部生产经营活动，更好地利用企业的经济资源，完成企业的既定目标。图 7-1 反映了各预算之间的主要联系。

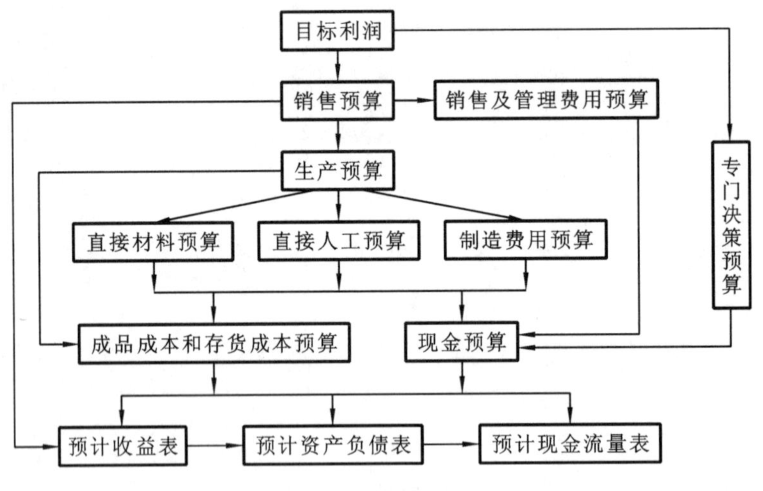

图 7-1　全面预算体系

(二) 全面预算的种类

全面预算也称总预算，它是由许多不同内容的预算组成的预算体系。

全面预算按其涉及的预算期分为长期预算和短期预算。长期预算包括长期销售预算和资本支出预算，有时还包括长期资金筹措预算和研究与开发预算。短缺预算是指年度预算，或者时间更短的季度或月度预算，如直接材料预算、现金预算等。通常长期和短期的划分以 1 年为界限，有时把 2 到 3 年期的预算称为中期预算。

全面预算按其涉及的内容分为总预算和专门预算。总预算是指利润表预算和资产负债表预算，它们反映企业的总体状况，是各种专门预算的综合。专门预算是其他反映企业某一方面经济活动的预算。

全面预算按其涉及的业务活动领域分为业务预算、财务预算、专门决策预算。业务预算用于计划企业的基本经济业务，财务预算是关于资金筹措和使用的预算，专门决策预算是为某项专门决策项目编制的。具体分类如下。

1. 业务预算

业务预算，是对日常生产经营过程中发生的各项经济活动的预算，旨在规划各项具体业务，又可进一步将其区分为基本业务预算和特殊业务预算。

基本业务预算是反映企业基本业务活动的预算。它因不同业务类型而异。比如：制造业的基本业务预算包括销售预算、生产预算、直接材料采购预算、直接人工预算、制造费用预算、管理费用预算等；流通业的基本业务预算则包括销售预算、采购预算、经营费用预算、管理费用预算等。

特殊业务预算是反映企业基本业务活动之外的特殊业务的预算，通常包括资本支出及其收益预算、融资预算等。显然，业务预算，尤其是基本业务预算是预算内容体系中的基础。

2. 专门决策预算

专门决策预算，是供决策用的预算，是为某一项专门决策项目编制的预算，如投资决策等。这些决策方案一旦采纳，就应将其实施的过程以预算的方式进行合理的安排，使投资方案有计划、有步骤地实施。

3. 财务预算

财务预算，是反映企业未来期预计现金收支、财务状况和经营成果的各种预算，旨在综合反映各项业务对企业现金流量和经营成果的影响，从而规划企业的现金流量和经营成果，通常包括现金流量预算、预计损益表和预计资产负债表。

二、全面预算的作用

编制预算是保证企业总体目标实现的重要手段，是强化企业内部管理的重要环节，其作用主要表现在以下几个方面。

（一）预算是企业各部门工作的奋斗目标

通过编制预算，不仅确定了企业未来奋斗的总体目标，而且将总目标进行分解，落实到各部门，形成各部门在计划期必须完成的具体目标，并指出达到目标应采取的措施和方法。编制预算也能使企业各部门领导和职工了解自己的任务与企业总体目标的关系，明确自己的工作任务，从而激励每个职工的工作积极性。如果各部门和职工都完成了自己的具体目标，企业总体目标的实现也就有了保障。

（二）预算能协调各部门的工作

要完成总体目标，企业内部各部门之间必须相互协调、密切配合。在企业内部各部门之间，由于职责分工不同，为了各自的利益，工作中往往会出现互相冲突的现象，如供应、生产、销售等部门为了完成自己的任务，可能只注重本部门的工作，而不会考虑其他部门的利益，这样的结果就是本部门的工作完成了，但企业的整体目标反而未达到。通过编制预算，各部门明确了自己所承担的责任，迫使各部门必须重视与其他部门之间的协调，减少内部各部门的冲突和矛盾。

（三）预算是加强内部控制的依据

编制预算，为各部门确定了具体的量化指标，如需达到的收入指标、成本指标、利润指标等，各部门的工作必须按预算进行，且必须完成下达的各项指标。在预算执行过程中，各部门必须以预算为标准，通过计量对比，发现偏离预算的差异，分析原因，采取措施及时纠正。

（四）预算是考核各部门工作业绩的标准

下达给各部门的预算指标，既是各部门职工的奋斗目标，也是考核各部门工作业绩的依据。各部门是否完成了预算、完成情况如何，都可以通过实际完成的结果与预算数进行对比，找出差异，以评定各部门和职工的工作业绩，并据此实行奖惩，促使其更好地工作。

三、全面预算的编制程序

企业预算的编制，涉及经营管理的各个部门，只有执行人参与预算的编制，才能使预算成为他们自愿努力完成的目标，而不是外界强加于他们的枷锁。

为了保证预算工作的顺利进行，应在企业内部建立专门的预算组织机构，如专门成立一个预算编制委员会，由专人负责（一般是总会计师或财务主管），吸收销售、生产、供应、财务等部门的主管人员参加，其职能是协调预算编制过程中可能发生的矛盾，解决可能出现的问题，制定并完善各项规章制度。当然，预算的编制不只是企业某一部门的责任，它涉及每个部门和每个职工。所以，各部门和职工都应关心并积极参与预算的编制。

预算以企业总体目标为依据，通过对总目标进行分解，以确定各部门的具体目标并协调各单位和各方面的工作。各种预算之间应相互联系、密切配合，构成一个完整的预算体系。根据以销定产的原则，企业首先应根据总目标来编制销售预算，确定销售部门的销售任务，然后根据销售预算编制生产预算，确定生产部门的生产任务；再根据生产和销售预算编制各种费用、成本预算，根据预计的收入和支出编制现金收支预算；最后，综合编制预计损益表和预计资产负债表。

全面预算的编制过程可以归结为以下几个步骤：

（1）根据销售预测编制销售预算；

（2）根据销售预算结合产品的期初期末存货编制生产预算；

（3）根据生产预算编制直接材料预算、直接人工预算和制造费用预算，然后编制产品生产成本预算；

（4）根据生产销售任务编制销售及管理费用预算；

（5）根据生产销售任务编制资本支出预算；

（6）根据以上预算中的现金收支情况编制现金预算；

（7）汇总、综合编制预计资产负债表、损益表。

第二节　全面预算的编制方法

全面预算的构成内容比较复杂，编制预算需要采用适当的方法。常见的预算方法主要包括增量预算法和零基预算法、固定预算法与弹性预算法、定期预算法与滚动预算法和概率预算。

这些方法广泛运用于营业活动有关预算的编制。

一、增量预算法与零基预算法

编制预算的方法按其出发点的特征不同，可分为增量预算法与零基预算法两大类。

（一）增量预算法

增量预算法又称调整预算法，是指以基期水平为基础，分析预算期业务量水平及其有关影响因素的变动情况，通过调整基期项目及数额，编制相关预算的方法。

增量预算的前提条件是：现有的业务活动是企业所必需的；原有的各项业务都是合理的。

增量预算的缺点是当预算期的情况发生变化，预算数额会受到基期不合理因素的干扰，可能导致预算的不准确，不利于调动各部门达成预算目标的积极性。

（二）零基预算法

零基预算法是"以零为基础编制预算"的方法，采用零基预算法在编制费用预算时，不考虑以往期间的费用项目和费用数额，主要根据预算期的需要和可能分析费用项目和费用数额的合理性，综合平衡编制费用预算。运用零基预算法编制费用预算的具体步骤如下。

1. 确定预算目标

企业内部各部门根据企业的目标和该部门的具体任务，以零为基础，详细考虑并提出本部门在计划期内为完成任务需要发生哪些费用，费用支出金额的预算数。在这个过程中，各部门应根据本部门的具体任务，实事求是地提出各项费用开支项目和金额，不能为了本部门的利益而弄虚作假，虚报项目和金额。

2. 对费用开支进行必要性分析

由企业领导、总会计师和各部门负责人组成的预算委员会对各部门提出的费用项目进行综合研究，进行费用开支的必要性和效益分析。分析时应着重考虑以下几点。

(1) 哪些费用是可避免的或不可避免的。如不可避免，能否改进，能否减少开支数额。

(2) 审查有无可缓费用。有些费用不可避免，但不一定非得在预算期发生，可以向后延缓。对这种费用，如果企业资金不足，预算中可以不考虑其开支。

(3) 对各种费用逐一分析研究后，分清轻重缓急，将费用按先急后缓排列出顺序。

3. 分配资金，落实预算

根据费用排列的先后顺序，结合计划期可动用的有限资金来合理安排，保证计划期总目标的实现。

【例 7-1】 已知：某企业供应部门根据本部门的采购任务，提出以下费用开支（见表 7-1）：

表 7-1　某企业供应部门提出的费用开支

预计采购材料货款支出	100 000 元
预计差旅费	5000 元
办公费	2000 元
培训费	800 元
其他杂费	500 元
合　计	108 300 元

经过预算委员会研究，差旅费若加强控制，可以节约 1000 元，办公费可以减少 500 元，培训费和其他杂费都是酌量性费用，可根据情况增减。这样排列出的顺序如表 7-2 所示。

表 7-2 排序后的费用开支

货款支出	100 000 元
差旅费	4000 元
办公费	1500 元
培训费	800 元
其他杂费	500 元
合 计	106 800 元

其中，货款支出、差旅费、办公费为该部门必不可少的开支，应全部保证。由于经费有限，培训费和其他杂费只能满足一半。

要求：编制供应部门的经费开支和费用预算。

根据上述资料，供应部门的经费开支和费用预算最后确定为表 7-3 所示。

表 7-3 确定的费用开支

货款支出	100 000 元
差旅费	4000 元
办公费	1500 元
培训费	800 元×50%＝400 元
其他杂费	500 元×50%＝250 元
合 计	106 150 元

零基预算的优点是整个预算工作不受前期预算执行结果的影响；能够合理分配企业的有限资源，把资金用到刀刃上，促进各部门节约和合理使用资金，提高资金的使用效果。缺点是大量的基础工作需要完成，工作量大。

二、固定预算法与弹性预算法

编制预算的方法按其业务量基础的数量特征不同，可以分为固定预算法和弹性预算法两大类。

（一）固定预算法

固定预算法又称静态预算法，是指在编制预算时，只根据预算期内正常、可实现的某一固定的业务量（如生产量、销售量等）水平作为唯一基础来编制预算的方法。

固定预算的特点如下。

（1）根据计划期某一确定的业务量水平编制预算，并预计由此可能发生的收入、成本、费用水平，不考虑业务量在预算期可能发生的各种变动情况。

（2）预算期末，将实际执行的结果与按某一业务量预计的预算数进行比较，考核预算执行的情况，并以此作为考核各单位业绩的依据。

【例 7-2】 某公司 2015 年度分季度预计 A 产品销售量分别为 100 吨、120 吨、150 吨、130

吨，销售单价为1万元/吨，预计当季收回货款之80%，剩余下季收回。预算期初应收账款余额为0，如表7-4所示。

表7-4　某公司2015年度销售预算

项　　目	单位	1季度	2季度	3季度	4季度	全　　年
A产品销量	吨	100	120	150	130	500
销售单价	万元	1	1	1	1	1
销售收入	万元	100	120	150	130	500
1季度现金收入	万元	80	20			100
2季度现金收入	万元		96	24		120
3季度现金收入	万元			120	30	150
4季度现金收入	万元				104	104
现金收入合计	万元	80	116	144	134	474

采用固定预算法编制固定预算的优点是方法简单、易学易懂、工作量小。缺点是当这种预算赖以生存的前提——预计业务量与实际水平相去甚远时（这种情况在当今复杂的市场环境中屡屡发生），必然导致有关成本费用及利润的实际水平与预算水平因基础不同而失去可比性，不利于开展控制与考核。譬如当预计业务量为生产能力的100%，而实际业务量为120%时，在成本方面实际脱离预算的差异就会包括本不该在成本分析范畴内出现的非主观因素——业务量增长造成的差异（对成本来说，只要分析单位用量差异和单价差异就够了，业务量差异根本无法控制，分析也没有意义）。因此，固定预算法只适用于那些业务量水平比较稳定的企业或非营利组织编制预算时采用。

从上面的分析看出，固定预算法是以一定的假设条件为前提来编制的，而在实际工作中，由于各种不确定因素，企业的经营活动是在不断发生变化的，这些都会影响到各期的销售量、售价、成本等因素发生一系列的变化。那么，采用固定预算时，当某一条件发生变化，如实际业务量与预计业务量不相符时，各费用明细项目与预算数就无多大可比性。为了弥补这一不足，于是就产生了弹性预算法。

（二）弹性预算法

弹性预算也叫变动预算，是为一定范围的业务量而不是单一业务量水平而编制的预算。实质上，它是一种能适应一定范围内任何业务量水平而编制的预算。通过编制弹性预算，不但能分别反映在各种业务量下的费用水平，还能对实际业务量下的费用预算做机动调整。由于这种预算数本身具有弹性，故叫弹性预算。

1. 弹性预算的特点

弹性预算与固定预算相比，有下列两大特点。

(1) 弹性预算按一系列业务量水平编制，而不受限于单一的业务量，扩大了预算的范围。只要费用、成本水平不变，价格不变，弹性预算的结果在不同的生产经营活动水平下都具有适用性，而且不但在预算期可以使用，也可在其他时间使用。

(2) 弹性预算编制的成本是随业务量变动的弹性成本。它反映了不同成本与业务量之间的关系。这就便于控制和考核成本，挖掘降低成本的潜力。

2. 弹性预算的编制方法

按弹性预算方法编制预算，其内容主要是全面预算中的费用成本，即指不同业务量下的费用成本水平。有了弹性成本费用预算，就可编制弹性利润预算。

1）编制程序

（1）先把所有的成本按成本习性划分为变动成本和固定成本两大类，如有混合成本，则要进行分解。对变动成本（费用），需计算出每单位生产或销售量的变动率，固定成本按总额控制。

（2）确定一系列业务量的范围。弹性预算中的业务量，一般是指产品（或零件）的产量。对于修理车间，业务量可以是修理工时；对于多种产品的综合预算，业务量可以是人工工时或机器小时。总之，业务量的预算范围，视企业具体情况而定，一般确定在正常生产能力的 80%～120%之间，也可以是过去资料中的最高业务量和最低业务量水平。目的是尽量使实际业务量不至于超出预算的范围。

（3）根据各种成本、费用与业务量之间的关系，预计不同业务量下可能发生的成本、费用水平，编制各种预计业务量的成本、费用预算。

2）编制方法

（1）公式法。

公式法是指通过确定 $y_i=a_i+b_ix_i$ 公式中的 a 和 b，来编制弹性成本预算的方法。在成本习性分析的基础上，可将任何成本近似地表示为 $y_i=a_i+b_ix_i$（$b_i=0$ 时，y_i 为固定成本项目；当 $a_i=0$ 时，y_i 为变动成本项目；当 a_i 和 b_i 均不为零时，y_i 为混合成本。x_i 可以为多种业务量指标，如产销量、直接人工工时等）。在公式法下，如果事先确定了有关业务量 x_i 的变动范围，只要根据有关成本项目的 a 和 b 参数，就可以很方便地推算出业务量在允许范围内任何水平上的各项预算成本。

公式法的优点是在一定范围内不受业务量波动影响，缺点是逐项甚至按细目分解成本比较麻烦，同时又不能直接查出特定业务量下的总成本预算额，并有一定误差。但是，应当看到预算本身就是对未来的推算，允许出现误差。另外，在成本水平变动不大的情况下，也不必在每个预算期都进行成本分解。

（2）列表法。

列表法是指通过列表的方式，在相关范围内每隔一定业务量间隔计算相关数值预算，来编制弹性成本预算的方法。此法在一定程度上能克服公式法无法直接查到不同业务量下总成本预算的弱点。

总体来说，这种方法工作量较大，但结果会比公式法更精确些。

（3）因素法。

因素法是指根据影响利润的有关因素与收入成本的关系，列表反映这些因素分别变动时相应的预算利润水平的方法。

因素法适用于单一品种经营或采用分算法处理固定成本的多品种经营的企业。但在预计各种销量、售价变动水平较大时，预算工作量较大。

（4）百分比法。

百分比法，又称销售额百分比法，即按不同项目对销售额的百分比编制弹性预算的方法。此法适用于多品种经营的企业，比较简单，但必须假定固定成本在固定预算的基础上不变和变动成本随销售收入变动而同比例变动，即销售收入百分比的上下限均不突破相关范围。

3. 各种弹性预算举例

1）直接材料、直接人工成本的弹性预算

直接材料、直接人工成本都是与产品生产直接联系的，都是变动成本。单位产品直接材料成本、单位产品直接人工成本采用公式法进行计算，公式如下：

单位产品直接材料成本＝单位产品材料消耗定额×计划单价

单位产品直接人工成本＝单位产品人工工时×小时工资率

【例 7-3】 已知：某企业 2014 年度生产 A 产品，单位产品的原材料消耗定额为 800 千克，计划单价为 5 元；单位产品的工时定额为 100 小时，小时工资率预计为 5 元。要求：编制直接材料、直接人工成本的弹性预算。

编制直接材料、直接人工成本的弹性预算如下：

A 单位产品直接材料成本＝800×5 元＝4000 元

A 单位产品直接人工成本＝100×5 元＝500 元

由此计算出的单位产品直接材料和直接人工成本就是所要的变动成本率。只要材料价格、消耗定额、劳动生产率、工资率不变，这个变动成本率就不会发生变化。

2）制造费用的弹性预算

成本中的制造费用比较复杂，有固定的也有变动的，它和产品生产量的关系不像直接材料、直接人工那样密切。所以，在编制预算时，首先就要划分制造费用中哪些是变动费用、哪些是固定费用。在制造费用预算中，每一业务量水平下的变动费用和固定费用分别列表，以便计算产品成本。制造费用预算举例如表 7-5 所示。

表 7-5　2014 年度制造费用预算　　单位：元

费用项目	固定费用	单位变动费用	预计业务量/吨		
			500	525	550
间接人工费用		1000	500 000	525 000	550 000
间接材料费用	100 000	300	250 000	257 500	265 000
水电费	4 000	200	104 000	109 000	114 000
维护费	3 000		3 000	3 000	3 000
折旧费	140 000		140 000	140 000	140 000
保险费	3 000		3 000	3 000	3 000
其　他	150 000		150 000	150 000	150 000
合计	400 000	1500	1 150 000	1 187 500	1 225 000

3）销售及管理费用的弹性预算

销售及管理费用不计入产品生产成本，但它是当期利润的一个扣除项目。为了编制利润的弹性预算，也应先编制销售及管理费用弹性预算。编制方法与制造费用弹性预算相同。假定预计销售及管理费用都是固定费用，其发生额如表 7-6 所示。

表 7-6　2014 年度销售及管理费用预算　　单位：元

费用项目	金　额
广告费	300 000

续表

费用项目	金额
管理人员工资	150 000
保险费	80 000
办公费	52 000
其他	18 000
合计	600 000

4）产品生产成本的弹性预算

不同业务量下产品的总成本是各不相同的。根据A产品直接材料、直接人工、变动性制造费用预算编制的产品成本的弹性预算，如表7-7所示。

表7-7　2014年度产品生产成本预算　　单位：元

成本项目	单位成本	预计业务量(吨)		
		500	525	550
直接材料费用	4000	2 000 000	2 100 000	2 200 000
直接人工费用	500	250 000	262 500	275 000
变动性制造费用	1500	750 000	787 500	825 000
合计	6000	3 000 000	3 150 000	3 300 000

5）利润的弹性预算

成本、费用预算编制后，就可据此编制利润的弹性预算。它反映企业在不同业务量下应该获得的利润。

【例7-4】 沿例7-3，A产品销量在500吨到550吨之间，单价为1万元/吨，单位变动成本为0.6万元/吨，固定成本为100万元，如表7-8所示。

表7-8　2014年度利润预算

项目	单位	方案1	方案2	方案3
销售量	吨	500	525	550
销售收入	元	5 000 000	5 250 000	5 500 000
减：直接材料	元	2 000 000	2 100 000	2 200 000
直接人工	元	250 000	262 500	275 000
变动性制造费用	元	750 000	787 500	825 000
变动成本合计	元	3 000 000	3 150 000	3 300 000
边际贡献	元	2 000 000	2 100 000	2 200 000
减：固定性制造费用	元	400 000	400 000	400 000
固定性销售及管理费用	元	600 000	600 000	600 000
固定成本合计	元	1 000 000	1 000 000	1 000 000
税前利润	元	1 000 000	1 100 000	1 200 000

从弹性预算的编制可以看出，弹性预算能反映多种业务量下的费用成本及利润水平，因而它能够适应不同经营活动情况的变化，使预算与实际执行情况的评价和考核建立在可比的基础上。根据例 7-3，假定企业 A 产品的实际销售量为 510 吨，从预算表上看，虽然没有 510 吨业务量水平的预算数，但是根据弹性预算资料，完全可以将 510 吨预算数编制出来，与实际执行情况比较，检查 510 吨的预算执行情况，比较结果如表 7-9 所示。

表 7-9　实际与预算比较表

项　目	单　位	预　算　数	实　际　数	差　异
销售量	吨	510	510	
销售收入	元	5 100 000	5 200 000	+100 000
变动成本	元	3 060 000	3 020 000	−40 000
边际贡献	元	2 040 000	2 180 000	+140 000
固定成本	元	1 000 000	900 000	−100 000
利润	元	1 040 000	1 280 000	+240 000

在相同业务量水平下，将预算数和实际数进行比较，就可以对该业务量下的预算执行情况做出正确的评价和考核，客观地评价各部门的业绩，寻求降低费用成本、增加利润的途径。

三、定期预算法与滚动预算法

编制预算的方法按其预算期的时间特征不同，可以分为定期预算方法和滚动预算方法两大类。

（一）定期预算法

定期预算法是以固定不变的会计期间（如年度、季度、月份）为预算期间编制预算的方法。采用定期预算法编制预算，保证预算期间与会计期间在时期上配比，便于依据会计报告的数据与预算的比较，考核和评价预算的执行结果；但不利于前后各个期间的预算衔接，不能适应连续不断的业务活动过程的预算管理。

（二）滚动预算法

1. 滚动预算的定义

滚动预算的方法简称滚动预算，又称连续预算或永续预算，是指在编制预算时，将预算期与会计年度脱离开，随着预算的执行不断延伸补充预算，逐期向后滚动，使预算期永远保持为一个固定期间的一种方法。

其具体做法是：每过一个季度（或月份），立即根据前一个季度（或月份）的预算执行情况对以后季度（或月份）进行修订，并增加一个季度（或月份）的预算。这样逐期向后滚动、连续不断地预算，可以规划企业未来的经营活动。

滚动预算的编制方法如图 7-2 所示。

2. 滚动预算的优缺点

与传统的定期预算相比，按滚动预算方法编制的预算具有以下优点。

1）透明度高

由于编制预算不再是预算年度开始之前几个月的事情，而是实现了与日常管理的紧密衔

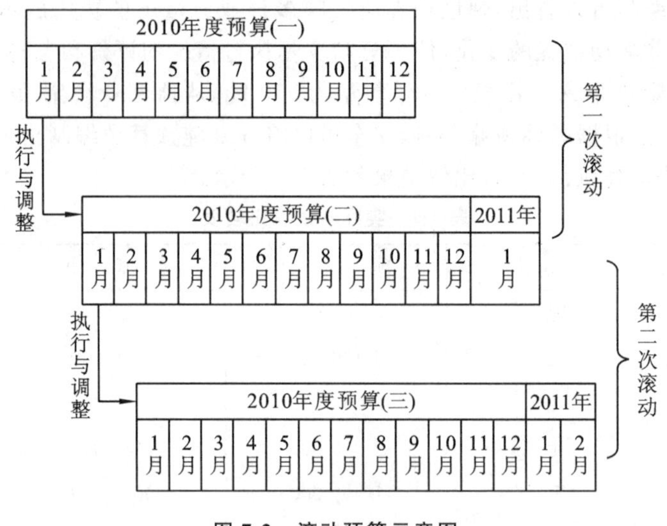

图 7-2 滚动预算示意图

接，可以使管理人员始终能够从动态的角度把握住企业近期的规划目标和远期的战略布局，使预算具有较高的透明度。

2）及时性强

由于滚动预算能根据前期预算的执行情况，结合各种因素的变动影响，及时调整和修订近期预算，因而使预算更加切合实际，能够充分发挥预算的指导和控制作用。

3）连续性、完整性和稳定性突出

由于滚动预算在时间上不再受日历年度的限制，能够连续不断地规划未来的经营活动，不会造成预算的人为间断，同时可以使企业管理人员了解未来 12 个月内企业的总体规划与近期预算目标，能够确保企业管理工作的完整性与稳定性。

采用滚动预算的方法编制预算的唯一缺点就是预算工作量较大。

四、概率预算

以上各种预算编制方法，都是采用确定数值的方式来编制预算期内的各种预算数值的，这些方法中实际上都隐含着这样一种假定：假定对未来预算期内影响预算内容的各种因素已确知或基本确知的前提下，测定出与此相对应的预算数值。这与预算期是“未来”这一现实肯定难以完全吻合，因而得出的预算结果的准确性自然会受到或轻或重的影响。固定预算和零基预算下的预算数值均以一个业务水平反映，准确程度可想而知，弹性预算法下虽然将各种变量尽可能多地予以列示，从而形成了相应变动的多元预算数值，但在变动的相关范围内也只是承认了业务量的变动，而与业务量对应的另一因素如单价、单位变动成本（或费用）、费用分配率等却仍以定值出现，因而形成的预算也是多水平下的定值预算。滚动预算对下期预算值在执行前进行了修订调整，在一定程度上减少了预算的主观性和盲目性，但也只是将预算数值最终确定的时间缩短，定值预算的结果并未改变。

为克服上述预算编制方法中以肯定的方式来确定未来变动的预算数值所产生的影响准确性的缺陷，在西方开始提出了运用现代数学方法即概率理论的方法来编制预算，有人将其称之为概率预算。概率预算即利用概率理论的基本原理，将预算期内各项预算内容中的各种数值

（无论是变动性还是固定性）出现的可能性事先分别做出概率估计，然后进行概率综合来求出相应概率预算值的预算编制方法。

运用概率预算的基本步骤是：第一，预测各种预算因素可能出现的具体数值，此时不论是变量或常量均以变动的观点来考虑；第二，预测估计所列示的具体数值出现可能性的概率；第三，将各种预算因素出现的各种概率按照与预算因素之间的关系进行组合，求出不同条件下的联合概率；第四，以各种联合概率来测算其相应预算数值的结果并将其汇总形成不同情况下可能的预算内容。

【例 7-5】 某公司 2014 年预算基础数据预计表如下：销量三种可能，即 500 吨、550 吨、600 吨，对应概率为 0.2、0.5、0.3，固定成本为 100 万元，单位变动成本有三种可能性，分别为 0.58 万元、0.60 万元、0.62 万元，对应概率为 0.3、0.5、0.2，如表 7-10 所示。

表 7-10　2014 年度产品成本表

销售量		销售单价/万元	单位变动成本		固定成本/万元
数量/吨	概率		金额/万元	概率	
500	0.2	1	0.58	0.3	100
			0.60	0.5	
			0.62	0.2	
550	0.5	1	0.58	0.3	
			0.60	0.5	
			0.62	0.2	
600	0.3	1	0.58	0.3	
			0.60	0.5	
			0.62	0.2	

计算利润期望值表，即概率预算表，如表 7-11 所示。

表 7-11　2014 年度概率预算表

销售量		销售单价/万元	单位变动成本		固定成本/万元	各种销售数量对应的实现利润/万元	联合概率	期望利润/万元
数量/吨	概率		金额/万元	概率				
①	②	③	④	⑤	⑥	⑦	⑧	⑨
500	0.2	1	0.58	0.3	100	110	0.06	6.6
500	0.2	1	0.60	0.5	100	100	0.10	10
500	0.2	1	0.62	0.2	100	90	0.04	3.6
550	0.5	1	0.58	0.3	100	131	0.15	19.65
550	0.5	1	0.60	0.5	100	120	0.25	30
550	0.5	1	0.62	0.2	100	109	0.10	10.9
600	0.3	1	0.58	0.3	100	152	0.09	13.68
600	0.3	1	0.60	0.5	100	140	0.15	21

续表

销售量		销售单价/万元	单位变动成本		固定成本/万元	各种销售数量对应的实现利润/万元	联合概率	期望利润/万元
数量/吨	概率		金额/万元	概率				
600	0.3	1	0.62	0.2	100	128	0.06	7.68
∑							1.00	123.11

其中：⑦=①×③-(①×④+⑥)

⑧=②×⑤

⑨=⑦×⑧

概率预算的最大优点是：在预算管理中应用了现代数学手段，从而减少了预算的盲目性，提高了准确性，并使多种预算值出现的可能性都能在预算中做出充分科学的展示，为预算管理提供了更为科学的方法和手段，使预算管理更具有针对性，因此，这种方法被誉为当今世界上最为科学的预算编制方法。但这种方法也存在一定的缺点，主要是对预算编制人员的数学水平要求较高，计算内容过于复杂，编制的工作量也较大，在当今的经营管理水平下全面采用尚有一定的困难。如企业现代管理水平较高，可以先对一些影响较大的预算采用此种方法编制，待时机成熟后逐步扩大应用范围。

由此可见，各种预算方法均有所长，也有所短，企业应根据自身的业务特点和需要，选择适当的方法进行预算编制，尤其应该注意各种方法的结合应用。

第三节　业务预算的编制

制造企业的基本业务预算主要包括销售预算、生产预算和管理预算。其中生产预算又包括直接材料预算、直接人工预算与制造费用预算等三项附属预算；管理预算主要有销售费用、管理费用及其他杂项费用的预算。

一、销售预算

销售预算是根据计划期的目标利润来编制的。销售预算是对销售过程中有关业务活动的预算。销售过程中发生的业务活动主要是销售产品、收取货款、发生各种费用支出等。所以，销售预算主要包括销售量(额)和销售费用预算(销售费用预算可以与管理费用合并编制费用预算)、货款结算中的现金收入预算等。销售预算是编制全面预算的起点，是整个预算体系的关键。销售预算主要以货币为计量单位，为减少工作量，可以在单一产品下用实物反映预计的销售量。

为了说明全面预算编制的方法，下面举一个完整的例子加以说明。

【例 7-6】 某企业生产和销售 A 产品，预计 2015 年度的总销售量为 8500 件，根据预测，每个季度的销售量分别为 2000 件、1800 件、2200 件、2500 件，预计销售单价为 100 元。根据历史资料和估计，每季销售的产品，当季可收到 60%的货款，其余部分在下季度全部收回。从年初资产负债表查出应收账款余额为 100 000 元。

要求：编制 2015 年度的销售预算。

根据有关资料编制的2015年度的销售预算如表7-12所示。

表7-12　2015年度销售预算　　单位:元

	摘　要	第一季度	第二季度	第三季度	第四季度	全年合计
预计销售量	预计销售量/件	2000	1800	2200	2500	8500
	销售单价	100	100	100	100	100
	预计销售收入	200 000	180 000	220 000	250 000	850 000
预计现金收入	期初应收款	100 000				100 000
	第一季度现金收入	120 000	80 000			200 000
	第二季度现金收入		108 000	72 000		180 000
	第三季度现金收入			132 000	88 000	220 000
	第四季度现金收入				150 000	150 000
	现金收入合计	220 000	188 000	204 000	238 000	850 000

二、生产预算

生产预算是在销售预算的基础上编制的,目的是规划未来期生产过程中产品的生产活动,使产销衔接。它也是编制材料采购预算和各种费用预算的依据。有了销售预算,就可以根据预计的销售量考虑期初、期末产品的存货来确定生产量。因此,生产预算中的预计生产量可以按照下面的公式计算:

预计生产量＝预计销售量＋(计划期末预计库存量－计划期初库存量)

【例7-7】 已知:接例7-6,假设该企业2015年度的季末产品库存量是下一季度销售量的10%,季初库存量就是上季末的库存量,2015年的年末库存量预计为200件,年初库存量为150件。

要求:编制2015年度分季度的生产预算。

根据各季度预计的产品销售水平和季初、季末库存需要,即可编制2015年度分季度的生产预算,如表7-13所示。

表7-13　2015年度生产预算　　单位:件

摘　要	第一季度	第二季度	第三季度	第四季度	全年合计
预计销售量	2000	1800	2200	2500	8500
预计期末库存	180	220	250	200	200
预计产品需要量	2180	2020	2450	2700	8700
期初库存量	150	180	220	250	150
预计生产量	2030	1840	2230	2450	8550

三、直接材料预算

根据计划期的生产任务和产品的材料消耗定额水平,结合材料的市场价格,就可编制直接材料预算,包括材料耗用与采购预算。但在一定时期内,材料耗用量与采购量并不一定相等,为了保证生产对材料的需要，企业应保持一定的库存材料。因此，在确定材料的采购量时，除了保证当期材料的耗用量外，还应考虑材料的期初、期末库存情况。方法是先根据生产任务确定材料的耗用量，再考虑期初、期末库存来确定材料的采购数量。它们之间的关系用公式表示为：

预计材料采购量＝预计生产耗用量＋预计期末库存量－期初库存量

预计生产耗用量＝预计生产量×单位产品材料销货定额

同时，采购材料需要支付货款，所以，直接材料预算中还应包括采购材料的现金支付情况，为编制现金预算提供资料。预算期采购材料需要支付多少现金，应视货款结算方式以及材料采购方式不同而各有所异。但预算采购材料支付的现金中应包括支付前期所欠的货款和本期采购材料支付的货款两部分。

【例 7-8】 已知：例 7-7 中，假如产品材料单耗定额为 4 千克，每千克单价为 5 元。季末库存材料占下季需用量的 10%，季初库存量为上季末库存量。下年度的年末库存量预计为 800 千克，年初库存量为 700 千克。材料货款当期支付 50%，其余下期支付，应付账款年初余额为 18 000 元。

要求：编制 2015 年度的直接材料预算。

根据上述资料编制的直接材料预算，如表 7-14 所示。

表 7-14　2015 年度直接材料预算

摘　要		第一季度	第二季度	第三季度	第四季度	全年合计
预计材料需用量/千克	预计生产量/件	2030	1840	2230	2450	8550
	材料单耗	4	4	4	4	4
	生产耗用量	8120	7360	8920	9800	34 200
	期末库存量	736	892	980	800	800
	预计需用量合计	8856	8252	9900	10 600	35 000
	期初库存量	700	736	892	980	700
	预计采购量	8156	7516	9008	9620	34 300
	预计单价/元	5	5	5	5	5
	预计采购金额/元	40 780	37 580	45 040	48 100	171 500
预计现金支出/元	期初应付账款	18 000				18 000
	第一季度现金支出	20 390	20 390			40 780
	第二季度现金支出		18 790	18 790		37 580
	第三季度现金支出			22 520	22 520	45 040
	第四季度现金支出				24 050	24 050
	现金支出合计	38 390	39 180	41 310	46 570	165 450

四、直接人工预算

直接人工是指直接生产产品的生产工人工资，它的高低是由生产产品的劳动生产率和工资率决定的。直接人工预算，是根据预计生产量和单位产品所需的直接人工工时定额以及小时工资率来编制的。在编制时，以各期预计的生产量乘以生产单位产品所需的人工工时，得到各期的人工工时，然后再乘以小时工资率，就得到直接人工成本。

【例 7-9】 已知：例 7-8 中，根据劳动定额资料，生产产品单位人工工时为 5 小时，每小时人工成本为 4 元。

要求：编制 2015 年度的直接人工预算。

根据上述资料编制的直接人工预算，如表 7-15 所示。

表 7-15　2015 年度直接人工预算

摘　　要	第一季度	第二季度	第三季度	第四季度	全年合计
预计生产量/件	2030	1840	2230	2450	8550
单位产品工时定额/小时	5	5	5	5	5
生产所需总工时/小时	10 150	9200	11 150	12 250	42 750
小时人工成本/元	4	4	4	4	4
直接人工成本合计/元	40 600	36 800	44 600	49 000	171 000

五、制造费用预算

制造费用预算是根据车间和分厂在预算期的生产经营任务及费用开支水平，分费用项目编制的一种费用预算。按制造费用与产品产量的关系，制造费用可分为变动性制造费用和固定性制造费用两部分。为编制财务预算，制造费用预算中还必须反映其中需用现金支出的部分。

表 7-16 为例 7-6 的 2015 年度制造费用预算。

表 7-16　2015 年度制造费用预算　　单位：元

<table>
<tr><th></th><th>费用明细项目</th><th>金　　额</th><th>费用分配率</th></tr>
<tr><td rowspan="6">变动性制造费用</td><td>间接材料费用</td><td>30 000</td><td rowspan="6">变动性制造费用分配率
$=\frac{\text{变动费用预算合计}}{\text{预计直接人工总工时}}$
=85 500/42 750=2
单位产品变动性制造费用=10 元/件</td></tr>
<tr><td>间接人工费用</td><td>26 000</td></tr>
<tr><td>维修费</td><td>15 000</td></tr>
<tr><td>水电费</td><td>10 000</td></tr>
<tr><td>其他</td><td>4500</td></tr>
<tr><td>变动性制造费用合计</td><td>85 500</td></tr>
<tr><td rowspan="6">固定性制造费用</td><td>折旧费</td><td>60 000</td><td rowspan="6">平均每季固定性制造费用
=93 600 元/4=23 400 元</td></tr>
<tr><td>保险费</td><td>12 000</td></tr>
<tr><td>管理人员工资</td><td>8800</td></tr>
<tr><td>租赁费</td><td>5600</td></tr>
<tr><td>其他</td><td>7200</td></tr>
<tr><td>固定性制造费用合计</td><td>93 600</td></tr>
</table>

表 7-17 为例 7-6 的 2015 年度制造费用现金支出预算。

表 7-17　2015 年度制造费用现金支出预算　　单位:元

摘　　要	第一季度	第二季度	第三季度	第四季度	全年合计
预计直接人工工时/小时	10 150	9200	11 150	12 250	42 750
变动费用分配率	2	2	2	2	2
变动费用现金支出	20 300	18 400	22 300	24 500	85 500
固定制造费用	23 400	23 400	23 400	23 400	93 600
减:折旧费	15 000	15 000	15 000	15 000	60 000
现金支出合计	28 700	26 800	30 700	32 900	119 100

六、单位产品生产成本预算

在变动成本法下,单位产品生产成本是由直接材料、直接人工和变动性制造费用三部分组成的。单位产品生产成本预算就是根据直接材料预算、直接人工预算和制造费用预算来编制的。根据单位成本预算数还可计算期末产成品存货成本。单位产品生产成本预算的编制如表 7-18 所示。

表 7-18　2015 年度单位产品成本预算　　单位:元

成本项目	用　　量	单　　价	单位成本
直接材料	4 千克	5 元/千克	20
直接人工	5 小时	4 元/小时	20
变动性制造费用	5 小时	2 元/小时	10
单位生产成本	—	—	50
期末存货成本预算	期末产品存货数量	200 件	
	单位生产成本预计	50 元	
	期末存货成本	10 000 元	

七、销售及管理费用预算

销售费用是指在销售过程中为销售产品所发生的各项费用,如运杂费、广告费、销售人员工资、差旅费、展览费等。管理费用是指为组织和管理全厂的生产而发生的支出,如管理人员工资、租赁费、折旧费、修理费等。它们是生产经营中发生的必要支出,因而是预算的内容。按变动成本法来看,这类费用也分为变动费用和固定费用两部分,在编制预算时,应分别列示。其编制方法与制造费用预算的编制方法相同。销售及管理费用预算的编制如表 7-19 所示。

表 7-19　2015 年度销售及管理费用预算　　单位:元

	费用明细项目	金　　额
变动费用	运输费	30 000
	销售人员工资	15 000
	其他	6000
	变动销售及管理费用合计	51 000

续表

	费用明细项目	金　　额
固定费用	折旧费	12 000
	广告费用	8500
	保险费	1500
	管理人员工资	21 000
	办公费	5000
	其他	6000
	固定销售及管理费用合计	54 000

因此，单位产品变动销售及管理费用的分配率＝变动销售及管理费用合计/销售量

＝51 000 元/8500 件＝6 元/件

每季固定销售及管理费用支出＝54 000 元/4＝13 500 元

每季固定销售及管理费用现金支出＝(13 500－12 000/4)元＝10 500 元

表 7-20 为 2015 年度销售及管理费用现金支出预算。

表 7-20　2015 年度销售及管理费用现金支出预算　　单位:元

摘　　要	第一季度	第二季度	第三季度	第四季度	全年合计
预计销售量/件	2000	1800	2200	2500	8500
单位费用	6	6	6	6	6
变动费用	12 000	10 800	13 200	15 000	51 000
固定费用现金支出	10 500	10 500	10 500	10 500	42 000
现金支出合计	22 500	21 300	23 700	25 500	93 000

八、专门决策预算

前面的预算所涉及的均为业务预算且预算中所涉及的现金收支都是生产经营过程中发生的现金收支，只在预算期内有效。除此以外，企业还有一些不属于生产经营过程中的现金收支，如出售机器设备的收入，固定资产变价收入，固定资产购置、改扩建支出等。这些收支都与某项投资决策有关，而与当期的生产经营情况无关，它属于个别项目的专门计划，其投资额和投资收益影响到投资项目的整个寿命周期。与专门决策有关的现金收支都不是经常性的收支，而是一次性的收支。在编制现金预算时，应将涉及的收支考虑进去，专门决策预算举例如表 7-21 所示。

表 7-21　2015 年度投资决策预算　　单位:元

季　　度	1	2	3	4	全　　年
购设备一台		8000			8000
购长期债券	50 000				50 000
投资合计	50 000	8000			58 000

第四节 财务预算的编制

财务预算是企业的综合性预算，包括现金预算、利润表预算和资产负债表预算。它并非是对基本业务预算及资本预算的简单汇总，还必须同时考虑财务活动自身的内容。

一、现金预算

全面预算中的现金预算是用来反映预算期内企业现金的收支情况以及融资情况的。这里所指的现金是指库存现金和银行存款等货币资金。编制现金收支预算的目的在于平衡现金收支，正确地调度资金，保证资金的正常供应。

编制现金预算的依据是业务预算表中有关的现金收支预算数以及其他有关资料。现金预算通常应包括以下四部分。

(1) 现金收入。现金收入包括预算期初的现金余额和预算期内可能发生的现金收入，如产品销售收入应收回的账款、其他销售收入、提供作业和劳务收入收取的账款以及其他现款收入。

(2) 现金支出。现金支出是指预算期内可能发生的所有现金支出，包括采购材料、支付工资、支付各种费用、交纳税金、支付股利、购置设备等方面的支出。

(3) 现金多余或不足。现金收入与支出相抵后，如为正，则为现金多余；如为负，则为现金不足。若出现多余，就可以安排偿还借款或安排其他开支。若出现不足，则需设法筹集不足部分。现金多余或不足可用公式表示为：

现金多余(或不足)＝现金收入－现金支出

(4) 融资。预算期内资金不足，应及时筹措资金，如向银行贷款、发放短期债券等，以保证生产经营活动对资金的正常需要。筹资时，应认真考虑筹资成本，在满足资金需要的前提下，正确选择筹资方式和金额，最大限度地降低筹资成本。

现金预算与我国企业编制的财务收支计划类似，为了有计划地使用和筹集资金，预算时间越短越好。在此，假定以年度分季，或按季分月来编制现金预算。

“现金收入”部分包括期初现金余额和预算期现金收入，销货取得的现金收入是其主要来源。年初的“现金余额”是在编制预算时预计的，“销售现金收入”的数据来自销售预算，“可供使用现金”是期初余额与本期现金收入之和。

“现金支出”部分包括预算期的各项现金支出。“直接材料”“直接人工”“制造费用”“销售及管理费用”的数据分别来自前述的有关预算。此外，还包括所得税、购置设备、股利分配等现金支出，有关的数据分别来自另行编制的专门预算。

“现金多余或不足”部分列示现金收入合计与现金支出合计的差额。差额为正，说明收大于支，现金有多余，可用于偿还过去向银行取得的借款，或者用于短期投资；差额为负，说明支大于收，现金不足，要向银行取得新的借款。

【例 7-10】 已知：例 7-9 中，假设企业现金最低限额为 60 000 元，期初现金余额为 25 000 元；全年预计所得税为 8000 元，平均每季交纳 2000 元；支付投资者股利 60 000 元，平均每季支付 15 000 元；银行借款为季初借入，季末偿还，借款年利率为 10%。

要求：编制 2015 年度的现金预算。

根据上述资料编制的现金预算，如表 7-22 所示。

表 7-22 2015 年度现金预算 单位:元

摘 要	第一季度	第二季度	第三季度	第四季度	全年合计
期初现金余额	25 000	67 810	85 730	132 420	25 000
销售现金收入	220 000	188 000	204 000	238 000	850 000
合计	245 000	255 810	289 730	370 420	875 000
减:现金支出					
直接材料	38 390	39 180	41 310	46 570	165 450
直接人工	40 600	36 800	44 600	49 000	171 000
制造费用	28 700	26 800	30 700	32 900	119 100
销售及管理费用	22 500	21 300	23 700	25 500	93 000
购设备支出		8000			8000
购长期债券	50 000				50 000
支付所得税	2000	2000	2000	2000	8000
支付投资者股利	15 000	15 000	15 000	15 000	60 000
现金支出合计	197 190	149 080	157 310	170 970	674 550
现金多余或不足	47 810	106 730	132 420	199 450	200 450
银行借款(期初)	20 000				20 000
还款(期末)		−20 000			−20 000
利息(10%)		− 1000			−1000
期末现金余额	67 810	85 730	132 420	199 450	199 450

注:利息=20 000 元×6÷12×10%=1000 元。

现金预算的编制,以各项营业预算和资本预算为基础,它反映各预算期的收入款项和支出款项,并做对比说明。其目的在于资金不足时筹措资金,资金多余时及时处理现金余额,并且提供现金收支的控制限额,发挥现金管理的作用。

二、利润表预算

利润表预算是综合反映企业在计划期内生产经营活动的最终财务成果的预算表,它是财务预算中主要的预算表之一。预计的利润表与实际的利润表内容、格式相同,只不过数字是面向预算期的。该表又称预计损益表预算。利润表预算反映的是预计利润与企业目标利润进行比较,如预计利润达不到目标利润的要求,说明整个预算与企业制订的目标不一致,应对预算进行调整,进一步挖掘潜力,努力寻求降低成本、减少开支、增加利润的途径,使预算数达到或超过目标利润。

构成利润表预算的收支项目主要来自两个方面:一是企业生产经营管理活动的收支;二是企业财务活动的收支。对企业各种营业外项目的收支一般不予以考虑。有关生产经营管理活动的收支数据可直接取自各项职能预算。有关的财务活动,在形成现金流出与现金流入的同时,必然还会产生相关的财务费用,包括利息及各项财务管理费用。

利润表预算可以采用变动成本法编制,也可以采用制造成本法编制。以变动成本法编制的利润表预算，如表7-23所示。

表7-23 2015年度利润表预算 单位：元

摘 要	全 年
销售收入	850 000
变动成本：变动生产成本	425 000
变动销售及管理费用	51 000
贡献毛益总额	374 000
固定销售及管理费用	54 000
固定性制造费用	93 600
利息	1000
税前利润	225 400
所得税	8000
税后净利润	217 400

表中“销售收入”项目的数据，来自销售收入预算；“变动成本”项目的数据，来自销售成本预算；“贡献毛益”项目的数据是前两项的差额；“固定销售及管理费用”项目的数据，来自销售及管理费用预算；“利息”项目的数据，来自现金预算。

表中“所得税”项目是在利润规划时估计的，并已列入现金预算。它通常不是根据“利润”和所得税税率计算出来的，因为有诸多纳税调整的事项存在。此外，从预算编制程序上看，如果根据“本年利润”和税率重新计算所得税，就需要修改“现金预算”，引起信贷计划修订，进而改变“利息”，最终又要修改“本年利润”，从而陷入数据的循环修改。

三、资产负债表预算

资产负债表预算是用来反映企业在计划期末预计的财务状况，即企业在计划期结束时各有关资产、负债及所有者权益项目的预算执行结果。它是根据上期末实际资产负债表结合计划期有关的预计数调整后编制的。表7-24为2015年12月31日资产负债表预算。

表7-24 2015年12月31日资产负债表预算 单位：元

资 产	年初数	年末数	负债及所有者权益	年初数	年末数
流动资产			流动负债		
货币资金	25 000	199 450	应付账款	18 000	24 050
应收账款	100 000	100 000	短期借款	—	—
存货	11 000	14 000	其他应付款	4500	4500
流动资产合计	136 000	313 450	流动负债合计	22 500	28 550
固定资产	200 000	136 000	长期负债	—	
长期投资	—	50 000	长期借款	—	
其他资产	—	—	应付债券	—	
			长期负债合计	—	

续表

资　产	年初数	年末数	负债及所有者权益	年初数	年末数
			所有者权益	—	
			实收资本	288 500	288 500
			未分配利润	25 000	182 400
总　计	336 000	499 450	总　计	336 000	499 450

注：未分配利润年末计划数＝年初未分配利润＋本年计划利润－本年预计支付股利。

编制资产负债表预算的目的，在于判断预算反映的财务状况的稳定性和流动性。如果通过预计资产负债表的分析，发现某些财务比率不佳，必要时可修改有关预算，以改善财务状况。

本章小结

预算是计划工作的成果，它既是决策的具体化，又是控制生产经营活动的依据。全面预算是由一系列预算构成的体系，各项预算之间相互联系。

第一节　进行了全面预算的概述。全面预算是以销售预测为起点，对企业生产、成本及现金收支等各方面进行预测，并在预测的基础上，按照企业设定的计划，编制企业未来时期的预计利润表、预计资产负债表等预计财务报表，它反映的是企业未来期间的财务状况和经营成果。

第二节　讲述了全面预算的编制方法。常见的预算方法主要包括增量预算法和零基预算法、固定预算法与弹性预算法、定期预算法与滚动预算法和概率预算。

第三节　介绍了具体的业务预算的编制。全面预算一般包括三方面的内容，即业务预算、财务预算、专门决策预算。其中：业务预算是对日常生产经营过程中发生的各项经济活动的预算，包括销售预算、生产预算、采购预算、直接人工预算、制造费用预算、产品生产成本预算、销售及管理费用预算等；专门决策预算是为某一项专门决策项目编制的预算。

第四节　讲述了如何进行财务预算的编制。财务预算是反映企业未来期间预计现金收支、财务状况和经营成果的各种预算，它是业务预算和专门决策预算结果的综合，包括现金收支预算、预计资产负债表、预计损益表。

复习思考题

一、关键概念

全面预算、业务预算、财务预算、专门决策预算、固定预算、弹性预算、增量预算、零基预算、定期预算、滚动预算、概率预算

二、问答题

1. 全面预算包括哪些内容？
2. 简述全面预算的编制程序。
3. 简述滚动预算与定期预算的区别与联系。
4. 简述固定预算与弹性预算的区别与联系。
5. 简述增量预算与零基预算的区别与联系。
6. 如何编制现金预算？

DIBAZHANG

第八章 标准成本系统

学习目的 ......

(1) 了解标准成本制度的含义及其内容。

(2) 掌握标准成本的制定。

(3) 能够进行系统的标准成本差异分析。

(4) 掌握标准成本差异的账务处理。

第一节 成本控制与标准成本制度

经济效益是企业的生命线，是企业有效性、科学性的反映。努力降低生产成本，尽力减少不必要的耗费，力争以较少的资产耗费获取最大程度的经济效益，使企业价值最大化，是企业管理的核心目标，也是管理会计最关注的中心环节。这仅靠会计人员提供准确的成本资料是不够的，必须要求会计人员提供更加准确的、全面的成本资料，消除不合理的、不必要的成本费用开支，努力做到低投入、高产出。"没有对比就没有发言权"，所以企业必须制定反映成本信息合理性、科学性的依据即标准成本。有了标准成本，产品投产后，只要控制生产耗费不超过标准成本，说明生产耗费是合理的，工作是有成效的。若生产耗费超过了标准成本，就要查找原因，是否有利，是否合理，进而提出改进措施，强化企业内部管理。

企业的全面成本管理，可分为六个主要环节，即成本预测、成本计划、成本控制、成本核算、成本考核和成本分析。其中，成本控制是一个关键环节。控制是管理的基础，要降低产品成本，就要求把原材料消耗定额、工时定额、费用预算水平等下降到一定水平，这就必须加强成本控制工作。标准成本制度将成本计划、成本控制、成本核算和成本分析有机结合起来，它是加强企业成本管理的有效工具，是执行与控制会计的重要组成部分。

一、标准成本制度的含义及其内容

(一) 标准成本制度

标准成本制度在20世纪20年代兴起于美国，被认为是成本控制领域的一场革命，使成本控制突破了单纯的事后成本计算，并发展成为事中控制，进而成为以事前控制为基础、事中控制为纽带的事前、事中、事后成本控制体系。

标准成本制度是指以预先制定的标准成本为衡量依据，控制生产耗费，并计算分析实际成本费用脱离标准成本的差异，以加强成本控制、评价工作业绩、改善内部管理的一种成本控制制度。从其内容上看，它是一个包括标准成本制定、计算和分析成本差异以及处理成本差异三个部分的完整系统；从其功能上看，它不仅用于成本计算，而且更重要的方面是作为成本控制的专门技术方法而被广泛采用。

(二) 标准成本制度的内容

标准成本制度通常包括以下几个主要内容：标准成本的制定、成本差异的计算与分析、成本差异分析及其标准成本法的账务处理。

实施标准成本系统一般有以下几个步骤。

1. 制定单位产品标准成本

单位产品标准成本的制定是标准成本计算和成本控制的基础和依据，因而在标准成本系统中占有重要地位。单位产品标准成本通常是按照产品的生产工序和阶段，区分直接材料、直接人工和制造费用等项目分别制定的。各成本项目的标准成本确定后，将各项目的标准成本加总，即为单位产品的标准成本。计算公式如下：

单位产品标准成本＝直接材料标准成本＋直接人工标准成本＋制造费用标准成本

2. 计算产品标准成本

根据该产品的实际产量和成本标准，计算出该产品的标准成本。计算公式如下：

产品标准成本＝产品实际产量×单位产品标准成本

3. 汇总计算实际成本

按照成本核算的一般程序，归集、计算产品生产过程中发生的直接材料、直接人工和制造费用的实际耗费。

4. 计算标准成本差异额

标准成本差异额是指产品实际成本与标准成本之间的差额。它表示实际成本脱离预定标准的程度，反映成本控制的业绩。计算公式如下：

标准成本差异额＝实际成本－标准成本

若实际成本大于标准成本，成本差异大于零，称为“不利差异”，通常反映在账户的借方，又称作“借差”；若实际成本小于标准成本，成本差异小于零，称为“有利差异”，通常反映在账户的贷方，又称作“贷差”。

5. 分析成本差异

成本差异分析是标准成本运行过程中最重要的一个环节，只有正确地分析成本差异形成的原因，才能为成本控制提供依据，为提出降低成本的措施指明方向。成本差异分析一般包括三个步骤：①查明差异性质，并计算其数额的大小；②弄清差异的发生原因，不但要分析各差异项目，而且还要进一步分析有关明细项目；③考核责任人工作业绩，予以奖惩，并在调查研究的基础上，采取措施，消除不正常、低效率因素，对成本进行有效的控制。

6. 提交成本控制报告

通过前述成本差异分析，一方面可以找出成本差异产生的原因，另一方面又能够明确有关的经济责任。据此可以提出成本控制报告，使有关管理部门能采取有效措施，巩固成绩，克服不足或在必要时修订标准成本，以确保成本控制的有效运行。

标准成本系统的各组成部分是有机联系的，各部分相互衔接和呼应，共同构成了企业成本控制的完整系统。它们之间的联系可用图 8-1 表示。

二、标准成本

（一）标准成本的含义

标准成本，是指通过精确的调查、分析与技术测定而制定，并用来评价实际成本、衡量工作效率的一种预计成本。它有两个含义：

一是指“单位产品的标准成本”，即“成本标准”；

成本标准＝单位产品标准消耗量×标准价格

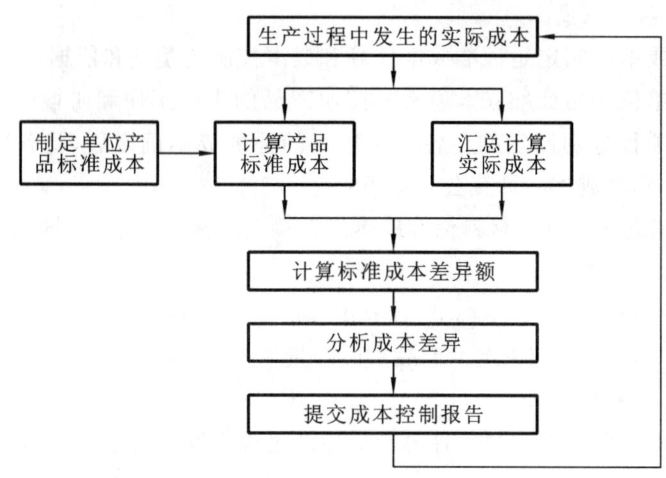

图 8-1　标准成本系统

二是指“实际产量的标准成本”。

标准成本＝实际产量×成本标准
＝实际产量×单位产品标准消耗量×标准价格
＝实际产量下的标准用量×标准价格

（二）标准成本的种类

1. 按标准成本制定所依据的生产技术和经营管理水平分类

标准成本按其制定所依据的生产技术和经营管理水平，可分为理想标准成本、正常标准成本和现实标准成本。

（1）理想标准成本，是指在最优的生产条件下，利用现有的规程和设备所能达到的最低成本。它是根据理想的业绩标准、生产要素的理想价格和可能实现的最高经营能力水平而制定的。采用这种标准成本，意味着实际发生的成本应达到现时环境下理想的最低限度，而不允许任何浪费或非正常损失。这种标准非常严格，一般很难达到，因此在实际工作中较少采用。

（2）正常标准成本，是指在效率良好的条件下，根据下期一般应发生的生产要素消耗量、预计价格和预计生产经营能力利用程度规定出来的标准成本。或者说，正常标准成本是根据当期生产技术水平，在有效经营条件下应当发生的成本。这种标准成本把现实生产技术条件下难以完全避免的超额耗费加以适当考虑，这就意味着正常标准成本比理想标准成本更具有现实性，经过努力完全可以达到，这就能够较好地发挥标准成本的控制标准的积极作用，因而在实践中得到广泛应用。由于这种标准成本的制定要考虑到正常的损坏、一般机器故障和时间损失等因素，因此它比理想标准成本要高，但比平均历史水平要低。通常讲的标准成本就是指正常标准成本。

（3）现实标准成本，是根据企业最可能发生的生产要素耗用量、生产要素价格和生产经营能力利用程度而制定的。由于这种标准成本考虑了那些理论上不应存在，但实际生产中一时还不能避免的某些不应有的低效、失误和超量消耗，因此它是一种经过努力可以达到的既先进又合理、最切实可行且接近实际的成本，因而常用来衡量产品成本的控制，被西方国家广为采用。

2. 按标准成本的适用期分类

标准成本按其适用期，可分为基本标准成本和现行标准成本。

(1) 基本标准成本,是指指标一经制定,只要生产的基本条件无重大变化,就多年保持不变,不予更改的标准成本。

使用基本标准成本与各期实际成本对比,可反映成本变动的趋势。由于基本标准成本不按各期实际修订,不宜用来直接评价工作效率和成本控制的有效性。

(2) 现行标准成本,是指根据其适用期间应该发生的价格、效率和生产经营能力利用程度等预计的标准成本。在这些决定因素变化时,需要按照改变了的情况加以修订。这种标准成本可以作为评价实际成本的依据,也可以用来对存货和销货成本计价。

三、标准成本制度的作用

采用标准成本制度对于企业的成本管理具有重要意义,主要表现在以下方面。

(一) 便于成本控制

在标准成本法下,预先制定企业在一定时期内应达到的成本标准,及时反映和分析成本差异及其原因,使成本计算和成本控制有机结合起来。成本差异是按原因反映,并按责任单位归集的,它不仅能说明成本升降的原因,而且能直接说明成本升降是由哪些责任单位的工作好坏所致。这就为正确评价各个责任单位的工作成绩提供了可靠的依据,既加强了经济责任,又有利于成本控制。

(二) 为企业决策提供依据

标准成本法中制定的标准成本,是通过科学的分析、预测得到的企业的成本目标,它剔除了很多不合理因素,因此不论是进行长期投资决策还是短期经营决策,尤其是在定价决策时,都是衡量经济效益的一个重要参考和依据。

(三) 可以简化成本核算

一套完整的标准成本法通常伴有生产操作的标准化,这样就不需要对许多领料单和工作时间卡予以分类和汇总,因为标准数额已经记入汇总成本单。在生产完工时,只需为差异额在标准工作单上做出分录。另外,在标准成本法下,将标准成本和成本差异分别列示,材料、生产成本、产成品和产品销售成本都可以按标准成本入账,成本差异数额较小时可作为期间费用处理,这样就使核算工作量大为减少,既可以及时提供成本资料,又可以使会计人员从繁重的核算工作中解脱出来。

(四) 便于编制预算

因为标准成本是一种预计成本,可以作为编制预算的依据,明确企业在预算期的目标。另外,标准成本是事先制定的,在正常生产经营条件下应当发生的成本,通过对实际成本背离标准成本的差异分析,可以评价各有关部门和工作人员的成绩,分清它们的管理责任,确定经济活动的效果,并进一步采取相应的改进措施。

第二节 标准成本的制定

一、标准成本制定的一般方法

为保证标准成本的先进性、合理性和科学性,企业应组织产品设计人员、生产技术人员和相关管理人员等，根据企业现有的生产状况和生产能力，制定切实可行的标准成本。这是实施标准成本的一项重要的基础工作。

标准成本由直接材料标准成本、直接人工标准成本和制造费用标准成本三个项目组成。无论是确定哪一个成本项目的标准成本，都需要分别确定其用量标准和价格标准，两者的乘积就是每一成本项目的标准成本，各项目的标准成本汇总，即为单位产品的标准成本。制定时，通常先确定前两个，然后确定第三个，最后确定单位产品的标准成本(成本标准)。其计算公式如下：

$$各项目的标准成本=用量标准\times价格标准$$

$$单位产品标准成本=\sum(用量标准\times价格标准)$$

其中：用量标准，包括单位产品材料消耗量、单位产品直接人工工时等，主要由生产技术部门主持制定，吸收执行标准的部门和职工参加；价格标准包括原材料单价、小时工资率、小时制造费用分配率等，由会计部门和其他有关部门共同研究确定。无论是价格标准还是用量标准，都可以是理想状态的或正常状态的，据此得出理想标准成本或正常标准成本。

二、直接材料标准成本的制定

直接材料标准成本包括直接材料用量标准和直接材料价格标准两方面。在制定直接材料标准成本时，首先是区分直接材料的种类；其次是逐一确定单位产品的直接材料消耗量标准和材料价格标准两方面；然后按照种类分别计算各种直接材料的标准成本；最后汇总得出单位产品的直接材料标准成本。

其计算公式为：

$$直接材料标准成本=\sum(单位产品直接材料消耗量标准\times材料价格标准)$$

直接材料消耗量标准，是指在现有生产技术条件下，生产单位产品所需要的材料数量，包括必要的消耗和无法避免的废品损失，通常也称材料消耗定额。确定生产某一特定单位产品所耗用的材料数量，可根据产品的图纸等技术文件进行研究，还可以过去经验为根据科学地制定标准。在某些工业企业里，对材料数量标准的确定必须考虑关于废料、损耗和残料的数量。在对过去的记录进行分析时，可选择耗用材料的平均数作为标准：可以用与某一期间相似各批产品的平均耗用量；或使用标准前最高、最低耗用量的平均数；也可以用以前关于材料用量的最节省数量。

直接材料的价格标准，是指预计需支付的进货单位成本，通常采用企业编制的计划价格。材料的价格标准可以采用现行或预期价格标准，也可采用正常价格标准，前者是最合乎需要和最有效的标准，后者往往是材料的统计平均价格标准。当采用现行或预期价格标准时，要视有无长期购料合同、库存材料价格及市场预测等来确定，应包括运输途中损耗、挑选费等在内。另外，还应注意考虑以下几个方面：确定最佳采购批量获得的价格优惠；实现最低成本所采用的装运和储藏的最佳方法；使用商业信用可能节约的成本和降低的价格等因素。

【例 8-1】 某企业生产产品甲，消耗 A、B 两种直接材料，其标准成本如表 8-1 所示。

表 8-1 直接材料标准成本(产品:甲)

标 准	材料 A	材料 B	合 计
用量标准/(千克/件)：			

续表

标　　准	材料 A	材料 B	合　　计
设计用量	9.5	28.5	
允许损耗量	0.5	1.5	
单产标准用量	10	30	
价格标准/(元/千克)：			
发票价格	48	19	
装卸检验费	2	1	
每千克标准价格	50	20	
直接材料标准成本/(元/件)：	500	600	1100

三、直接人工标准成本的制定

直接人工标准成本包括直接人工用量标准和直接人工价格标准两方面。直接人工用量标准即直接人工标准工时；直接人工价格标准即工资率标准。

在制定直接人工标准成本时，其基本程序首先是区分各种直接作业的种类，其次是逐一确定各作业在单位产品中的工时标准和小时工资率标准；最后两者相乘得出单位产品的直接人工标准成本。其计算公式为：

$$直接人工标准成本=\sum(单位产品工时标准\times小时工资率标准)$$

其中，工时标准是指在现有生产技术条件下，生产单位产品所需的工时，包括操作工时、必要的工间休息和停工，以及不可避免的废品工时，也称工时消耗定额。工时标准一般由生产技术部门、劳动工资部门等运用时间与动作研究等技术测定方法和分析统计资料后确定。工时标准的制定往往受工厂布局、生产计划、选购材料等因素的影响，它的制定通常采用下列程序的一个或几个来完成：

(1) 过去工时的平均值；

(2) 对预期正常情况下的制造程序进行实验测试；

(3) 根据产品和制造过程中的过去经验和知识，进行一次合理的估计；

(4) 对工作时间和动作进行估计。

小时工资率标准是指预定的工资率或正常工资率。采用计件工资制，可以将计件工资的数额作为产品人工成本。采用计时工资制，工资率在当期较少变动，标准较易制定。在采用计时工资形式的企业，小时工资率标准是指生产工人每一工作小时所应分配的工资，一般按照标准工资和用工总量计算出正常的小时工资率。小时工资率标准往往受劳动力的平均经验、操作情况的变化、人工结构比例等因素的影响，采用不同的薪金制度同样影响小时工资率标准的制定。

在制定直接人工标准成本时，还要对产品生产过程加以研究，研究有哪些工艺，以及对有关企业的工资形式、制度进行研究，以便结合实际情况来制定标准。

【例 8-2】 假设例 8-1 中产品甲经过两个车间的生产，其直接人工标准成本如表 8-2 所示。

表 8-2　直接人工标准成本(产品:甲)

单位产品工时/小时	
理想作业时间	150
调整设备时间	30
工间休息	10
其他	10
合　计	200
小时工资率	
每月标准总工时/小时	6000
每月标准工资总额/元	9000
每小时工资/(元/小时)	1.5
直接人工标准成本	300

四、制造费用标准成本的制定

在实际生产中,制造费用常以预算总额的形式来确定,用以宏观控制间接费用发生情况。根据管理要求,将制造费用按成本习性分为固定性制造费用和变动性制造费用。虽然固定性制造费用总额在相关范围内为一常数,但单位产品分摊的固定性制造费用却是相对变化的,而变动性制造费用总额在相关范围内成比例变动,但单位来说却相对不变。所以,需分别计算它们的标准成本,其用量标准和直接人工的用量标准相同,也是标准工时用量。标准价格,即是标准工时制造费用分配率,按其性态分为固定性制造费用分配率和变动性制造费用分配率。

(一) 变动性制造费用标准成本

变动性制造费用标准成本＝单位产品直接人工的标准工时
×每小时变动性制造费用的标准分配率

其中:

每小时变动性制造费用的标准分配率＝标准变动性制造费用预算总额÷标准总工时

【例 8-3】 例 8-2 中产品甲的变动性制造费用标准成本如表 8-3 所示。

表 8-3　变动性制造费用标准成本(产品:甲)

变动性制造费用预算/元	
运输	700
电力	300
消耗材料	5000
间接人工	3000
燃料	400
其他	200
合计	9600
标准总工时/人工小时	6000

续表

变动性制造费用预算/元	
变动性制造费用标准分配率/(元/小时)	1.60
直接人工用量标准/(小时/件)	200
单位产品变动性制造费用标准成本/(元/件)	320

（二）固定性制造费用标准成本

如果企业采用变动成本法计算，固定性制造费用则不计入产品成本，因此单位产品的标准成本中不包括固定性制造费用的标准成本。在这种情况下，不需要制定固定性制造费用的标准成本。至于固定性制造费用的控制则通过预算管理进行。如果企业采用完全成本法计算，固定性制造费用要计入产品成本，就需确定其标准成本。

固定性制造费用标准成本＝单位产品直接人工的标准工时
×每小时固定性制造费用的标准分配率

其中：

每小时固定性制造费用的标准分配率＝标准固定性制造费用预算总额÷标准总工时

【例 8-4】 例 8-3 中产品甲的固定性制造费用标准成本如表 8-4 所示。

表 8-4　固定性制造费用标准成本(产品:甲)

固定性制造费用/元	
折旧费	1500
管理人员工资	1500
间接人工	900
保险费	900
合计	4800
标准总工时/人工小时	6000
固定性制造费用标准分配率/(元/小时)	0.8
直接人工用量标准/(小时/件)	200
单位产品固定性制造费用标准成本/(元/件)	160

标准成本一经确定就应编制标准成本卡。标准成本卡的内容与预算方法有关。在变动成本法下，标准成本卡只包括直接材料、直接人工和变动性制造费用三项内容。在完全成本法下，标准成本卡还要包括固定性制造费用，由于西方国家的大多数企业在对外报告中仍使用完全成本法，所以，标准成本卡大都填写直接材料、直接人工、变动性制造费用和固定性制造费用四个项目的有关数字。

企业通常要为每一产品设置一张标准成本卡，并在该卡中分别列明各项成本的用量标准与价格标准，通过直接汇总的方法来求得单位产品的标准成本。

【例 8-5】 2014 年年初某企业制定的甲产品的标准成本卡如表 8-5 所示。

表 8-5　某企业制定的甲产品标准成本卡

项　　目	单位标准	用量标准	标准成本
直接材料			
A 材料	50 元/千克	10 千克/件	500 元/件
B 材料	20 元/千克	30 千克/件	600 元/件
合计	—	—	1100 元/件
直接人工	1.5 元/小时	200 小时/件	300 元/件
变动性制造费用			
其中:动力费用	0.5 元/千克	200 小时/件	100 元/件
间接人工费用	1.1 元/千克	200 小时/件	220 元/件
合计			320 元/件
固定性制造费用	0.8 元/小时	200 小时/件	160 元/件
单位甲产品标准成本			1880 元/件

第三节　标准成本的差异分析及其控制

一、成本差异的种类

产品的标准成本是一种预定的目标成本，是用来控制实际成本的。但在成本发生的具体过程中，由于种种原因，产品的实际成本与预定的标准成本会发生偏差或差额，这种差额称为成本差异。实际成本大于标准成本的差异，为不利差异，又称为超支差异；实际成本小于标准成本的差异为有利差异，又称节约差异，企业应采取相应的措施，消除不利差异，发展有利差异，以实现对成本的有效控制，不断降低成本，提高经济效益。成本差异的计算公式如下：

成本差异＝实际成本－标准成本

＝实际用量×实际单价－标准用量×标准单价

由于成本是由资源的耗用量和单价两方面因素确定的，因而成本差异的分析从这两方面入手。其中数量差异是指实际的单位耗用量脱离标准单位耗用量所产生的成本差异，我们称为用量差异，或简称量差，用量差异在直接材料成本差异中称直接材料用量差异，在直接人工成本差异中称人工效率差异，在变动性制造费用成本差异中称变动性制造费用效率差异。价格差异是指实际价格脱离标准价格所产生的成本差异，或简称价差。价格差异在直接材料成本差异中称直接材料价格差异，在直接人工成本差异中称工资率差异，在变动性制造费用成本差异中称变动性制造费用预算差异。二者(量差和价差)之和，即为总的成本差异。

用量差异的计算公式为：

量差＝用量差异×标准单价

即　　量差＝(实际用量－标准用量)×标准单价

价格差异的计算公式为：

价差＝实际用量×价格差异

即　　　　　　　　　价差＝实际用量×(实际单价－标准单价)

有了量差和价差，我们就可求出总的成本差异，即：

总成本差异＝量差＋价差

二、成本差异的计算与分析

标准成本是分别按直接材料、直接人工和制造费用制定的，而制造费用又分为变动性制造费用和固定性制造费用，所以成本差异计算与分析也应从四个方面进行。根据成本差异的分类，分别计算与分析如下。

(一) 直接材料成本差异的计算与分析

1. 直接材料成本差异的计算

直接材料成本差异是指在实际产量下直接材料实际总成本与标准直接材料总成本之间的差额。它可分解为直接材料用量差异和直接材料价格差异两部分。有关计算公式如下：

直接材料成本差异＝实际产量直接材料实际成本－实际产量直接材料标准成本
＝直接材料用量差异＋直接材料价格差异

直接材料用量差异＝直接材料标准价格×(实际产量直接材料实际用量
－实际产量直接材料标准用量)

直接材料价格差异＝(直接材料实际价格－直接材料标准价格)×实际产量直接材料实际用量

【例 8-6】 接例 8-5 资料，假设某企业 2014 年 1 月份生产甲产品 100 件，实际耗用 A 材料 11 千克/件，A 材料实际单价为 48 元/千克。要求计算 A 材料的成本差异。

A 材料成本差异＝(100×11×48－100×10×50) 元
＝2800 元

进一步计算得到：

A 材料用量差异＝50×(100×11－100×10) 元
＝5000 元

A 材料价格差异＝(48－50)×11×100 元
＝－2200 元

显然，A 材料成本差异＝A 材料用量差异＋A 材料价格差异
＝5000 元＋(－2200) 元
＝2800 元

2. 直接材料成本差异分析

计算出有关差异后，无论是有利差异还是不利差异，都应再去探究和深挖形成差异的原因。有利的因素，应积极发扬和鼓励；不利的因素，应努力加以改进、避免，明确责任归属。

一般地，直接材料用量差异主要由生产部门负责，如工人的技术熟练程度和责任心的强弱、加工设备的完好程度、产品质量控制制度、材料的质量和规格、材料的安全保管工作等。但有时也可能是采购部门的工作所引起的，如采购部门以较低的价格购进了质量较差的材料，由于不完全适合原定的生产需要，也会引起耗用量的增长，由此而形成的直接材料用量的不利差异，就应由采购部门负责。

影响直接材料价格变动的因素也是多方面的，应主要由采购部门负责，如市场环境、价格变

动状况、材料采购方式、路费、批量和运输方式，以及材料供应者的选择等。只要其中任何一个因素脱离了制定标准成本时的预定要求，都会影响价格差异。但某些差异可能是由采购工作所造成的，也可能是由生产上的原因引起的，如为适应生产上的要求，对某项材料进行小批量的紧急订货，并由陆运改为空运，因此而形成的不利差异，其责任应由生产部门负责。

（二）直接人工成本差异的计算与分析

1. 直接人工成本差异的计算

直接人工成本差异是指在实际产量下直接人工实际总成本与标准直接人工总成本之间的差额。它可分解为直接人工效率差异与直接人工工资率差异两部分。

有关计算公式如下：

直接人工成本差异＝实际产量直接人工实际成本－实际产量直接人工标准成本
＝直接人工工资率差异＋直接人工效率差异

其中：　直接人工工资率差异＝(实际工资率－标准工资率)×实际工时
直接人工效率差异＝(实际工时－标准工时)×标准工资率

【例 8-7】 接例 8-5 的资料，假设某企业 2015 年 1 月份生产甲产品 100 件，实际工时用量 20 500小时，实际工资率为 1.4 元/小时。要求计算直接人工成本差异。

直接人工成本差异＝(20 500×1.4－100×200×1.5) 元
＝－1300 元

其中：

直接人工工资率差异＝(1.4－1.5)×20 500 元
＝－2050 元

直接人工效率差异＝1.5×(20 500－100×200) 元
＝750 元

显然，

直接人工成本差异＝直接人工效率差异＋直接人工工资率差异
＝750 元＋(－2050) 元
＝－1300 元

2. 直接人工成本差异分析

直接人工工资率通常较少变动，主要影响原因是工人工资结构和工资水平变动，如将技术熟练、工资级别较高的工人安排在不需要高技术的工作岗位上，职工人员增减、职工技术职称的升降、加班或雇工等，都会出现工资率差异。其责任主要在劳动人事部门和生产管理部门。

直接人工效率差异即直接人工工时用量差异，影响因素包括工人的劳动生产率、加工设备的完好程度、劳动力供应情况、材料半成品供应保证程度、材质规格等。如果是由于生产部门安排不周，把技术不熟练的工人安排去做复杂的工作，必然会造成实际工时超过标准工时，这应由生产部门负责；但如果由于采购了不适应的材料，加工时花了较多的工时，或由于生产工艺过程的改变，需延长或缩短加工时间等，这些都不是生产部门所能控制的因素，应由采购部门等承担责任。

（三）变动性制造费用成本差异的计算与分析

1. 变动性制造费用的成本差异的计算

变动性制造费用成本差异是指在实际产量下，变动性制造费用实际发生总额与其标准发生总额之间的差额。它又可分解为变动性制造费用预算差异和变动性制造费用效率差异两部分。其中,效率差异即为变动性制造费用的用量差异,预算差异即为变动性制造费用的价格差异。有关公式如下:

变动性制造费用成本差异=实际产量实际变动性制造费用-实际产量标准变动性制造费用
=变动性制造费用预算差异+变动性制造费用效率差异

其中:

变动性制造费用预算差异=(变动性制造费用实际分配率-变动性制造费用标准分配率)
×实际产量实际工时

变动性制造费用效率差异=变动性制造费用标准分配率×(实际产量实际工时
-实际产量标准工时)

【例 8-8】 接例 8-5 的资料,假设某企业 2015 年 1 月份生产甲产品 100 件,实际工时20 500小时,实际动力费用分配率是 0.48 元/小时。要求计算动力费用成本差异(假设间接人工费用无差异)。

动力费用成本差异=(20 500×0.48-100×200×0.5) 元
=-160 元

进一步计算得:动力费用预算差异=(0.48-0.5)×20 500 元
=-410 元

动力费用效率差异=0.5×(20 500-100×200) 元
=250 元

显然:动力费用成本差异=动力费用预算差异+动力费用效率差异
=-410 元+250 元
=-160 元

变动性制造费用成本差异计算可以按其费用项目分别计算再汇总,也可以按各项费用合计计算。但为便于成本差异分析,一般要按费用项目具体计算成本差异。其他项目成本差异计算同理(略)。

2. 变动性制造费用成本差异分析

变动性制造费用效率差异反映产品生产过程中工时利用效率问题,因而,其发生原因与直接人工效率差异发生原因基本一致。变动性制造费用预算差异反映制造费用开支的升降,应结合变动性制造费用具体构成项目和企业财务制度做更深入的分析,以查清费用超支或节约的原因,并明确责任。

(四)固定性制造费用成本差异的计算与分析

1. 固定性制造费用成本差异的计算

固定性制造费用与变动性制造费用不同,它主要同生产能力的形式及正常维护相联系,具有在相关范围内固定不变的性质,因此,对于固定性制造费用,通常编制固定预算而非弹性预算。按完全成本法制定标准成本时,标准的固定性制造费用分配率是按下式进行计算的:

标准固定性制造费用分配率=固定性制造费用预算总额÷预算产量标准总工时

固定性制造费用成本差异是指在实际产量下固定性制造费用实际发生总额与其标准发生总额之间的差额,用公式表示如下:

固定性制造费用成本差异＝实际产量实际固定性制造费用－实际产量标准固定性制造费用
＝固定性制造费用实际分配率×实际产量实际工时
－固定性制造费用标准分配率×实际产量标准工时

固定性制造费用总差异的分解具体有两种方法，一种是二因素分析法，另一种是三因素分析法。

1）二因素分析法

二因素分析法是将固定性制造费用的差异分解为预算差异和能量差异两部分，预算差异是指实际金额与预算金额之间的差额。由于固定性制造费用在相关范围内不随业务量的变动而变动，因而不考虑业务量的变动，而以原来的预算数作为标准。其计算公式分别是：

固定性制造费用预算差异＝实际产量实际固定性制造费用（即实际总额）
－预算产量标准固定性制造费用（即预算总额）

能量差异是指固定性制造费用预算与固定性制造费用标准成本的差额，即实际业务量的标准工时与生产能量的差额用标准分配率计算的金额。其计算公式如下：

固定性制造费用能量差异＝固定性制造费用预算－固定性制造费用标准成本
＝固定性制造费用标准分配率×生产能量
－固定性制造费用标准分配率×实际产量标准工时
＝固定性制造费用标准分配率×（预算产量标准工时
－实际产量标准工时）

【例 8-9】 接例 8-5 的资料，假设某企业 2015 年 1 月份生产甲产品 100 件，实际工时20 500 小时。预算产量 110 件，固定性制造费用预算总额 17 600 元，固定性制造费用实际支付17 000 元。要求分别用二因素分析法和三因素分析法计算固定性制造费用成本差异。

二因素分析法：

固定性制造费用成本差异＝（17 000－100×160）元
＝1000 元

其中：

固定性制造费用预算差异＝（17 000－110×200×0.8）元
＝－600 元

固定性制造费用能量差异＝0.8×（110×200－100×200）元
＝1600 元

显然：固定性制造费用成本差异＝固定性制造费用预算差异＋固定性制造费用能量差异
＝－600 元＋1600 元
＝1000 元

由以上分析可以看出，该企业甲产品的固定性制造费用超支主要是由生产能力利用不足、实际产量小于计划产量所致。固定性制造费用超支，不管是预算差异还是能量差异，一般都由有关的管理部门负责。

二因素分析法较简单，但从上述计算公式可以看出，其没有反映和分析生产效率对固定性制造费用成本差异的影响。计算差异时，使用的都是标准工时，它说明的是按标准工时反映的生产能力利用情况。如果实际产量标准工时和计划产量标准工时一致，则能量差异为零。但实际产量工时可能与其标准工时存在差异，而生产能力的实际利用情况更取决于实际工时而非标准工时。实际工时与标准工时的差异，属于效率高低问题。因此，固定性制造费用成本差异分析更多地采用将能量差异划分为能力差异和效率差异的三因素分析法。

2）三因素分析法

三因素分析法要求将固定性制造费用成本总差异分解为预算差异、能力差异和效率差异三种，预算差异的计算与二因素分析法相同。不同的是将二因素分析法中的“能量差异”进一步分为两部分：一部分是实际工时未达到标准能量而形成的能力差异，另一部分是实际工时脱离标准工时而形成的效率差异。其公式如下：

固定性制造费用预算差异＝实际产量实际固定性制造费用－预算产量标准固定性制造费用

固定性制造费用能力差异＝固定性制造费用预算－实际工时×固定性制造费用标准分配率
＝固定性制造费用标准分配率×（预算产量标准工时
－实际产量实际工时）

固定性制造费用效率差异＝实际工时×固定性制造费用标准分配率
－实际产量实际工时×固定性制造费用标准分配率
＝固定性制造费用标准分配率×（实际产量实际工时
－实际产量）

固定性制造费用成本差异计算公式中的各项指标的计算归纳总结如表 8-6 所示。

表 8-6　固定性制造费用成本差异计算中的各项指标

项　　目	产　　量	工　　时	分　配　率
固定性制造费用实际总额＝①×②×③	①实际产量	②实际工时/件	③实际分配率
固定性制造费用预算总额＝④×⑤×⑥	④预算产量	⑤标准工时/件	⑥标准分配率
标准固定性制造费用总额＝①×⑤×⑥	①实际产量	⑤标准工时/件	⑥标准分配率

例 8-9 的三因素分析如下。

固定性制造费用成本差异＝（17 000－100×160）元
＝1000 元

其中：

固定性制造费用预算差异＝（17 000－110×200×0.8）元
＝－600 元

固定性制造费用能力差异＝0.8×（110×200－20 500）元
＝1200 元

固定性制造费用效率差异＝0.8×（20 500－100×200）元
＝400 元

显然，在二因素分析法中：

固定性制造费用能量差异＝固定性制造费用能力差异＋固定性制造费用效率差异
＝1200 元＋400 元
＝1600 元

三因素分析法中：

固定性制造费用成本差异＝固定性制造费用预算差异＋固定性制造费用能力差异
＋固定性制造费用效率差异
＝－600 元＋1200 元＋400 元
＝1000 元

三因素分析法中的能力差异(1200 元)与效率差异(400 元)之和为 1600 元，与二因素分析法中的“能量差异”数额相同。采用三因素分析法，能够更好地说明生产能力利用程度和生产效率高低所导致的成本差异情况，并且便于分清责任：能力差异的责任一般在于管理部门，而效率差异的责任则往往在于生产部门。

2. 固定性制造费用成本差异分析

对于固定性制造费用预算差异来说，其产生的原因可能是资源价格的变动，如工资率增加或减少、税收变动等；某些酌量性固定成本，如职工培训费、差旅费等因管理上的新决策而有所增减；资源的数量比预算增加或减少，如增加或减少职工，以及部门领导有的怕完不成预算而延缓酌量性成本的支出，有的怕实际支出过少会削减下期经费预算，而增加不必要的开支等。所有这些，应分别对具体情况采取相应的对策。

对固定性制造费用能量差异，从理论上说，只反映计划生产能量的利用程度，一般不能说明固定性制造费用的超支或节约。故西方有些会计学家主张只用工时或机器小时表示。若预算产量标准总工时等于实际产量应耗标准工时，即反映该公司的生产能量已得到充分利用。若预算产量标准总工时大于实际产量应耗标准工时，即说明该公司的生产能量未被充分利用，应进一步查明原因，以便确定由谁负责；反之，若实际产量应耗标准工时大于预算产量标准总工时，即表示公司的计划生产能量已得到超额利用，应总结经验，巩固成绩。

第四节　成本差异的账务处理

成本差异可为成本控制和考核提供必要的信息，管理人员在对差异进行分析的基础上，应分清并落实责任，采取相应的有效措施。对成本差异进行账务处理，也是标准成本制度的重要环节。采用标准成本法进行账务处理时，对产品的标准成本和成本差异应分别进行归集，期末予以调整，计算得出实际成本。

一、标准成本系统下的账户设置

标准成本系统下，需要设置两大类账户，一类用来反映各种标准成本，另一类用来反映成本差异。

(一) 反映各种标准成本的账户

在标准成本系统中，反映各种标准成本的账户是成本计算账户，主要包括原材料、产成品、生产成本、产品销售成本等。这些账户都应按标准成本进行核算，即记入这些账户的借方或贷方的金额都是以实际数量计算的标准成本额，如有余额，一般在借方，反映计入资产项目的标准成本。

(二) 反映各项成本差异的账户

成本差异核算使用的账户既可以按大的成本项目设置，又可以按具体成本差异的内容设置。在完全成本法下，成本项目设置的核算成本差异的会计科目包括“直接材料成本差异”科目、“直接人工成本差异”科目、“变动性制造费用成本差异”科目和“固定性制造费用成本差异”科目，每个科目下再按差异形成的原因分设明细科目。在变动成本法下，可以不设置“固定性制造费用成本差异”科目。

按具体差异设置的科目应包括：“直接材料用量差异”“直接材料价格差异”“直接人工效率差异”“直接人工工资率差异”“变动性制造费用预算差异”“变动性制造费用效率差异”“固定性制造费用预算差异”和“固定性制造费用能量差异”（或“固定性制造费用预算差异”“固定性制造费用能力差异”和“固定性制造费用效率差异”）等。

这类账户借方登记的金额，反映实际成本超过标准成本的数额，即不利差异，或称为逆差、超支差；贷方登记的金额，反映实际成本低于标准成本的数额，即有利差异，或称为顺差、节约差。

二、标准成本系统下的账务处理程序

标准成本系统的账务处理一般可分为下述三个步骤。

（一）登记各项标准成本账户

在日常发生成本支出时，先将其分离为标准成本和成本差异两个部分；然后以标准成本分别登记原材料、生产成本、产成品、产品销售成本等各有关标准成本账户，这里所指的标准成本是以实际数量为准计算出来的标准成本额。

（二）登记各项成本差异账户

对于前述的成本差异，按类别分别登记在相应的成本差异账户中。为了便于考核，各成本差异账户还可以按责任部门设置明细账户，分别记录各部门的成本差异数额。

（三）期末成本差异的账务处理

在标准成本系统下，处理成本差异主要有下面两种方法。

1. 结转本期损益法

结转本期损益法，又称直接处理法，即在会计期末将全部的成本差异转入“产品销售成本”账户，由本期的销售产品负担，然后再将销售成本总额（标准成本加上成本差异）转入权益账户。这时，期末资产负债表的在产品和产成品项目只反映标准成本，成本差异不再分配给期末在产品和期末库存产成品。每月末根据各种成本差异账户的借贷方余额，编制“成本差异汇总表”。另将各种成本差异相互抵消后的净额列入当月利润表，作为“销售成本”或“销售毛利”的调整项目，以便将利润表上原列的标准数转换成实际数。

这种方法可以避免期末繁杂的成本差异分配工作，同时本期发生的成本差异全部反映在本期的利润上，使利润指标能如实反映本期生产经营工作和成本控制的全部成效，符合权责发生制的要求。但是这种方法必须不断修订标准成本，这样才能使得期末资产负债表的在产品和产成品项目反映的成本切合实际。为了简要地说明标准成本账务处理程序，可以绘制图 8-2 所示的流程图。

仍据例 8-5 资料，某企业制造甲产品的标准成本如表 8-5 所示，其本月实际发生业务综合以上各例如下：

(1) 生产甲产品 100 件，已完工入库，定价 2100 元。

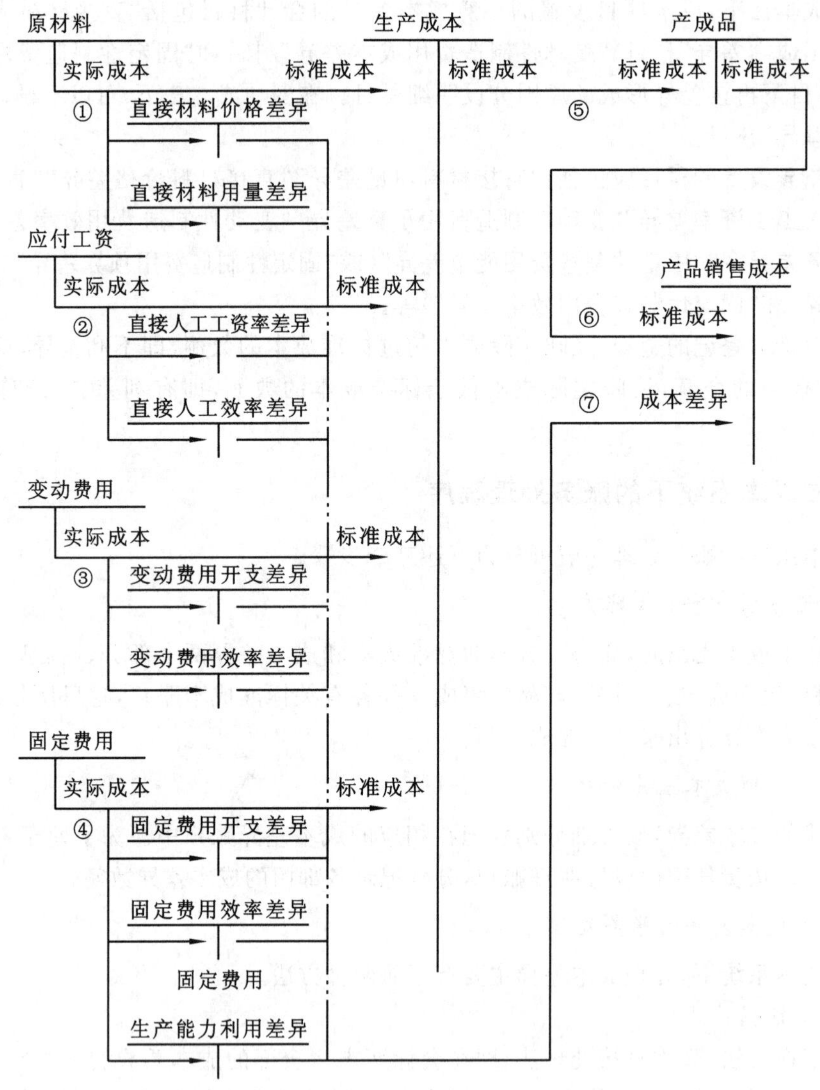

图 8-2　标准成本系统账务处理流程图

图 8-2 中：①直接材料计入产品成本；②直接人工计入产品成本；③变动性制造费用计入产品成本；④固定性制造费用计入产品成本；⑤结转完工产品成本；⑥结转已销售产品成本；⑦结转本期成本差异。

(2) 购进 A 材料 1100 千克，单价 48 元；B 材料 3000 千克，单价 20 元；全月共领用 A 材料 1100 千克，B 材料 3000 千克。

(3) 直接人工的实际工时用量 20 500 小时，每小时工资率为 1.4 元。

(4) 变动性制造费用共记 31 840 元。

(5) 固定性制造费用实际发生 17 000 元。销售费用实际发生 8000 元，其中变动销售费用 5000 元，固定销售费用 3000 元，财务及管理费用 4000 元（全部为固定费用）。

有关业务的账务处理如下：

a. 购入直接材料：

借：原材料　　　　　　　　115 000

贷:材料价格差异　　2200
银行存款　　112 800

b.耗用直接材料:

借:生产成本　　110 000
贷:直接材料用量差异　　5000
原材料　　115 000

c.结转直接人工成本:

借:生产成本　　30 000
直接人工效率差异　　750
贷:应付职工薪酬　　28 700
直接人工工资差异　　2050

d.支付变动性制造费用:

借:变动性制造费用　　31 840
贷:银行存款　　31 840

e.结转变动性制造费用成本:

借:生产成本　　32 000
变动性制造费用效率差异　　250
贷:变动性制造费用预算差异　　410
变动性制造费用　　31 840

f.实际支付固定性制造费用:

借:固定性制造费用　　17 000
贷:银行存款　　17 000

g.分别在二因素分析法和三因素分析法下,结转固定性制造费用(按完全成本法)。

二因素分析法:

借:生产成本　　16 000
固定性制造费用能量差异　　1600
贷:固定性制造费用预算差异　　600
固定性制造费用　　17 000

三因素分析法:

借:生产成本　　16 000
固定性制造费用能力差异　　1200
固定性制造费用效率差异　　400
贷:固定性制造费用预算差异　　600
固定性制造费用　　17 000

若按变动成本法则将固定性制造费用转入期间费用。

h.结转本月制成甲产品成本:

按完全成本法:

借:库存商品　　188 000
贷:生产成本　　188 000

按变动成本法：

借：库存商品　　　　172 000

　贷：生产成本　　　　172 000

i. 出售甲产品 100 件，并收到货款 210 000 元。

借：银行存款　　　　210 000

　贷：主营业务收入　　　　210 000

j. 结转销售甲产品 100 件的成本：

完全成本法：

借：主营业务成本　　　　188 000

　贷：库存商品　　　　188 000

变动成本法：

借：主营业务成本　　　　172 000

　贷：库存商品　　　　172 000

k. 月末结转成本差异：

借：产品销售成本　　　　2340

　直接材料价格差异　　　　2200

　工资率差异　　　　2050

　变动性制造费用效率差异　　　　410

　固定性制造费用预算差异　　　　600

　贷：直接材料用量差异　　　　5000

　　人工效率差异　　　　750

　　变动性制造费用开支差异　　　　250

　　固定性制造费用能量差异　　　　1600

月末编制成本差异汇总表，如表 8-7 所示。

表 8-7　某企业成本差异汇总表　　　　单位：元

成本差异账户名称	借方余额(U)	贷方余额(F)
1. 直接材料价格差异		2200
2. 直接材料用量差异	5000	
3. 工资率差异		2050
4. 人工效率差异	750	
5. 变动性制造费用开支差异	250	
6. 变动性制造费用效率差异		410
7. 固定性制造费用预算差异		600
8. 固定性制造费用能量差异	1600	
其中：固定性制造费用能力差异	1200	
固定性制造费用效率差异	400	

续表

成本差异账户名称	借方余额(U)	贷方余额(F)
合　计	7600	5260
成本差异净额	2340(U)	

根据上述资料,分别按完全成本法和变动成本法为该企业编制利润表,如表8-8所示。

由于该企业本月期初期末均无存货,使得按完全成本法与按变动成本法计算的税前净利相等。

表8-8　企业利润表　　单位:元

摘要(按完全成本法)	金额	摘要(按变动成本法)	金　额
销售收入(100×2100)	210 000	销售收入(100×2100)	210 000
销售成本		变动成本	
期初存货	0	变动生产成本(100×1720)	172 000
加:本期生产成本(1880×100)	188 000	变动非生产成本	
减:期末存货	0	变动销售费用	5000
加:成本差异净额(U)	2340	变动非生产成本总额	5000
销售成本总额	190 340	贡献毛益总额	33 000
销售毛利	19 660	减:期间成本	
减:营业费用		固定性制造费用(100×160)	16 000
销售费用	8000	固定销售费用	3000
财务及管理费用	4000	固定财务及管理费用	4000
营业费用总额	12 000	期间成本总额	23 000
税前净利	7660	税前净利(标准)	10 000
		减:成本差异净额(U)	2340
		税前净利(实际)	7660

2. 调整销售成本与存货法

调整销售成本与存货法,又称递延法,即在会计期末将全部成本差异按照实际数量计算的标准成本比例在销售成本与存货之间进行分配,以便准确地计算当期损益。这样分配以后,期末资产负债表的在产品和产成品项目反映的都是实际成本,损益表的产品销售成本反映的也是本期已销售产品的实际成本。但是这种方法期末差异分配非常复杂,一方面不便于产品成本计算的简化,另一方面,也不便于本期成本差异的分析和控制。

在年终决算时,如成本差异净额数字不大,可全部转入当月销售成本;若差异净额较大,或库存产品较多时,原则上应将差异净额按比例分配进入"生产成本"和"产成品"账户,以便正确计算当年损益,并将有关存货账户的年终余额从原来的标准成本调整为实际成本。但在实际工作中,由于"生产成本"和"产成品"的期末余额一般不会太大,为了简化核算手续,仍可将成本差异额转入本期"销售成本"或"销售毛利",不再进行分配。

成本差异处理方法的选择,应综合考虑成本的差异类型、差异大小、差异原因等多种因素,对于相同成本差异也可以采用不同的处理方法，如直接材料价格差异多采用调整销售成本与存货法，能量差异多采用结转本期损益法等。但应注意，差异处理方法要保持一致，以免损害成本数据的可比性或导致信息使用者产生误解。

本章小结

标准成本法是一种成本计算与成本管理相结合的方法，是指以预先制定的标准成本为衡量依据，控制生产耗费，并计算分析实际成本费用脱离标准成本的差异，以加强成本控制、评价工作业绩、改善内部管理的一种成本控制系统。从其功能上看，它不仅用于成本计算，更是作为成本控制的专门技术方法而被广泛采用。本章主要介绍了标准成本法的基本原理和意义、标准成本如何制定、标准成本的具体计算和分析成本差异以及标准成本差异的会计处理。

第一节 标准成本法是一种将成本计算和成本控制相结合，由制定标准成本、计算和分析差异、处理成本差异三个部分组成的完整系统。

第二节 标准成本的制定包括三个项目的制定，各项目的标准成本为用量标准和价格标准的乘积。

第三节 成本差异是指实际成本和标准成本之间的差额。产品成本差异是由直接材料标准成本、直接人工标准成本和制造费用标准成本这三方面组成的，差异分析也就要分别从这三方面进行。

第四节 标准成本的账务处理有其自身的特点，这种方法既可以及时反映成本控制的业绩，也能够提高成本计算的质量和效率。

复习思考题

一、关键概念

标准成本制度、标准成本、理想标准成本、正常标准成本、成本差异、直接材料成本差异、直接人工成本差异、变动性制造费用成本差异、固定性制造费用成本差异、二因素分析法、三因素分析法、结转本期损益法、递延法

二、问答题

1. 试述制定标准成本的原则。
2. 成本差异有哪些？
3. 试述实施标准成本制定的步骤。
4. 试分析直接材料成本差异的原因。
5. 试分析直接人工成本差异的原因。
6. 试述变动性制造费用差异和固定性制造费用成本差异的特点。
7. 试比较固定性制造费用成本差异的二因素分析法和三因素分析法。
8. 试述在标准成本系统下，处理成本差异的两种方法。

DIJIUZHANG

第九章

责任会计

学习目的……

(1) 了解责任会计的意义、定义。
(2) 理解责任会计制度应遵循的原则及实施责任会计制度的基本环节。
(3) 掌握成本中心的含义、种类及其业绩考核指标。
(4) 掌握利润中心的含义、种类及其业绩考核指标。
(5) 掌握投资中心的含义、种类及其业绩考核指标。
(6) 了解制定内部转移价格的作用及其原则。
(7) 掌握内部转移价格的各种类型。

第一节　责任会计概述

一、责任会计的起源与含义

责任会计思想最早产生于19世纪末20世纪初的西方资本主义国家。这一时期，西方资本主义经济迅速发展，企业组织规模不断扩大，成本会计得到了充分发展，以泰罗的“科学管理理论”为基础的标准成本制度的出现为标志。同时，出现了预算管理制度，使得责任会计的思想从成本控制领域扩展到了利润控制和资金控制等领域。责任会计的理论与方法逐渐运用到了企业的实践当中。

责任会计起源于分权管理，以前的经济责任制没有明确直接与会计的关系，没有和会计相结合，而责任会计则是把经济责任制与会计结合起来，从实践和理论上都得出明确的概念，成为会计工作的一个领域——经济责任会计。具体地说，就是在企业内部除了要进行正常财务账务处理以外，首先还要按照企业内部经济责任制的原则，按照责任归属，确定各责任中心，并明确各责任中心的责任考核指标。其次，再以各责任中心为主体，按责任考核指标进行核算、控制、监督，实行统分结合、双层核算。

所谓责任会计是指在分权管理条件下，为适应经济责任制的要求，在企业内部建立若干责任中心，并对它们分工负责的经济活动进行规划、控制、考核与业绩评价的一整套会计制度。责任会计是以往的各种会计管理制度的发展。

二、实行责任会计的意义

我国财政部早在1995年发布了《会计改革与发展纲要》，其中指出，要“建立起以责任会计为主要形式的企业会计管理体系”。为了促进现代企业制度的发展和完善，加强企业生产经营管理，提高现代企业的管理科学水平，有必要建立一套比较健全的责任会计制度，以适应企业经营机制的转变，实现最佳经济效益和社会效益。从会计工作本身来看，推行责任会计体现了会计是一种管理活动，具有管理职能，是从传统的记账报账型发展为经营管理型的重要标志，是会计工作发挥管理作用、更好地为企业管理服务的重要方法和途径，是企业会计工作的重要组成部分，也是企业会计改革的重要内容。所以说，有基础的企业要尽快推行责任会计，基础不完善的企业也要创造条件,加快改革步伐,把企业经济核算纳入责任会计轨道。

现代企业制度要求企业增强市场竞争能力,成为市场竞争主体。要解决好企业与市场的关系,必须确定企业市场竞争能力的总体目标,并对其生产经营活动进行科学的预测、决策、控制和分析,责任会计能很好地发挥这方面作用。因为责任会计需要将企业总体目标中的价值指标进行分解,按照经济责任归属传递、控制、考核、报告经济信息,并对经营活动的业绩与规定的目标进行比较分析,形成全员参与,保证企业总体目标的实现。责任会计强调按确定的经济指标进行事前、事中控制,事后分析考核,做到经济责任、经济权利、经济效益、经济利益相结合,并把企业资产和生产资料的使用、经营管理落实到每个职工,充分发挥其作用,这样就能有力保证企业经济效益有新的增长,企业资产能保值增值。因此,现代企业制度迫切需要建立责任会计。

三、责任会计的原则

(一) 责、权、利相结合原则

责、权、利相结合原则是指要明确各个责任中心应当承担的责任,同时赋予相应的管理权力,并根据其责任的实行情况采取适当的奖惩措施。"责"是责任会计的核心,"权"是为了完成责任的前提,"利"是责任中心的激励因素。根据该原则,各责任中心应只对其可以控制的生产经营活动负责,而不对其不可控制的业务活动负责。

(二) 总体优化原则

总体优化原则是要求各责任中心目标与企业总体目标一致。建立责任会计的目的是有效促进各责任中心的工作,为实现企业的总体目标而努力。但是,由于各责任中心的责、权、利不同,有可能在实际工作中会产生利益冲突,所以在制定责任中心的考核指标时应当防止局部利益损害企业总体利益的行为,以实现企业总体目标为前提。

(三) 公平性原则

公平性原则是指在处理各责任中心的相互业务关系时应当公平、合理,有利于调动各责任中心的积极性。实行公平性原则,可以使得各责任中心在公平、合理的条件下进行各自的业务活动,为实现企业的总体目标而努力。

(四) 可控性原则

可控性原则是指各责任中心只能对其可控制和管理的经济活动负责。也就是说,各责任中心只对其权利可以控制的经济活动负责,承担相应的经济责任;而对于其控制不了的经济活动不承担经济责任。在日常考核中,应尽可能分清并排除不能控制的因素,做到责任分明,奖惩合理。

(五) 反馈性原则

反馈性原则是要求各责任中心对其生产经营活动提供及时、准确的信息,提供信息的主要形式是编制责任报告。通过及时、准确的责任报告,企业管理者能够对预算差异做出及时、合理的调整;能够加强对各责任中心生产经营活动的控制;能够为适当的奖惩提供依据。贯彻反馈性原则,能够更好地发挥责任会计的控制职能,进一步提高企业经济管理水平。

(六) 重要性原则

重要性原则也称为例外管理原则,是要求各责任中心对其生产经营过程中发生的重点差异进行分析、控制。重点差异一方面是指对实现企业总体预算、责任预算或对社会效益有实质性影响的差异,另一方面是指数额较大的差异。贯彻重要性原则有利于提高责任会计的效率。

四、责任会计的基本环节

责任会计的基本环节是企业为了建立和推行责任会计必须具备的基础和条件,主要包括以下几个方面。

(一)设置责任中心,明确责权范围

设置责任中心是实施责任会计的前提和关键。根据企业内部管理的需要,结合企业具体情况,对企业所属的各部门、各单位进行划分,合理设置责任中心。同时,依据各责任中心经营活动的特点,明确规定其责权范围。

在分权管理体制下经营的企业,为了对企业内部进行有效的控制,日常经营管理和决策权被层层下放到企业的各个部门,同时对这些下属的各部门落实相应的责任。这种既承担一定的经济责任,又享有一定权利和利益的企业内部部门称为责任中心。责任中心的划分取决于企业的组织管理体制,明确责权范围则取决于企业的外部环境、企业的规模、企业的生产经营特点和企业的发展战略。实施责任会计,重要的不在于企业内部有哪些责任中心和如何划分这些责任中心,而在于如何确定责任中心的责任范围,以及如何将其责任用价值指标予以量化考评,规定它们各自应拥有的经济权利和承担的经济责任,减少各责任中心之间的相互推诿。

(二)确定考核标准,编制责任预算

为考核责任中心的业绩,必须设置科学合理的考核指标。设立了合理的考核指标以后,将企业总体目标进行层层分解并划分到各责任中心,从而为各责任中心进行经营活动、评价工作成果提供了基本标准和主要依据。

责任预算是利用货币形式对责任中心的生产经营活动做出的计划安排。责任预算的编制是以企业的财务预算为基础来进行的。如果将企业视做一个大的责任中心,则财务预算便是其责任预算。财务预算要从企业全局出发来编制,立足于实现企业的整体经济效益。所以,企业内部责任中心的责任预算必须保证企业财务预算的顺利实现。编制责任预算,可以明确责任中心在预算期内的具体奋斗目标,发挥目标的激励作用。为了落实责任预算,促使责任预算的顺利实施并保证企业财务预算的顺利完成,必须对责任预算的承担者进行考核。考核的标准要在事先确定,使责任承担者知道企业是如何根据它来评价自己的业绩的,知道自己的工作以及努力程度将会带来什么样的报酬,并以此来规范自己的行为,激励责任承担者为实现自身的利益和企业的目标而努力。

(三)实施责任控制,组织日常核算

在日常核算过程中,应对各责任中心的各种指标进行计量、记录,形成原始记录。原始记录既是正确考核、评价责任中心的工作并进行奖惩的依据,又是全面、及时、准确地反映责任中心业绩的基础。

责任中心的业绩考评是责任会计的核心。在预算执行过程中,为实现对各责任中心的数量化、制度化管理,必须建立一套记录、计算、考核、评价责任预算执行情况的数据指标跟踪系统,组织责任结算工作,定期编制业绩报告和责任报告,将预算数和实际数加以比较、分析,计算差异,寻找原因,通过信息反馈调节和监控生产经营活动,确保企业各项经济活动围绕总体经营目

标进行。

（四）进行业绩评价，实施反馈控制

通过各责任中心的原始记录定期编制责任报告，对各责任中心的工作成果进行全面的分析和评价，比较预算和实际差异，找出原因和责任归属，并根据各责任中心的责任报告对实际工作的好坏进行奖惩，最大限度地调动各责任中心的积极性，提高企业的整体经济效益。

行为科学理论认为，当行为主体的某种行为带来了有利于行为主体的结果时，行为主体就产生加强该种行为的趋向；反之，当某种行为带来了不利于行为主体的结果时，行为主体则会产生减弱甚至消除该种行为的趋向。如果某种行为既得不到有利报酬，又没有不利结果，则该种行为就会产生两种发展趋势，要么更加强化以引起管理层的重视，得到报酬；要么逐渐减弱，乃至消除。因此，根据责任承担者的业绩计酬，实际上是为了对责任承担者的行为实施控制，从而保证企业整体利益的实现。

第二节　责任中心及其业绩考核

一、责任中心的含义

责任中心是根据企业内部的业务分工及其责任和权限，设立的业务控制和业绩考核的内部责任组织。设立责任中心是实施责任会计的前提和关键。为了有效地进行企业内部控制，有必要将整个企业内部组织合理划分为若干责任中心，设计相应的考核指标。划分责任中心，也便于制定预算编制的组织、执行及监督、考核等基本程序与操作规范，按照企业组织结构的层次关系逐级分解，使各责任中心明确各自的预算目标，通过各层责任中心预算目标及考核目标的实现保证公司整体目标的实现。

一个责任中心，应具备以下 4 个条件：

(1) 有承担经济责任的主体，即有一个明确的责任者；

(2) 具有相对独立的资金运动，即存在一个承担经济责任的客观对象；

(3) 可以合理确定经济绩效，即具有考核经济责任的基本标准；

(4) 具有明确的职责和权限，即具有承担经济责任的基本条件。

不具备上述条件的单位或个人不能构成责任实体，因而就不是责任会计的基本单位。因此，每个责任中心都应该是责权一致、效利挂钩、奖惩分明的责权利结合的统一体。

在划分责任中心时，应体现以下几个方面的要求：

(1) 每个责任中心应能够相对独立地进行和完成一定的业务活动；

(2) 每个责任中心应能够相对独立地承担具有明确范围和程度的经济责任；

(3) 每个责任中心能够掌握与其经济责任相适应的经济权力；

(4) 责任中心的划分应充分考虑企业的组织机构、经营方式和管理要求；

(5) 责任中心的划分应具有一定的稳定性和连续性；

(6) 责任中心的划分应具有层次性，重点突出。

责任中心通常不等同于法人单位，在一个企业内部，一个责任中心可大可小，它可以是一个销售部门、一条专门的生产线，也可以是分公司、子公司、事业部，甚至是整个企业。根据控制区域和权责范围的大小和下放给各级管理人员决策责任的性质和层次，企业的责任中心可以分为成本中心、利润中心和投资中心。

二、成本中心及其业绩考核

（一）成本中心的含义

所谓成本中心，是指只发生成本或费用而不取得收入的责任中心。成本中心只对成本或费用负责，它的主要职责是控制和报告成本。只要有成本费用发生的地方都可以建立成本中心，从而在公司内部形成逐级控制、层层负责的成本中心体系。成本中心定期、逐级地将实际成本发生情况上报给上级成本中心，直至汇总到利润中心。

成本中心一般没有收入。例如：一个生产车间，它的产成品或半成品不能直接由车间直接出售，没有销售权，也无货币收入。实际工作中，有的成本中心可能会有少量收入，但不成为主要的考核内容。例如：某些生产车间可能会取得少量外协加工收入，但这一收入不是该车间的主要收入，因此也不是考核该车间的主要内容。一个成本中心可以由若干更小的成本中心所组成。比如：一个分公司是成本中心，它由几个生产车间组成，而每个生产车间可以划分为若干个班组，这些班组就是更小的成本中心。因此，只要是对成本、费用负责，并能实施成本控制的单位甚至是个人，都可以成为成本中心。工厂、车间、工段、班组、个人等都可以划为成本中心，只是各成本中心的规模大小不一，权限范围大小不一而已。

成本中心具有以下特点。

(1) 成本中心不考核收益，仅考核成本。因为一般情况下，成本中心没有经营销售权，不能形成真正意义上的收入，故只需用货币形式衡量投入，而不衡量产出，这是成本中心的首要特点。

(2) 成本中心仅对可控成本负责，而不负责不可控成本。可控成本(controllable cost)是成本中心可以控制的各种耗费，可控成本应具备 3 个条件：①该成本的发生是成本中心可以预见的；②该成本是成本中心可以计量的；③该成本是成本中心可以调节和控制的。

（二）成本中心的分类

成本中心有两类：一类是以实际产出量为基础，并按标准成本进行成本控制的标准成本中心；另一类是以直接控制经营管理费用为主的费用中心。

标准成本中心是指生产产品或提供劳务的责任中心。其特点是已经知道单位产品所需要的投入量，且所生产的产品或提供的劳务稳定而明确。标准成本中心一般包括分厂、车间、工段、班组等。实际上，任何一种能计量产出实际数量的重复性活动都可以建立标准成本中心。例如，医院可根据接受检查或放射治疗的人数建立标准成本中心。

费用中心是指投入和产出之间没有密切关系的责任中心。费用中心一般包括企业的行政管理部门(例如会计、人事、劳资、计划等部门)、研究开发部门(例如设备改造、新产品研制等部门)以及销售部门(例如广告、宣传等部门)。这类成本中心的产出物通常不能用财务指标来衡量，其费用的发生主要为企业提供一定的专业服务，通常只考核其总成本的投入量。

（三）成本中心的考核指标

成本中心的考核指标包括成本降低额和成本降低率。成本中心只对可控成本承担责任，只对责任成本进行考核和控制。

可控成本是指责任中心可以计量、预计，并能实施影响和落实责任的那部分成本。可控成本必须同时符合以下三个条件：第一，成本中心可以通过一定的方式事先了解这些成本是否发生以及何时发生；第二，成本中心可以对这些成本进行精确计量；第三，成本中心可以通过自己的行为对这些成本进行调节和控制，并最终能将有关成本的控制责任分解落实，并进行考核评价。

凡同时具备以上三个条件的成本是可控成本；否则，即为不可控成本。必须指出的是，某项耗费是否属于可控成本，不是由费用本身决定的，而是相对于成本中心而言的。例如，企业产品生产的原料费用，由车间领用并耗费的，即为本车间的可控成本，但对原料采购部门而言，是不可控成本。因此，在企业内部，某一责任中心的可控成本，可能就是另一责任中心的不可控成本。上一层责任中心的可控成本，对其下属的责任中心而言，可能就是不可控成本；相反，对较低层次责任中心的可控成本，也一定是其上层责任中心的可控成本。就整个企业而言，几乎所有的成本都是可控成本，除非某些原料价格是由政府决定的，一般不存在不可控成本。

属于某成本中心的各项可控成本之和即构成该成本中心的责任成本。从考评的角度看，成本中心工作成绩的好坏，应以可控成本作为主要依据，不可控成本核算只有参考意义。在确定责任中心的成本责任时，应尽可能使责任中心发生的成本为可控成本。

成本中心的考评指标主要有成本降低额和成本降低率。其计算公式如下：

$$\text{成本降低额}=\text{预算成本}-\text{实际成本}$$

$$\text{成本降低率}=\frac{\text{成本降低额}}{\text{预算成本}}\times 100\%$$

【例 9-1】 某成本中心生产 A 产品，预算产量为 1000 件，单位标准成本为 50 元/件，实际产量为 1200 件，发生的实际单位成本为 45 元/件。要求计算该成本中心的成本降低额和成本降低率。

$$\text{成本降低额}=(50\times 1200-45\times 1200)\text{元}=6000\text{ 元}$$

$$\text{成本降低率}=\frac{6000}{50\times 1200}\times 100\%=10\%$$

计算表明，该成本中心的成本降低额为 6000 元，成本降低率为 10%。

成本降低额和成本降低率指标是成本中心业绩考核的基本指标，但对标准成本中心来说，如果产品未达到规定的质量标准，或者未按时完成生产任务，将会对其他责任中心产生不利的影响。因此，标准成本中心还有必要确定质量标准和时间标准，作为考核实际生产产品的质量和按时完成生产任务的情况。对于费用中心来说，出于投入和产出的关系不明确，通常使用费用预算来评价其业绩。一般来说，费用中心的实际成本低于预算水平，说明成本控制得较好；反之，说明成本控制得较差。业绩报告可以采用报表、数据分析和文字说明等形式反映责任预算实际执行情况的会计报告。对于业绩报告揭示的差异，各部门的负责人应做出分析说明，提出改进措施，提高业绩水平。

（四）成本中心的预算反馈报告

成本中心的权责范围为可控成本，其反馈内容据此建立。成本中心的预算反馈报告应主要反映其责任成本的预算额、实际发生额及其差异额，并按成本或费用的项目分别列示。采用不同成本计算方法的成本中心，其预算反馈报告的成本和费用项目不完全相同。

我们以变动成本法为例说明。

采用变动成本法计算成本的成本中心，其预算反馈报告按变动责任成本和固定责任成本分别列示。变动责任成本预算额根据各种产品产量和单位产品标准变动成本计算；变动责任成本实际发生额根据产生各种产品实际耗费的变动成本计算；根据变动责任成本预算额和实际发生额计算变动责任成本差异额。固定责任成本预算额可以根据上级责任中心分解下达的固定责任成本预算确定；固定责任成本实际发生额可以直接根据成本中心当期发生的可控固定成本确定；根据固定责任成本预算额和实际发生额计算固定责任成本差异额。最后，根据变动责任成本和固定责任成本的预算数、实际发生数和差异数，计算全部责任成本预算额、实际发生额和差异额。

为了便于成本责任中心和上级责任中心了解差异的具体内容，预算反馈报告中的变动责任成本和固定责任成本应按照各自的构成项目分别列示。成本中心预算反馈报告的格式如表 9-1 所示。

表 9-1　成本中心预算反馈报告

××分部　　　　　　　　×年（×季、月）　　　　　　　　单位：元

项　目		本期预算	本期实际	差异额	预算完成率	备注
可控成本						
变动成本	直接材料					
	直接人工					
	变动性制造费用					
	其他变动成本					
	固定性制造费用					
	其他固定成本					
不可控成本						
成本合计						

通过成本中心的预算反馈报告，可以了解成本中心责任成本预算的完成情况和产生差异的原因，有助于对成本中心进行控制，提高企业总体效益，并据此对各成本中心的业绩进行考评。

三、利润中心及其业绩考核

（一）利润中心的定义

利润中心是指既要对成本负责又要对收入负责的责任中心。其居于责任体系的中间层，不具有投资决策权，它是负有利润责任的公司整体（或子公司）以及相应的管理责任人。利润中心主要是从收入、成本、利润角度对“投资中心”的预算目标发挥支持作用，同时，在公司中还发挥着行业性或区域性市场经营管理的职能，最根本的任务是解决产品、市场的组合问题。利润中心具有独立的收入和生产经营决策权，它既对成本负责，又对收入和利润负责，最终将成本中心的责任成本与收入汇总上报投资中心。

（二）利润中心的分类

利润中心可以分为两种类型。一种是自然的利润中心，它直接向企业外部出售产品，在市

场上进行购销业务。例如:某些公司采用事业部制,每个事业部都有销售、生产、采购的职能,有很大的独立性,这些事业部就是自然的利润中心。另一种是人为的利润中心,它主要在企业内部按照内部转移价格出售产品。例如:大型钢铁公司分成采矿、炼铁、炼钢、轧钢等几个部门,这些生产部门的产品主要在公司内部转移,它们只有少量对外销售,或者全部对外销售由专门的销售部门完成,这些生产部门就可以看成是人为的利润中心,可以按照规定的价格向生产部门收费。

(三)利润中心的考核指标

利润中心的考核主要指标为利润,在具体考核过程中,可以使用边际贡献、可控边际贡献、部门边际贡献和税前部门利润等指标。另外,还可以结合其他一些非货币的衡量方法,将其作为补充,包括生产率、市场地位、产品质量、职工态度、社会责任、短期目标和长期目标的平衡等。

其计算公式如下:

边际贡献=部门销售收入总额-部门变动成本总额

可控边际贡献=边际贡献-部门可控固定成本

部门边际贡献=可控边际贡献-部门不可控固定成本

税前部门利润=部门边际贡献-分配的公司管理费用

【例 9-2】 某公司的某一部门的数据如下:(单位:元)

部门销售收入	15 000
已销商品变动成本和变动销售费用	10 000
部门可控固定间接费用	800
部门不可控固定间接费用	1200
分配的公司管理费用	1000

要求:计算该部门的业绩考核指标。

有关计算如下:

部门销售收入	15 000
减:变动成本	10 000
边际贡献	5000
减:部门可控固定成本	800
可控边际贡献	4200
减:部门不可控固定成本	1200
部门边际贡献	3000
减:公司管理费用	1000
部门税前利润	2000

一般来说,以边际贡献作为利润中心的业绩评价依据是不够全面的。而可控边际贡献可能更有利于作为部门经理业绩评价的依据,因为它反映了部门经理在其权限可控制范围内有效使用资源的能力。部门边际贡献率可能更适合评价该部门对企业利润和管理费用的贡献,而不适合于部门经理的评价。部门税前利润一般不适合作为部门业绩的评价依据,通常只作参考,目的是提醒部门经理注意各部门提供的边际贡献必须抵补总部的管理费用,否则企业作为一个整体就不会盈利。

（四）利润中心的预算反馈报告

由于利润中心既对成本负责，又对收入及利润负责，因而利润中心的预算反馈报告应以反映边际贡献和营业利润的完成情况为重点，主要反映其边际贡献和营业利润的预算额、实际发生额和差异额。

利润中心的预算反馈报告应按利润的形成过程分项列示。其报告格式如表9-2所示。

表9-2 利润中心预算反馈报告

××分部 ×年(×季、月) 单位:元

项目	预算	实际	差异
销售收入			
变动成本			
变动生产成本			
变动销售费用			
变动成本合计			
边际贡献			
固定成本			
可控固定成本			
不可控固定成本			
固定成本合计			
营业利润			

通过利润中心的预算反馈报告，可以了解利润中心的销售、成本等情况，分析影响责任中心目标利润完成的主要原因，并据此对利润中心的工作业绩进行考评。

四、投资中心及其业绩考核

（一）投资中心的定义

投资中心是指既对当期的成本、收入和利润负责，又对全部投资的效果负责的责任中心。它本质上也是一种利润中心，但其控制的区域和职权范围要大得多。由于它不仅要对当期的收益进行控制，而且要对长期的收益负责，所以它在生产经营和投资决策方面享有充分的权力。

投资中心居于责任体系的塔尖，是最高层次的预算责任单位，它需要对其投资效果负责。例如:大型集团公司下子公司的决策当局，担负着子公司的投资战略规划和战略管理工作，其预算目标即为子公司的整体目标，它不仅是子公司其他各层面的预算责任目标体系的综合，同时更发挥着子公司整体统一权的作用。各级投资中心将责任预算完成情况汇总上报最高投资中心即总公司，由总公司的预算管理组织机构向预算管理委员会汇报。

（二）投资中心的考核指标

对投资中心的考核除包括利润中心的考核内容外，还应当包括对投资效果的考核。评价投资中心业绩的指标主要有投资报酬率、剩余收益和现金回收率。

1. 投资报酬率

投资报酬率是最常见的考核投资中心业绩的指标，是指经营利润与平均经营资产之比。

其计算公式如下：

$$投资报酬率=\frac{经营利润}{平均经营资产(或投资额)}\times 100\%$$

【例 9-3】 某投资中心在生产经营中掌握和使用的全部经营资产年初为 22 000 元，年末为 18 000 元。该中心经营利润为 4000 元。

要求：计算该中心的投资报酬率。

$$投资报酬率=\frac{4000}{\frac{22\ 000+18\ 000}{2}}\times 100\%$$

$$=\frac{4000}{20\ 000}\times 100\%$$

$$=20\%$$

投资报酬率评价投资中心的业绩有许多优点。

其一，投资报酬率能够反映投资中心的综合盈利能力。由于投资报酬率可以分解为经营资产周转率和销售成本率，其展开如下：

$$投资报酬率=\frac{销售收入}{平均经营资产}\times\frac{成本费用}{销售收入}\times\frac{经营利润}{成本费用}$$

因此，投资报酬率可以对整个部门的经营状况做出评价。

其二，投资报酬率具有横向的可比性。投资报酬率是根据现有的会计资料计算的，比较客观，可用于投资中心之间以及不同行业之间的比较。

其三，投资报酬率可以作为评价投资中心经营业绩的尺度，有利于正确引导投资中心的管理行为。用它来评价每个投资中心的业绩，促使其提高本投资中心的投资报酬率，有助于提高整个企业的投资报酬率。

但是，投资报酬率指标的不足也是十分明显的，它会导致各投资中心只顾本身的利益而放弃对整个企业有利的投资机会。例如：如果鼓励部门负责人实现投资报酬率最大化，他们可能会放弃某些投资机会，即某项投资的报酬率高于总公司可接受的资本成本，但却低于投资中心目前的投资报酬率。

【例 9-4】 若某总公司的整体资本成本为 15%，其分公司有一项新的投资机会，预计每年收益为 400 000 元，需 2 000 000 元的投资，该项目的投资报酬率为 20%(400 000÷2 000 000)，因此该项目达到总公司要求达到的投资收益率目标，应该接受该项目，但该分公司原平均经营资产为 4 000 000 元，其经营利润为 1 000 000 元，其投资报酬率高于 20%，该分公司经理可能会拒绝接受新增的投资机会。

该投资中心的目前收益水平：

$$投资报酬率=\frac{1\ 000\ 000}{4\ 000\ 000}\times 100\%$$

$$=25\%$$

如果接受新投资，则：

$$投资报酬率=\frac{1\ 000\ 000+400\ 000}{4\ 000\ 000+2\ 000\ 000}\times 100\%$$

$$=23.3\%$$

计算表明：投资中心新的业绩水平比原有业绩水平下降，新的投资报酬率低于原有的投资报酬率，即使该项投资能为总公司带来好处(收益高于整个企业的资本成本)，但分公司负责人由于考核业绩下降而拒绝接受该投资项目。为改变这一缺陷，可用剩余收益指标进行考核。

2. 剩余收益

剩余收益是一个绝对指标，是指投资中心获得的利润扣减其规定的投资收益后的余额。

其计算公式如下：

剩余收益＝经营利润－(平均经营资产或投资额×规定的资本成本)

【例 9-5】 根据例 9-4 资料，计算该中心的剩余收益。

剩余收益＝1 000 000 元－4 000 000 元×15％＝400 000 元

若接受新投资，则

增加投资后的剩余收益＝(1 000 000＋400 000) 元－(4 000 000＋2 000 000) 元×15％
＝500 000 元

计算表明，投资中心负责人会采纳增加投资的方案，这是与企业的总体目标相一致的。

剩余收益还允许使用不同的风险调整资本成本。由于不同的投资有不同的风险，要求按照风险程度调整其资产成本。因此，不同行业投资中心的资本成本不同，甚至同一投资中心的资产也可以属于不同的风险类型。例如：现金、短期应收款和长期资本投资的风险有很大的区别，要求有不同的资本成本。在使用剩余收益指标时，可以对不同投资中心或不同资产规定的不同的资本成本，使得剩余收益指标更加灵活。

但是，由于剩余收益指标是绝对数指标，因此它不便于不同投资中心之间的比较。规模大的部门容易获得较大的剩余收益额，而其投资报酬率并不一定很高，因此，又会引起部门的业绩评价与企业整体决策之间的矛盾。

【例 9-6】 两个投资规模不同的部门的剩余收益与投资报酬率的比较如表 9-3 所示。

表 9-3 两个投资规模不同的部门的剩余收益与投资报酬率的比较 单位：万元

项目 \ 部门	A 部门	B 部门
投资额	100	1000
经营利润	30	250
资本成本(20％)	20	200
投资报酬率	30％	25％
剩余收益	10	50

资料指出，B 部门剩余收益远远高于 A 部门，究其原因，主要是因为其规模较大造成的，相反，B 部门的投资报酬率小于 A 部门。因此，不能简单地根据剩余收益指标得出结论。

因此，许多企业在使用上述方法时，事先建立与每个部门资产结构相适应的剩余收益额预算，然后才通过实际与预算的对比来评价部门业绩。也正是基于上述原因，许多公司一般用投资报酬率考核投资中心业绩，只有在追加投资时才使用剩余收益指标，这两个指标可同时作为考核投资中心业绩的指标。

剩余收益作为评价投资中心业绩的指标，相对于投资利润率指标而言，主要的优点是：

(1) 避免了投资决策中，投资中心拒绝接受投资报酬率低于其目前的收益水平但高于企业整体收益水平的方案，保证了企业整体利益与部门利益的一致性；

(2) 与企业经营目标——追求最大的利润相一致；

(3) 对于不同的资产可采用不同的资金成本，如流动资产的资金成本可以低于固定资产的资金成本，因为两者的风险不同。

【例 9-7】 某总公司有甲、乙两个分公司。设甲公司用投资报酬率评价，乙公司用剩余收益评价。两分公司资产都是 100 万元，利润都是 25 万元，总公司对其规定的最低报酬率均为 20%。现总公司有一个 10 万元的投资机会，可获净利 2.3 万元。

分析：通过对不同指标的计算，看两位经理在投资态度上的区别(见表 9-4)。

表 9-4　在投资态度上的比较

部　门	项　目	不　投　资	投　资
甲	净利	25 万元	27.3 万元
	资产	100 万元	110 万元
	投资报酬率	25%	24.82%
乙	净利	25 万元	27.3 万元
	资产	100 万元	110 万元
	应计资本成本	20 万元	22 万元
	剩余收益	5 万元	5.3 万元

两分公司经理根据各自的计算，会得出不同的决策。甲经理认为，投资后使本公司的综合投资报酬率由 25%下降到 24.82%，所以，不投资。这样，就将使总公司失去一次盈利机会。客观上只考虑本分公司的利益。

而乙经理认为，投资后使本分公司的剩余收益由 5 万元增加到 5.3 万元，所以决定投资。这样，客观上既考虑了本分公司的利益，也顾及了总公司的利益，对局部和整体都有利。

虽然剩余收益指标可以弥补投资利润率指标的某些缺陷，但两者的共同问题仍是收益计量和资产计价，以及与净现值衡量指标之间的冲突。另外，由于剩余收益指标是一个绝对数，无法用于不同投资规模的部门之间业绩的比较。因为规模大的部门容易获得较大的剩余收益，而它们的投资报酬率并不一定很高，这充分表明了引导决策与评价业绩之间的矛盾。因此，许多企业在使用这一方法时事先建立与每个部门资产结构相适应的剩余收益预算，然后通过实际与预算的对比来评价部门业绩。

3. 现金回收率

现金回收率是指该投资中心的现金净流量与平均经营资产(或投资额)之比。

其计算公式如下：

$$现金回收率=\frac{现金净流量}{平均经营资产(或投资额)}\times 100\%$$

【例 9-8】 若某投资中心营业现金净流量为 100 000 元，经营资产平均占用额 500 000 元，计算其现金回收率。

$$现金回收率=\frac{100\ 000}{500\ 000}\times 100\%=20\%$$

(三) 投资中心的预算反馈报告

投资中心的预算反馈报告与利润中心的相似，除需列出销售收入、销售成本、营业利润外，还要列示投资报酬率、剩余收益、销售利润率、资产周转率等项指标，重点应放在投资报酬率、剩余收益和资产周转率这些指标上，并将预算数和实际数对比。据此，计算差异，分析原因，以便对投资中心的业绩进行全面考察与评价。投资中心的预算反馈报告格式，如表 9-5 所示。

表 9-5　投资中心预算反馈报告

××部门　　×年(×季、月)　　单位:元

项　目	预算	实际	差异
销售收入			
变动成本			
变动生产成本			
变动销售成本			
变动成本合计			
贡献毛益			
固定成本			
可控固定成本			
不可控固定成本			
固定成本合计			
营业利润			
资产平均占用额			
销售利润额			
资产周转率			
投资报酬率			
要求的最低报酬率			
剩余收益			
现金回收率			

由于各个责任中心是逐级设置的，因而预算反馈报告也应自下而上，从最基层的成本中心逐级向上汇报，直至最高管理机构。每一级的反馈报告除最基层只有本身的可控成本外，其他层次都应包括本身的可控成本和下属单位转来的责任成本，这样就形成了一条“连锁责任”。

成本中心、利润中心、投资中心三者的目标、责任与权利彼此对称，层层制约又层层支持，构成了一个完整的预算责任体系。三者的主要区别在于各中心控制的区域和权责范围大小不同，但它们都承担相应的责任，并相互联系。成本中心应就其本身的可控成本向上级成本中心负责，逐级汇总并向利润中心负责；利润中心就其本身经营的收入、成本和利润向投资中心负责；投资中心则最终就其经营的投资利润率向公司总经理和董事会负责。这种责任体系形成一个责任网络，使公司的全面预算管理得以贯彻执行。

第三节　内部转移价格

内部转移价格又称内部结算价格，是指通过对企业内部交易或结转的产品及其劳务进行合

理的定价,其中间产品或劳务的内部结转价。内部转移价格在实施责任会计中,企业内部的每一个责任中心都是作为相对独立的业务活动的组织和控制者存在的,为了分清经济责任,各责任中心直接的经济往来,应当按照等价交换的原则。各责任中心相互提供产品(劳务)时,要按照一定的价格,采用一定的结算方式,进行计价结算。

制定内部转移价格是理清责任指标的依据,是测定责任资源的依据,也是考核责任业绩的依据。

一、制定内部转移价格的原则

制定内部转移价格应当达到三个目标。其一,进行准确的业绩评价。内部转移价格应当保证有利于对各个责任中心的业绩进行准确评价,不应使任何责任中心通过内部转移价格侵害其他责任中心的利益。其二,保持企业整体目标的一致性。内部转移价格应当促使各个责任中心的决策与企业整体决策目标一致。其三,保证责任中心的经营自主权。内部转移价格应保证责任中心管理人员对内部转移定价的自主性,避免企业高层管理人员的干预。

内部转移定价有三个基本目的:一是防止成本转移引起责任中心之间的责任转嫁,使每个责任中心都能够作为单独的组织单位进行业绩评价;二是作为一种价格信号引导下级部门采取正确的决策;三是目标一致性,即分部经理决策可使公司总体利益最大化。但在实践中,两种目的有时会发生较大的冲突,即能够满足业绩评价的转移价格,可能引导分部经理采取并非对企业整体最有利的决策;而能够引导经理做出正确决策的转移价格可能会使某个部门获得超额利润,而另一部门发生亏损。因此,很难找到一个理想的转移价格同时兼顾业绩评价和正确决策,通常只能根据企业具体情况选择一个相对满意的解决办法。

因此,制定内部转移价格必须遵循以下原则。

(一)公平性原则

公平性原则是制定内部转移价格首先应当考虑到的,只有内部转移价格公平合理,才会避免出现提供产品的责任中心和接受产品的责任中心由于价格制定的不当而产生矛盾。贯彻公平性原则,对于具有前后“传递性”关系的责任中心来说是十分重要的,可以使得它们在公平、合理、对等的条件下努力工作。内部转移价格制定得是否公平合理直接关系到责任会计制度是否能够真正建立起来。

(二)目标一致性原则

制定内部转移价格必须同时考虑两个方面的利益,一方面要考虑相关责任中心的利益,另一方面应当考虑企业的整体目标利益,并应该尽量使两方面的利益保持一致。既不能因为只考虑相关责任中心的利益而忽略了企业的整体发展目标,又不能只顾企业的整体利益而将各责任中心的利益置之不理。

(三)激励性原则

建立责任会计制度的目的,是激励企业的各个责任中心包括部门和员工,促使其工作更加努力,以实现企业的经营目标。因此,为了更好达到激励作用,制定内部转移价格就成为责任会计制度的一个重要手段。

二、内部转移价格的类型

制定内部转移价格的目的一方面是防止成本转移带来各部门之间的责任转嫁,另一方面确保企业整体利益的最大化,因此,企业可以根据自身的具体情况分析、选择其基本满意的解决方案。内部转移价格主要有以下几种类型可以选择。

(一) 成本价格

成本价格就是以产品或劳务的成本为基础制定的内部转移价格。由于成本的概念不同,按照不同的分类方法,成本转移价格又可以分为实际成本、标准成本和变动成本。

1. 实际成本

实际成本定价方法是以中间产品生产时的生产成本作为其内部转移价格的方法。以实际成本定价具有一定的客观性,使用方便。但是以实际成本定价,接受产品的责任中心,要承担不受它们控制而由其他责任中心所带来的工作效率上的责任,这使得接受产品或提供产品的部门考核不能真实反映其业绩水平。

2. 标准成本

标准成本定价方法是为了弥补实际成本的缺陷,以中间产品的标准成本作为其内部转移价格的一种方法。采用该方法,产品或劳务的标准成本资料很容易取得,而且能减少低效率问题,有利于明确经济责任,便于正确评价各自的工作成果。但是,对于短期决策而言,提供产品的责任中心所计算的固定成本,在接受产品的责任中心的处理过程中作为了变动成本处理。因此,以标准成本作为内部转移价格能促进企业内买卖双方改善生产经营,降低成本。其缺点是不一定使企业利益最大化,如中间产品标准成本为 30 元,单位变动成本 24 元,卖方有闲置生产能力,当买方只能接受 26 元以下的内部转移价格时,此法不能促成内部交易,从而使企业整体丧失一部分利益,不能很好解决“目标一致性”问题。

3. 变动成本

变动成本定价方法是以产品(半成本)或劳务的变动成本作为内部转移价格的一种方法,它适用于采用变动成本法计算产品成本的成本中心进行的往来结算。这种方法能够揭示成本与产量的关系,便于考核各责任中心的业绩和经营决策。这种方法的缺点是产品或劳务中不包括固定成本,不能反映生产率变化对固定成本的影响,不利于调动各责任中心的积极性。为单位产品确定标准的变动成本,按购买部门的实际购入量计算变动成本总额,如果总需要量超过了供应部门的生产能力,变动成本不再表示需要追加的边际成本,则这种转移价格将失去其积极作用。反之,如果最终产品的市场需求很少,购买部门需要的中间产品也变得很少,但它们需要支付固定费用。在这种情况下,市场风险全部由购买部门承担了,而供应部门仍能维持一定利润水平,显得很不公平。实际上,供应部门和购买部门都受到最终产品市场的影响,应当共同承担市场变化引起的市场波动。

(二) 市场价格

市场价格是根据产品或劳务的市场价格作为基础制定内部转移价格的一种方法。以市场价格作为内部转移价格的责任中心,应该是独立核算的利润中心。采用市场价格,一般假定各责任中心处于独立自主的状态,可以自由决定从外部或内部进行购销活动,同时,产品或劳务有客观的市场价格可以采用。以正常的市场价格定价有着明显的优点:它最能体现各责任中心的基本要求，使每个利润中心实质上成为独立的机构，各自经营、相互竞争，最终通过利润指标来考核和评价其工作成果。在西方国家，通常认为市场价格是制定内部转移价格的最好依据。因为市场价格客观公正，对买卖双方无所偏袒，而且还能激励卖方努力改善经营管理，不断降低成本，在企业内部创造一种竞争的市场环境，让每个利润中心都成为名副其实的独立生产经营单位，以利于相互竞争，最终通过利润指标来考核和评价其工作成果。

在采用市场价格作为计价基础时，为了保证各责任中心的竞争建立在与企业的总目标相一致的基础上，企业内部的买卖双方一般应遵守以下的基本原则：

(1) 如果卖方愿意对内销售，且售价不高于市场价格时，买方有购买的义务，不得拒绝；

(2) 如果卖方售价高于市场价格，买方有改向外界市场购入的自由；

(3) 若卖方宁愿对外界销售，则应有不对内销售的权利。

然而，以市场价格作为内部转移价格的计价基础，也有其自身的局限性。这是因为企业内部相互转让的产品或提供的劳务，往往是本企业专门生产的，具有特定的规格，或需经过进一步加工才能出售的中间产品，因而往往没有相应的市场价格作为依据。由于市场价格定价方法必须在完全竞争的市场条件下才能真正做到，而完全竞争的市场是很难真正找到的，而且市场价格也受到一定的限制。“完全竞争市场”这一假设条件，意味着企业外部存在着中间产品的公平市场，生产部门被允许向外界顾客销售任意数量的产品，购买部门也可以从外界供应商那里获得任意数量的产品。由于以市场价格为基础的转移价格，通常会低于市场价格，这个折扣反映与外销者有关的销售费以及交货保修等成本。因此，可以鼓励中间产品的内部转移。如果不考虑其他更复杂的因素，购买部门的经理应当选择从内部取得产品，而不是从外部采购。

(三) 协商价格

协商转移价格的确定依赖于下列条件。

(1) 要有一个某种形式的外部市场，两个部门经理可以自由地选择接受或者是拒绝某一价格。如果根本没有可能从外部取得或销售中间产品，就会使一方或双方处于垄断状态，这样谈判结果不是协商价格而是垄断价格。在垄断的情况下，最终价格的确定受谈判人员的实力和技巧影响。

(2) 在谈判者之间共同分享所有的信息资源，这个条件能使协商价格接近一方的机会成本。如双方都接近机会成本则更为理想。

(3) 最高管理阶层的必要干涉。虽然尽可能让谈判双方自己来解决大多数问题，以发挥分散经营的优点，但是，对于双方谈判时可能导致企业非最优决策时最高管理阶层要进行干预。对于双方不能自行解决的争论有必要进行调节，当然这样的干预是有限的、适度的，不能使整个谈判变成上级领导裁决一切问题的过程。

协商价格也称为议价，它是企业内部各责任中心以正常的市场价格为基础，通过定期共同协商所确定的为双方所接受的价格。采用协商价格的前提是责任中心转移的产品应有在非竞争市场买卖的可能性，在这种市场内买卖双方有权自行决定是否买卖这种中间产品，买卖双方就转移中间产品的数量、质量、时间和价格进行协商并设法取得一致意见，使内部转移价格具有一定的弹性。

协商价格的上限是市价，下限是单位变动成本，具体价格应由买卖双方在其上下限范围内协商议定，这是由于：①外部售价一般包括销售费、广告费及运输费等，这是内部转移价格中所不包含的，因而内部转移价格会低于外部售价；②内部转移的中间产品一般数量较大，故单位成本较低；③售出单位大多拥有剩余生产能力，因而议价只需略高于单位变动成本就行。

采用协商价格的缺陷是：在双方协商过程中，不可避免地要花费很多人力、物力和时间，当买卖双方的负责人协商相持不下时，往往需要企业高层领导进行裁定。这样就丧失了分权管理的初衷，也很难发挥激励责任单位的作用。

（四）双重价格

所谓双重内部转移价格是指对产品或劳务的供需双方采用不同的转移价格。如：对产品或劳务的供应方，可以按照协商的市场价格进行计价；对产品或劳务的接受方，可以按照供应方提供产品或劳务的单位变动成本计价，最终对其双方的差额进行会计调整。这样处理，一方面有利于产品或劳务的接受部门正确地进行经营决策，避免企业内部产出部门的生产能力闲置的情况出现；另一方面也有利于促使供应方在生产经营过程中充分发挥其主动性和积极性，提高生产效率。这种方法通常在中间产品有外部市场、供应部门的生产能力不受限制而且变动成本低于市场价格的情况下才被采纳，最终提高企业的整体利益。

西方国家采用的双重价格通常有两种形式：①双重市场价格，即当某种产品或劳务在市场上出现几种不同价格时，买方采用最低的市场价格，卖方则采用最高的市场价格；②双重转移价格，即卖方将市场价格或协议价格作为计价基础，而买方则将卖方的单位变动成本作为计价基础。

本章小结

所谓责任会计是在分权管理条件下，为适应经济责任制的要求，在企业内部建立若干责任中心，并对它们分工负责的经济活动进行规划、控制、考核与业绩评价的一整套会计制度。责任会计是以往的各种会计管理制度的发展。

第一节　介绍了责任会计的相关概念。责任会计是企业内部控制会计，是以企业内部的各个责任中心作为会计主体，对责任中心进行控制和考核的一种会计制度。

第二节　重点讲述了责任中心及对各责任中心进行业绩考核的方法。按其责任和控制范围的大小，这些责任中心分为成本中心、利润中心和投资中心。成本中心是只对成本或费用负责的责任中心，其类型包括标准成本中心和费用中心，其业绩考核的主要指标有成本降低额和成本降低率。利润中心是指既能控制成本，又能控制收入的责任中心，按照其产品或劳务是否直接对外销售分为自然的利润中心和人为的利润中心，其业绩考核指标主要有边际贡献、可控边际贡献、部门边际贡献及其税前部门利润。投资中心是企业最高层次的责任中心，既要对成本、利润负责，又要对投资效果负责，其业绩考核指标主要有投资报酬率、剩余收益和现金回收率。

第三节　主要讲述内部转移价格的制定。内部转移价格具有联结企业内部各单位的纽带作用，它是指企业内部各责任中心之间相互提供产品、半成品或劳务时，所选用的一种计价标准或结算价格。内部转移价格包括成本价格、协商价格、市场价格和双重价格，各自适用于不同的情况。

复习思考题

一、关键概念

可控成本、成本中心、利润中心、投资中心、内部转移价格、标准成本中心、责任中心、人为的利润中心、自然的利润中心、双重转移价格

二、简答题

1. 责任会计的原则有哪些?

2. 实施责任会计有哪些环节?

3. 试述如何划分责任中心。

4. 成本中心有哪些类型?成本中心的业绩考核指标有哪些?

5. 利润中心有哪些类型?利润中心的业绩考核指标有哪些?

6. 如何进行投资中心的业绩考核?

7. 制定内部转移价格的方法有哪些?各自有什么优缺点?

DISHIZHANG

第十章 作业成本会计

学习目的……

（1）了解作业成本法的产生与发展。

（2）理解作业成本法的基本含义及其相关概念体系。

（3）掌握作业成本法计算的基本原理、步骤及其应用。

（4）进一步了解作业成本管理的基本思想。

第一节　作业成本概述

一、作业成本法的产生与发展

作业成本法的产生，可以追溯到美国会计学家科勒在 20 世纪 30 年代提出了作业成本法的基本思想，第一次将作业的观念引入了会计与管理之中。科勒在担任美国田纳西河谷管理局的主计长和内部审计师期间，管理局主要从事水力发电业务，成本结构呈现出一种不同于传统制造企业的情形：以流动的水面为直接材料，无须购买；直接人工成本比重很低；设备的折旧、维护保养等间接费用构成的水力发电为主要成本。显然，在这种情形下，采用以往的直接人工成本或机器工时标准分配制造费用会严重扭曲水力、电力等部门实际的成本信息，不利于成本控制和效率的改进。于是，科勒教授开始系统研究制造费用的分配问题，在此基础上形成了作业成本计算方法的雏形，并在 1952 年编著的《会计师词典》中首次提出作业、作业账户、作业会计等概念。此后，斯托布思教授在《作业成本会计与投入产出会计》一书中全面论述了作业、作业成本、作业投入产出系统等概念。任何理论和方法的产生都有着深刻的时代背景，都不是偶然的，作业成本法的产生也是如此。

作业成本法产生的原因，可以简要地归纳为下述两个方面：一是制造环境的改变，二是新技术革命和日趋激烈的市场竞争。

（一）制造环境的改变

传统成本计算法下，制造费用归集了除直接材料、直接人工以外的全部其他制造成本，同时在假设制造费用发生额与分配标准之间存在着线性关系的基础上，选择单一的标准（直接人工工时或机器小时）在各种产品间进行间接费用的分配，进而确定产品成本。在产品技术含量不高、主要依靠手工生产的时代，这种假设具有一定合理的成分。但是，在新的技术条件下，在生产顾客化的新制造环境中，间接费用在产品制造成本中所占的比重日益加大。有资料显示，20 世纪 80 年代间接费用在产品生产成本中所占的比重，美国为 35%，日本为 26%；就美、日的电子和机器制造业而言，这一比重在日本为 50%到 60%，在美国更高达 75%。在这种情况下，运用传统的分配方法会造成成本数据的严重扭曲，会高估生产量大、技术不很复杂的产品的成本，低估生产量低、技术比较复杂的产品的成本，从而使成本失真，歪曲的成本信息甚至会误导企业决策。

因此，传统成本计算方法已经不能适应新的制造环境的新要求，严重扭曲的成本信息使得实务界对新的成本计算方法产生了迫切的需求，对制造费用的核算进行根本性变革是不可避免的。因此，一种不同于传统制造企业的制造费用的分配方法——作业成本法就应运而生了。

（二）新技术革命和日趋激烈的市场竞争

企业大量采用高科技，生产经营活动日益智能化、自动化。企业的技术进步导致了产品市场生命周期缩短，同时客户需求更加个性化、多样化。因此，在新技术革命和新的企业观的双重作用下，市场竞争不断加剧。为满足经营管理的需求，弹性制造系统、适时制生产方式和全面质量管理应运而生，这些管理方式的实施，对传统成本核算方法提出了更高的要求，它要求成本核算工作由以产品为中心转移到以作业为中心，建立起一个以作业为基本对象的科学的成本信息系统。只有对各项作业实施有效的管理才能保证它们的有效运行，以促进企业作业管理水平的提高，因此，作业成本法不仅是一种成本计算方法，更成为一种成本控制和企业管理手段。

但是直到 20 世纪 80 年代，作业成本法才真正引起重视。这一方面，由于社会环境的变化和企业生产组织的变革导致传统成本计算方法提供的成本信息严重扭曲，实务界对这种新的成本计算方法的迫切需求；另一方面，计算机技术的成熟发展有效解决了多元化分配标准带来的庞大烦琐的计算工作量问题。1988 年，美国芝加哥大学的库柏和哈佛大学的卡普兰教授在调查研究的基础上，发展了科勒和斯托布思的思想，提出了以作业为基础的成本计算方法。此后，在理论界和实务界的通力合作下，作业成本法得到了越来越多的支持和越来越多的应用，成为一种适应新时代要求的现代成本计算方法。

二、作业成本法的含义

对于作业成本法的概念，国内外学者有着不同的看法。虽然国内外学者各有不同的看法，但大部分认为：作业成本法是一种成本核算方法，能够提供更为准确、及时、相关的成本信息；作业成本法的成本分配的原理是产品或服务消耗作业，作业消耗资源，即以作业为纽带进行更为优化的成本分配。

因此，基于上述认识，认为：作业成本法是指把企业消耗的资源按资源动因分配到作业以及把作业收集到的作业成本按作业动因分配到成本对象的核算方法。它是将间接成本和辅助费用更准确分配到作业、生产过程、产品、服务及顾客中的一种成本计算方法。

企业的全部经营活动是由一系列相互关联的作业组成的，企业每进行一项作业都要耗用一定的资源；而企业生产的产品（包括提供的服务）需要通过一系列的作业来完成。因此，产品成本实际上就是企业全部作业所消耗资源的总和。在计算成本时，首先按经营活动中发生的各项作业来归集成本，计算出作业成本；然后再按各项作业成本与成本对象（产品或服务）之间的因果关系，将作业成本追溯到成本对象，最终完成成本计算过程。

在作业成本法下，直接成本可以直接计入有关产品，与传统的成本计算方法并无差异，只是直接成本的范围比传统成本计算的要大，凡是可方便地追溯到产品的材料、人工和其他成本都可以直接追溯，尽量减少不准确的分摊。不能直接追溯的成本，则先追溯或分配到有关作业，计算作业成本，然后再将作业成本分配到有关产品。

三、作业成本法的核心概念体系

作业成本法涉及的核心概念有资源、作业、作业中心、成本动因、资源动因、作业动因、成本库等。

（一）资源

资源是成本的源泉，是为了产出作业或产品（包括提供的服务）而进行的费用支出，是各项费用总体。一个企业的资源包括直接人工、直接材料、生产维持成本、间接制造费用以及生产过程以外的成本。制造行业中典型的资源包括原材料、辅助材料、燃料、动力、工资及福利费、折旧、办公费、修理费用、运输费等。

资源一般分为货币资源、材料资源（对象资源）、人力资源、动力资源（手段资源）等。

（二）作业

作业是成本分配的第一对象，是企业在经营活动中的各项具体活动。资源耗费是成本被汇集到各作业的原因，而作业是汇集资源耗费的对象。所以，作业是进行作业成本计算的核心和基础。

不同企业的作业在分类上存在较大的差别。一般而言，制造类企业的作业可以分为五个基本的类别。

(1) 进货作业，与采购业务相关的各项作业，如购进原材料的搬运、分类整理、储存等。

(2) 生产作业，与生产过程相关的作业，如加工、组装、检验、包装、设备维护等。

(3) 营销作业，与推介企业产品相关的作业，如报价、建立销售渠道、广告、促销等。

(4) 发货作业，与产品销售发出相关的作业，如发运、订单处理等。

(5) 服务，为主要经营活动提供服务的各项作业，如安装、修理、设备调整等。

另外，还包括计划、财务、会计、法律等管理作业，职员招聘、培训、开发等人力资源管理作业以及产品开发和工艺流程改进等技术开发作业。

对于制造企业，生产作业可以进一步分为单位层次作业、批次层次作业、产品层次作业和维持层次作业。

单位层次作业是使每一个产品单位或每一位顾客受益的作业，如对每件产品的加工或对每位顾客提供服务的作业。

批次层次作业是使一批产品或顾客受益的作业，如对每批产品的检验、订单处理等作业，其成本与产品的批数成比例变动。

产品层次作业是使某种产品的每个单位都受益的作业。这种作业的成本与产品产量和批次无关，但与产品种类数成比例变动，如对每一种产品编制数控规划、材料清单。

维持层次作业又称管理层次作业，是为了支持和管理生产经营活动而进行的作业，是某个机构或部门受益的作业。这种作业的成本与产品的产量、批次、品种数无关，如厂房使用、人员培训等。

（三）作业中心

作业中心是负责完成某一项特定产品制造功能的一系列作业的集合。作业中心既是成本汇集的中心，又是责任考核中心。一般说来，作业中心是基于管理的目的而不是专门以成本计算为目的设置或划定的，传统制造企业的经营过程被习惯地分为材料采购、产品生产和产品销售三个环节，而按照作业成本计算理论，这三个环节都可以称为作业中心。但是，作业成本法面临变化了的制造环境，这种划分显得过于简单，已经不能满足成本计算和成本管理的需要。原因如下。

(1) 在适时制生产方式下,一个大型企业通常分设为若干制造中心。这些制造中心既可能生产直接对外销售的产品,也可能为下一个制造中心生产半成品,成为适时相接的制造过程的独立环节。因此,作业中心是相对制造中心划定设立的。

(2) 在适时制生产方式下,材料采购并不构成独立的生产环节。此时,材料采购的目的非常明确,就是保证某一个作业中心生产的适时需要,材料采购工作由制造环节外的工作演化为制造环节内的工作,每一个作业中心都有专司材料供应工作的人员。

(3) 依据工作组合的可独立性和工作组合内容的可分解性,我们可以也只能据此把一个制造中心划定为若干作业中心。正因为可独立,作业中心可以成为作业责任考核的对象,而可分解性则反映了制造中心包含若干作业中心的状况。

强调作业中心是作业成本计算的对象,是基于作业考核的目的。因为作业成本法既是一种成本计算方法,也是一种责任考核方法。

另外,将作业中心作为作业成本计算对象,还有利于汇集资源耗费。由于管理手段的限制,也由于成本核算本身的成本效益原则,及时地把资源汇集到每项作业既无必要也无可能。这样,作业中心成为计算资源耗费价值必不可少的一个环节。

(四) 成本动因

成本动因就是决定成本发生的那些重要的活动或事项。成本动因可以是一个事件、一项活动或作业,它支配成本行为,决定成本的产生。所以,要把间接成本分配到各产品中去,必须要了解成本行为,识别恰当的成本动因。

根据成本动因在资源流动中所处的位置,成本动因可以分为资源动因和作业动因两类。

1. 资源动因

资源动因是引起作业成本变动的因素,是资源被各种作业消耗的方式和原因,它反映作业中心对资源的消耗情况,是资源成本分配到作业中心的标准。资源动因被用来计量各项作业对资源的耗用,运用资源动因可以将资源成本分配给各有关作业。例如:产品质量检验这项作业需要有检验人员、检验设备,并耗用电力等能源。检验作业成本对象,耗用的各项资源,构成了该作业的成本。其中,检验人员的工资、专用设备的折旧费等成本,一般可以直接计入检验作业;而能源成本往往不能直接计入(除非为设备专门安装电表进行电力耗费记录),需要根据设备额定功率(或根据历史资料统计的每小时平均耗电数量)和设备开动时间来分配。这里,“设备的额定功率乘以开动时间”就是能源成本的动因。设备开动导致能源成本的发生,设备的功率乘以开动时间的数值(即动因数量)越大,耗用的能源越多。将“设备的额定功率乘以开动时间”这一动因作为能源成本的分配基础,可以把检验专用设备耗用的能源成本分配到检验作业当中。

2. 作业动因

作业动因是引起产品成本变动的因素,是各项作业被最终产品或劳务消耗的方式和原因。它反映产品消耗作业的情况,是作业中心的成本分配到产品中的标准,被用来作为作业成本的分配基础。例如,某车间生产某产品,该产品分为若干批次完成,每批产品完工后都需要进行质量检验。假定对该产品的每一批次进行质量检验所发生的成本相同,则检验的次数就是检验成本的作业动因,它是引起产品检验成本变动的因素。某一会计期间发生的检验作业总成本(包括检验人工成本、设备折旧、能源成本等)除以检验的次数,即为每次检验所发生的成本。某种产品应承担的检验作业成本，等于该种产品的批次乘以每次检验发生的成本。产品完成的批次越多，则需要进行检验的次数越多，应承担的检验作业成本越多；反之，则应承担的检验作业成本越少。

（五）成本库

成本库是按照同质的成本动因将作业所发生的相关成本归集而成的。作业成本动因一旦选定，就可按照同质的成本动因将相关的成本归集起来形成成本库。每个成本可以归集直接人工、直接材料、机器设备折旧、管理性费用等，如设备调整人员工资、福利、调整所用的物料、工具的损耗等。

企业发生的各项具体成本要先汇集到各成本库，然后再按一定的标准予以分配，通过计算成本库分配率，最终将成本归集到不同的产品。成本库分配率是指特定作业成本库单位成本动因的成本。例如，假设包括机器维修、折旧、计算机支持、润滑、电力和校准的机器成本库成本总额为 100 000 元，机器小时预算数为 1000 小时。可以选择机器小时作为成本动因，按照机器小时标准进行分配，机器成本则通过成本库分配率分配给产品，即机器成本库分配率为 100 000 元 ÷ 1000 机器小时 = 100 元/机器小时。如果该机器成本库的产品 A 的生产需要 2 机器小时/件，则产品 A 单件机器成本为 200 元/件。

在传统成本法下，各类制造费用的归集都是按照部门进行的，而在作业成本法中，将每一个作业中心所发生的成本按照同质的成本动因归集起来作为一个成本库，一个成本库对库内同质费用的耗费水平负有责任。建立不同的成本库，按照多个分配标准分配制造费用是作业成本计算优于传统成本计算之处。

当作业成本法将资源、作业、作业中心、制造中心引入成本控制时，就形成了一个完整的作业成本计算体系，如图 10-1 所示。

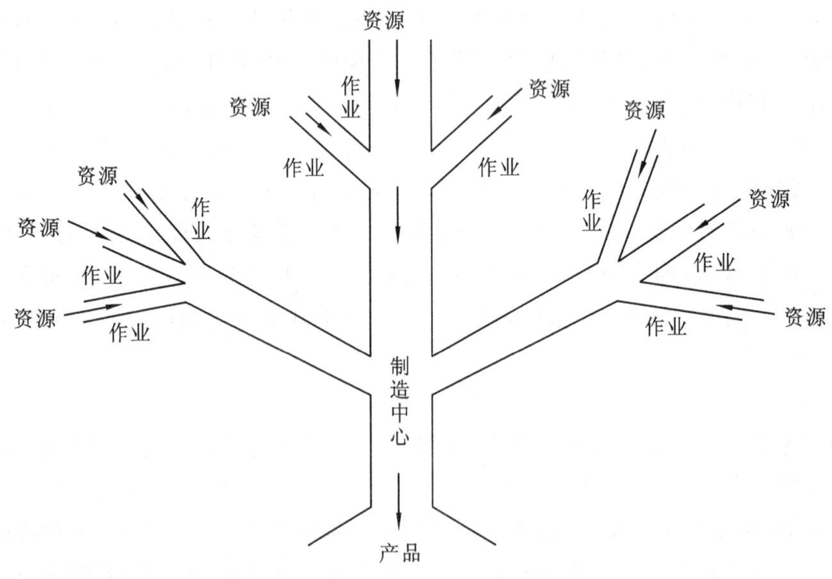

图 10-1　作业成本计算体系

四、作业成本法与传统成本法的主要区别

（一）关注的重点不同

传统的成本管理关注的重点是成本，而作业成本管理关注的重点是作业。

传统成本管理关注的对象主要是产品，重点是如何降低产品成本，而不涉及作业。通过传统成本计算取得的仅仅是产品成本的信息，而不是与作业相关的信息。传统的成本计算方法均是以产量为基础进行分摊到产品的成本计算，所提供的信息不仅在准确性方面遭到质疑，在信息的广泛性、相关性和及时性等方面也都存在一定的问题。利用其进行决策就会出现就成本论成本的问题。因此，传统成本管理尤其不适于那些制造环境先进、产品品种多而且更新换代较快、市场竞争十分激烈的企业。

作业成本管理的对象不仅是产品，而且包括作业，并把作业作为重点关注对象。作业成本计算并非就成本论成本，而是确认作业产生的一系列成本动因，分别计算作业对资源消耗情况（作业成本）与成本对象对作业的消耗情况（产品成本），在投入与产出之间建立了科学的因果联系，从而提高了产品成本计算的准确性。通过作业管理，对作业进行分析，可以将管理引入更深的层次，发现影响成本的根本原因，从而解决影响成本的实质问题。例如，将材料从仓库运往车间这项作业，通过作业动因的认定和分析，可以指出产生该项作业的原因，是仓库与车间存在一定的距离，如果改变流程布局，缩短仓库与车间的距离，则可以降低或消除该项作业成本，从而达到消除浪费、降低产品成本的目的。在实施作业管理的过程中，需要计算和使用关于效率、质量、时间的大量非财务性指标（如不合格产品的数量、次品的数量、交货时间等），以研究分析作业产生的原因、作业执行的质量和效率以及作业执行结果，并从中寻找降低成本的路径。

（二）对制造费用的处理不同

传统的成本计算方法与作业成本法的主要区别体现在对制造费用的不同处理上。传统的成本计算方法认为，间接制造费用通过直接人工（或机器工时）与最终产品直接相关，并可以通过单一的分配标准在成本和最终产品产量之间建立直接的联系。

而作业成本法认为，企业资源的消耗并不是都直接服务于最终产品，有相当一部分的资源是服务于一系列的辅助作业的；成本的准确计算首先依赖于确认作业产生的不同的成本动因，进而计算作业对资源的消耗（作业成本）与产出物对作业的消耗，建立起产出与投入之间的因果关系，使成本分配具有技术与经济上的依据。

因此，作业成本法一方面缩小了制造费用的分配范围——由全厂统一分配改为由若干个成本库分别进行分配；另一方面，作业成本法增加分配标准——由单一标准分配改为多标准分配，即按引起费用发生的多种成本动因进行分配。

相比之下，作业成本计算在本质上是一种直接成本计算方法，不同于传统成本计算方法以“产品”为中心的局限，在很大程度上避免了主观选择单一分配标准问题，提高了对产品制造成本的准确性，是一种较传统成本计算更为先进的成本计算方法。

（三）对非增值成本的态度不同

非增值成本是指那些不增加客户价值的作业所消耗的成本，并可以通过持续改善加以消除。传统成本管理忽视非增值成本，而作业成本管理高度重视非增值成本，并注重不断消除非增值成本。

传统成本管理关注的是在经营过程中实际发生的成本，并在此基础上，采用各种手段和措施来控制这些成本，而忽视实际发生的成本中存在的非增值成本。在现实的管理水平下，非增值成本并非是不必要的成本。例如，产品质量检验作业的成本，为了防止不合格产品流向市场，检验作业是必需的。但是，检验作业的成本并不能增加客户价值。但通过持续改善，不断提高生产技术和工艺水平，可以使检验作业得以减少乃至消除。传统成本管理虽然也注重提高产品质量，也注意控制和压缩检验费用的开支，但是没有意识到它是一项非增值成本，应当予以逐步消除。

作业成本管理从实现和提高客户价值方面考虑，能够发现并报告非增值成本，并十分明确地提出目标，通过持续改善，最终消除非增值成本。

（四）传统成本管理与作业成本管理职责的划分、控制标准的选择、考核对象的确定以及奖惩兑现的方式不同

传统成本管理一般以部门（或生产线）作为责任中心，以该部门可控成本作为对象；以企业现实可能达到的水平作为控制标准，而且这一标准是相对稳定的，是企业现实可能达到的，而不是最高水平的标准；以是否达到该标准及达到该标准的程度作为考核依据，对部门和相关责任人兑现奖惩。这种模式，一方面容易造成部门利润与企业总体目标相悖，为追求部门利益可能损害企业的整体利益。例如，采购部门为了降低材料采购成本，可能减少对供应商和材料质量的考察、选择，或者增加一次购入量，减少采购次数。这种情况可能会增加材料质量检验工作，提高检验作业成本；扩大材料储备量，增加储备作业成本。同时，还可能会造成次品的增加，导致材料浪费和返工作业量增加，提高加工成本，使企业整体利益受损。另一方面，以企业当前可能实现的水平作为控制标准，则不能实现持续改善。我们知道，标准成本的制定一般是以企业的正常成本作为依据，而正常成本是按企业现实可能达到的水平确定的。以机器设备为例，它不仅考虑了设备维修、保养、操作人员必要的沟通和休息等停工时间，而且考虑了现实的低效率、可能会出现的技术故障、次品返工、待料停工时间等因素。这种标准本身就包含了“浪费”或节约的潜力。以这种标准作为控制标准，并以达到或超过这种标准确定奖惩，显然无法刺激相关责任人进行持续改善，不利于成本的不断降低。

作业成本管理则以作业及相关作业形成的价值链来划分职责，以价值链作为责任控制单元，而价值链是超越部门界限的。这种职责划分只能建立在作业成本计算的基础之上。作业成本管理以实际作业能力（在不考虑现实的低效率、技术故障、次品、废品、非正常停工等因素的情况下，可能达到的最高产出水平）成本，即最优或理想成本作为控制标准，以不断消除浪费所取得的成果和接近最优标准的程度为业绩。实现的业绩可以用财务指标，也可以用非财务指标衡量。非财务指标一般是实物性的营运指标，它便于所有参与人员（非财务人员），尤其是工人所接受，而且无须通过成本计算，随时可以取得，因而大大提高了控制信息的及时性。对作业链中各种作业的执行者，即“团队”（不是某一部门和某一责任人）实施奖惩。因此，实施作业成本管理更有利于划清责任，并保证局部与整体利益的高度一致；不断消除浪费，提高效率，实现持续改善。同时，由于是使用实际作业能力成本作为标准，而不是以本企业现实可能达到的水平作为标准，有利于企业达到行业最高标准，使企业在激烈的竞争环境中处于有利地位。

第二节　作业成本计算

一、作业成本法的基本原理

如前所述，作业成本法对直接材料、直接人工等直接成本的核算与传统的成本计算方法是一致的，其特点是在间接制造费用的核算上，它将间接制造费用更准确地分配到作业、生产过程、产品、服务及顾客中去。它通过对生产过程中发生的所有作业活动追踪地进行动态反映，计量作业与成本对象的成本，进而评价作业业绩与资源的利用情况。

由于生产导致作业的发生，作业导致成本的发生，因此作业成本法的基本指导思想是："作业消耗资源，产品消耗作业"。作业是作业成本计算的对象，也是成本分配的媒介。作业消耗资源，即根据资源动因将资源成本分配到作业；产品消耗作业，即再根据作业动因将作业成本分配到产品。图 10-2 所示是对资源、作业、成本关系的简单描述。

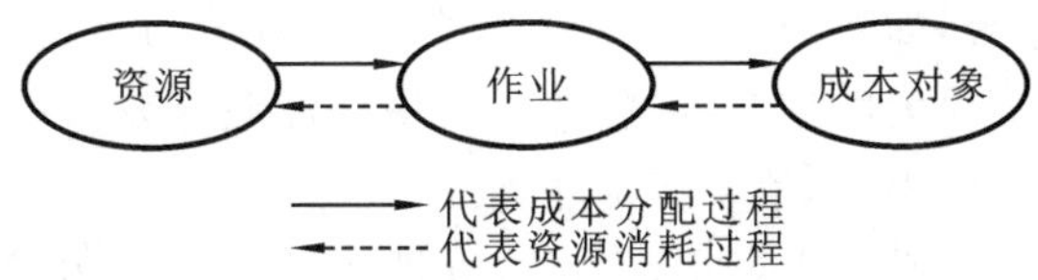

图 10-2　资源、作业、成本关系图

根据这一指导思想，作业成本法的基本原理可以概括如下：

(1) 按不同的成本动因设置作业中心；

(2) 按各成本对象所耗用的作业量分摊其在作业中心中的作业成本，汇总各成本对象从各作业中心所摊得的作业成本，计算其总成本与单位成本。

因此，作业成本法把成本计算过程划分为两个阶段。第一阶段，将作业执行中耗费的资源追溯到作业，按不同作业的耗费归集分配制造费用，计算作业的成本并根据作业动因计算作业成本分配率。第二阶段，根据第一阶段计算的作业成本分配率和产品所耗费作业的数量，将作业成本追溯到各有关产品当中。作业成本计算模型如图 10-3 所示。

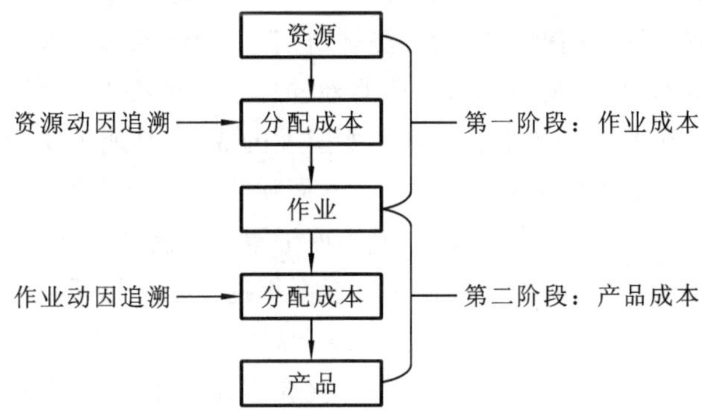

图 10-3　作业成本计算模型

二、作业成本法的具体步骤及其目标

作业成本法是一种适应当代高新科学技术的制造环境和灵活多变的顾客化生产的需要而形成和发展起来的，它改革了制造费用的分配方法，使产品成本和期间成本趋于一致，大大提高了成本信息的真实性。

（一）作业成本法的步骤

作业成本法的具体步骤如下。

1. 确认作业和作业中心

企业生产经营过程中的作业千差万别，大的作业下又包括许多小的作业。为了便于按作业中心汇集成本、披露成本信息，进行作业成本计算时，首先要确认产品生产过程中的主要作业，以主要作业为标志确定作业中心。例如为检验产品质量要进行取样、检验测试、报告检验结果等一系列具体的作业，在这些作业中，检验测试是主要作业，可以将其作为作业中心，将取样、报告检验结果等并入“检验”这一作业中心。企业可以按照各项具体作业之间的相互关系将全部作业划分到不同的作业中心，如将与制造费用有关的作业划分为整备、检验、电费、维护等作业中心。对于资源昂贵、金额很大的作业，产品之间使用程度差异较大的作业以及形态与众不同的作业，应将其单独作为作业中心，给予特别注意。

根据管理的需要，作业中心可大可小，大者可以是部门、生产线和按其他标准划分的成本中心，小者可以是某项具体的作业。从成本计算角度，以部门、生产线和按其他标准划分的成本中心为基础划分作业中心为宜，如按部门（车间）、生产线划分整备、检验、维护等作业中心，使发生的整备、检验等成本在部门、生产线范围内汇集。另外，由于不同的作业引发不同的成本，在作业繁多时，为简化计算，可以将性质相近、所引发的成本能够用相同原因加以解释的不同作业或作业中心合并为同质作业，将它们的成本按同一成本动因进行分配。如设备的折旧与设备的维护是两类不同的作业，如果它们的成本都能用设备的运转小时或设备的产出量等解释其变动，就可以合并为同质作业，将折旧费与修理费合并进行分配。

2. 归集成本或资源并分配到各个作业中心的成本库

企业发生的各项具体成本要先汇集到各成本库，然后再按一定的标准予以分配。每个成本库所代表的是它所在的那个成本中心所执行的作业。作业成本法下，成本库按作业中心设置。如按“检验”作业设立成本库，则在取样、检查测试、报告检验结果等作业过程中发生的各项成本要先汇集到“检验”成本库中，再按各产品消耗的检验作业量的多少分配计入各产品生产成本。每个成本库所代表的是它那个作业中心的作业所引发的成本，其所汇集的成本可以用相同的成本动因进行解释。为减少成本的汇集与分配工作，同质作业的成本库可以合并为同质成本库，汇集同质作业引发的成本。按作业中心设立成本库汇集成本反映了作业量决定资源的耗用量、资源的耗用量与作业直接相关、成本应按作业进行汇集这一基本思想。

3. 将各作业成本库归集的成本分配计入最终产品或劳务上，计算产品或劳务的成本

成本计算最终要计算出产品生产成本。与传统成本计算法一样，我们为制造中心投产的每一种（或批）产品设立成本计算单。在每一张计算单中还应按该产品生产所涉及作业种类开立作业成本项目。这样，该成本计算步骤就是要把各作业成本库的价值结转到各产品成本计算单上，这一步骤反映的作业成本计算规则是：产出量的多少决定着作业的耗用量。因此，作业成本

法下，产品生产成本由作业成本构成，各成本库汇集的作业成本要按各产品消耗的作业量的比例分配给各产品，计算各产品的生产成本。

无论采用何种分配计算方法，各作业成本库的作业成本在成本计算对象之间分配时，都应通过确定成本动因分配率以计算各成本计算对象的物流作业成本。其分配计算公式如下：

$$成本动因分配率=\frac{某作业中心发生的作业成本}{该作业中心可提供的作业量}$$

作业成本法的具体步骤和传统成本计算法的具体步骤如图 10-4 和图 10-5 所示。

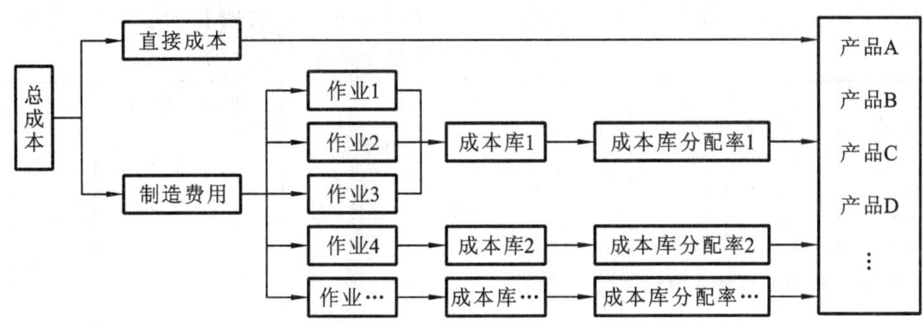

图 10-4　作业成本法具体步骤

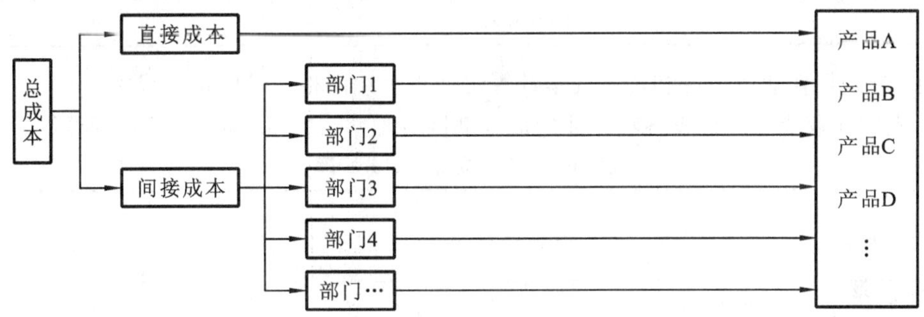

图 10-5　传统成本计算法具体步骤

（二）作业成本法的目标

通过作业成本法，产品成本的计算结果更加精确，更加符合现实。作业成本法有如下四个目标。

（1）消除低增值成本或使之达到最小。

（2）引入效率与效果，从而使经营过程中展开的增值活动衔接流畅，以改善产出。

（3）发现造成问题的根源并加以改正。

（4）根除由不合理的假设与错误的成本分配造成的扭曲。

三、作业成本计算的应用

（一）作业成本计算

下面先通过一个简单的例题来说明作业成本法与传统成本计算法的主要区别。

【例 10-1】　某企业生产甲、乙两种产品，有关资料如下。

甲、乙两种产品的直接成本的基本资料如表 10-1 所示。

表 10-1　甲、乙两种产品的直接成本资料　　单位：元

产品名称	月产量/件	单位产品机器小时	直接材料单位成本	直接人工单位成本
甲	100	2	10	20
乙	400	2	25	10

企业每年制造费用总额为 10 000 元，甲、乙两种产品复杂程度不同，耗用的作业量也不一样。与制造费用相关的作业有 5 个，分别设置了 5 个成本库。有关资料如表 10-2 所示。

表 10-2　制造费用及作业资料

作业名称	成本动因	作业成本/元	作业动因数		
			甲产品	乙产品	合计
原料进货	进货次数	2000	8	2	10
订单处理	生产订单份数	1000	70	30	100
机器调整准备	机器调整准备次数	800	30	10	40
机器运行	机器小时数	5000	200	800	1000
质量检验	检验次数	1200	60	40	100
合计		10 000			

要求：分别用作业成本法和传统成本计算法计算上述两种产品的单位成本。

（1）先用作业成本法计算各项作业的成本动因分配率，计算结果如表 10-3 所示。

表 10-3　作业成本动因分配率

作业名称	成本动因	作业成本/元	作业量			
			甲产品	乙产品	合计	分配率
原料进货	进货次数	2000	8	2	10	200
订单处理	生产订单份数	1000	70	30	100	10
机器调整准备	机器调整准备次数	800	30	10	40	20
机器运行	机器小时数	5000	200	800	1000	5
质量检验	检验次数	1200	60	40	100	12
合计		10 000				

（2）利用作业成本法计算两种产品的制造费用。计算过程如下：

甲产品制造费用＝(8×200＋70×10＋30×20＋200×5＋60×12) 元＝4620 元

乙产品制造费用＝(2×200＋30×10＋10×20＋800×5＋40×12) 元＝5380 元

（3）再用传统成本计算法计算甲、乙两种产品的制造费用。

甲、乙两种产品的机器小时总数分别为 200 和 800，且制造费用的总额为 10 000 元，则

制造费用分配率＝10 000 元÷1000 机器小时＝10 元/机器小时

甲产品制造费用＝200 机器小时×10 元/机器小时＝2000 元

乙产品制造费用＝800 机器小时×10 元/机器小时＝8000 元

（4）将两种成本计算法计算产品成本的结果对比，如表 10-4 所示。

表 10-4 作业成本法和传统成本计算法结果比较表

项目	甲产品(产量 100 件)				乙产品(产量 400 件)			
	总成本		单位成本		总成本		单位成本	
	传统成本计算法	作业成本法	传统成本计算法	作业成本法	传统成本计算法	作业成本法	传统成本计算法	作业成本法
直接材料	1000	1000	10	10	10 000	10 000	25	25
直接人工	2000	2000	20	20	4000	4000	10	10
制造费用	2000	4620	20	46.2	8000	5380	20	13.45
合计	5000	7620	50	76.2	22 000	19 380	55	48.45

通过上述计算,我们可以看出:在传统成本计算法下,高产量、生产过程简单的产品成本计算结果准确率显著高于作业成本法的计算结果;低产量、生产过程复杂的产品的计算结果准确率则正好相反。这种结果的形成原因在于:后一类产品每件所消耗的间接费用显著高于前一类,而传统成本计算法无法对此做出合理处理。

作业成本计算的应用主要表现在两个方面:一是按照作业成本计算原理计算产品生产成本;二是利用作业成本计算提供的成本资料进行决策分析和成本控制等。按照作业成本计算原理计算产品生产成本仍然要考虑成本计算的基本方法,需要以单步法、分批法、分步法为基础进行成本计算。这里所介绍的是在单步法基础上的应用。

【例 10-2】 某公司生产甲、乙两种产品,直接材料按各产品领料单直接计入各产品生产成本,直接人工成本按各产品直接人工小时分配。公司根据市场需要不断调整两种产品的生产安排,有时两种产品同时生产,有时优先生产某一种产品。同时,产品生产所用原材料的规格、等级也时常发生变化。在调整产品生产品种,以及原材料的规格、等级发生变化时均需要对设备进行调整,设备调整成本随调整次数而变化。由于设备调整较为频繁,单设设备调整作业中心。两种产品生产所使用的设备基本类同,使用率较高且接近,故设备及厂房等固定资产按直线法计提折旧后,折旧费在各产品之间按机器工作小时分配。设备的日常维护由基本生产车间进行,设备的修理由修理车间进行,由于设备维护与修理作业性质相近,都是为保持机器设备的正常工作状态而发生的,故将它们合并为设备维护与修理同质作业,简称为设备维修,基本生产车间发生的维护成本与分摊的由辅助生产车间(修理车间)结转而来的修理成本,汇集到基本生产车间的设备维修同质成本库。由于两种产品生产所使用的设备类同及设备使用率接近,设备维护与修理成本也按产品的机器工作小时分配。产品质量检验成本与检验次数相关而与检验的产品品种没有太大的关系,故检验成本按产品检验次数分配。动力消耗作为独立作业按机器小时分配。另外,还有生产制图、管理等许多具体作业,实际工作中应该分别设置相关的作业中心,本例中,为节省篇幅,不一一列举这些作业的详细资料,将它们概括为“其他作业”加以说明,并假定其他作业与产品人工小时相关。2014 年 10 月份,该公司与产品生产相关的作业与成本资料如下:

(1) 产量及作业资料如表 10-5 所示;

(2) 成本资料如表 10-6 所示。

表 10-5　产量及作业资料

项　　目	甲产品	乙产品	合　　计
产量/件	5000	2000	7000
直接人工小时	20 000	10 000	30 000
机器小时	16 000	9000	25 000
检验次数	25	35	60
设备调整次数	20	30	50

表 10-6　成本费用资料　　单位:元

项　　目	甲产品	乙产品	合　　计
直接材料	60 000	20 000	80 000
直接人工			75 000
制造费用			170 000
其中:设备调整			30 000
检验成本			21 000
折旧费			36 000
维修费			9000
动力成本			50 000
其他作业			24 000
成本总计			325 000

上述资料中,设备维护与修理被合并为同质作业,成本汇集在设备维修成本库,该成本库的成本一部分是基本生产车间为使设备保持正常工作状态而发生的日常维护成本,一部分是发生的修理成本。修理成本发生时汇集在辅助生产车间,期末分配辅助生产成本时,应由基本生产车间承担的部分,分配结转到基本生产车间的设备维修成本库中。其他各项作业的成本发生时计入相应的成本库。

根据上述资料,有关成本分配与甲、乙产品生成成本计算如下。

(1) 分配直接人工:

$$甲产品直接人工=\frac{75\ 000}{20\ 000+10\ 000}\times 20\ 000\ 元=50\ 000\ 元$$

$$乙产品直接人工=\frac{75\ 000}{20\ 000+10\ 000}\times 10\ 000\ 元=25\ 000\ 元$$

(2) 将各项作业的成本在甲、乙产品之间分配,分配结果如表 10-7 所示。

表 10-7　分配结果表

项　　目	费用总额/元	分　配　率		甲产品		乙产品	
		成本动因	分配率	成本动因	分摊成本/元	成本动因	分摊成本/元
第 1 成本库：设备调整	30 000	50	600	20	12 000	30	18 000
第 2 成本库：检验成本	21 000	60	350	25	8750	35	12 250
第 3 成本库：折旧费	36 000	25 000	1.44	16 000	23 040	9000	12 960
第 4 成本库：维修费	9000	25 000	0.36	16 000	5760	9000	3240
第 5 成本库：动力成本	50 000	25 000	2	16 000	32 000	9000	18 000
第 6 成本库：其他成本	24 000	30 000	0.8	20 000	16 000	10 000	8000
合计	170 000				97 550		72 450

产品生产成本计算结果如表 10-8 所示。

表 10-8　产品生产成本计算表　　单位：元

项　　目	甲产品	乙产品
直接材料	60 000	20 000
直接人工	50 000	25 000
制造费用	97 550	72 450
其中：第 1 成本库	12 000	18 000
第 2 成本库	8750	12 250
第 3 成本库	23 040	12 960
第 4 成本库	5760	3240
第 5 成本库	32 000	18 000
第 6 成本库	16 000	8000
总成本	207 550	117 450
总产量/件	5000	2000
单位成本	41.51	58.73

如果按传统方法计算，假定制造费用按人工小时分配，甲、乙产品生产成本为：

$$\text{甲产品制造费用}=\frac{170\ 000}{20\ 000+10\ 000}\times 20\ 000\ \text{元}=113\ 333\ \text{元}$$

$$\text{乙产品制造费用}=\frac{170\ 000}{20\ 000+10\ 000}\times 10\ 000\ \text{元}=56\ 667\ \text{元}$$

$$甲产品总成本=(60\ 000+50\ 000+113\ 333)元=223\ 333元$$

$$甲产品单位成本=\frac{223\ 333元}{5000件}=44.67元/件$$

$$乙产品总成本=(20\ 000+25\ 000+56\ 667)元=101\ 667元$$

$$乙产品单位成本=\frac{101\ 667元}{2000件}=50.83元/件$$

按作业成本计算的产品生产成本与按传统成本方法计算的成本会有所不同。作业成本法下，由于将制造费用按作业分成几个不同部分，每部分按不同的分配标准分配，其分配结果的准确性高于传统的按单一分配标准进行分配的方式。大量的经验调查表明，生产量大而技术量复杂程度低的产品，在传统的成本计算方式下，由于其消耗的人工工时比重大，分摊的制造费用数额较大，而在作业成本计算方式下，这类产品由于技术复杂程度低，其消耗的作业量相对较少，分摊的制造费用会相对降低。生产量小而技术复杂程度高的产品则刚好与上述情形相反。也就是，传统的成本计算方法低估了生产量小而技术复杂程度高的产品的成本，高估了生产量大而技术复杂程度低的产品的成本。依据这种成本资料进行决策的直接结果是，高估了生产量小而技术复杂程度高的产品的盈利能力，低估了生产量大而技术复杂程度低的产品的盈利能力。依据作业成本计算提供的成本资料进行决策，可以减少这种失误。

（二）作业成本资料的作用

成本会计的基本目标在传统上有三个：①计算产品或劳务成本，为计算损益、资产计价、编制财务报表提供资料；②为经营决策提供成本资料；③为经营规划及控制提供成本资料。作业成本计算的发展，冲击着成本会计的三项目标，使成本会计体系发生重大变化。

1. 作业成本计算可以提供相对准确的成本信息

传统成本计算方式下，产品生产成本除直接材料、直接人工外，其余成本都归入制造费用，然后再按各产品直接人工工时或机器工作小时等标准进行分配，形成各产品的制造费用成本。这种分配方式使全部制造费用按人工工时或机器小时平均，其结果是分配误差较大，使成本资料不能如实反映产品生产耗费的实际情况。作业成本计算方式下，大部分制造费用可以通过作业追踪到产品，作为直接成本处理，少数不能追踪到产品的制造费用被视为“综合成本”，采用缩小制造费用分配范围——由全厂统一分配改按成本库分配、增加分配标准——按引起制造费用发生的多种成本动因进行分配，其计算结果更接近产品的实际耗费情况，使成本资料相对准确。

2. 作业成本计算对传统的成本决策分析模式产生了巨大冲击

作业成本计算引起了成本会计决策模式与实务的重大变化，其一方面扩展了许多原有决策方法与模式的用途，另一方面动摇了某些决策方法的基础。受作业成本计算影响较大的主要有普动成本计算、本量利分析、相关成本分析、现金流量分析等。

企业管理中，许多决策分析与控制方法借助于变动成本法提供资料，成本性态分析是基础。成本性态是指成本与业务量之间的相互依存关系。会计师按成本与产品数量的关系，将成本划分为固定成本和变动成本，将固定成本视为期间成本，将变动成本作为产品成本，并以此为基础考察成本性态。成本性态从数量上提示了成本与业务量之间的规律性联系，为企业利用成本资料进行预测、决策、规划、控制提供依据。

科学技术的发展以及管理观念与方法的变化，改变了成本发生的基础，改变了成本信息的需要，引发了成本性态分析的发展变化。在新制造环境下，原来意义上的固定成本比重增加，变动成本比重下降，以变动成本作为短期决策依据有可能引起决策失误。由于适时制，许多成本的性态发生改变，需要重新审视成本性态。制造单元的设置，使许多间接成本变为直接成本，而与数量无关的成本动因的采用，使许多不随产量变动的间接成本可以方便地分摊到各产品，成本的可归属性增加，这些动摇着变动成本计算的基础。零库存目标的确定，使产成品存货降至最低限度，固定性制造费用是否分摊到产品生产成本对当期损益已不构成实质性的影响，在这种情况下，变动成本和固定性制造费用均具有期间成本性质，原变动成本法将成本划分为期间成本和产品成本（变动成本）的意义和作用正在消失。

简言之，在新制造环境下，变动成本法的重要性在日趋减弱，其原因主要有四个：一是在制造过程发生的总的成本中，变动成本的比重越来越小，其代表性在缩小，以变动成本作为产品生产成本，对产品生产成本构成情况的歪曲程度加大；二是固定成本的比重在不断增大，成本控制的重点在逐步转向固定成本，把各项固定成本按期间汇集处理已不能为控制日益增长的固定成本提供良策；三是作业成本动因的引入以及新制造环境的影响，使原来意义的固定成本的性态发生变化；四是作业成本计算进一步区分了与产量变动无关但与作业变动相关的成本，兼容了完全成本法与变动成本法的优点，而避免了它们的不足。在成本会计发展史上，用变动成本法否定完全成本法曾是成本会计的进步。在作业成本计算下，完全成本法与变动成本法的损益计算趋于一致，其不同仅在于成本的表达方式不同，完全成本法按成本功能分类，变动成本法按成本习性分类。完全成本法以前受到的非难有可能消失，其有可能再次引起成本会计师的兴趣而取代变动成本法。

变动成本法提供的成本资料是进行本量利分析、短期经营决策分析、相关成本分析等的基础。作业成本计算所提供的成本资料的变化动摇了这些决策分析方法所赖以存在的基础，将使这些分析方法发生巨大的变化。

3. 作业成本计算对成本规划与控制的影响

新制造环境及作业成本计算对传统的成本规划与控制方法形成巨大冲击，首先是标准成本法及其绩效报告，其次为弹性预算。传统上，标准成本制度为主要的成本控制方法。这种制度鼓励管理人员设法产生有利差异，而管理人员在标准成本的压力之下，为产生有利差异，往往违背目标一致性原则，产生反功能行为，造成企业组织的损失。如采购人员为产生有利的价格差异而购买低质材料，或采购大宗材料以获取数量折扣，造成废料、废次品或使库存材料增加。标准成本法对人工效率差异的计算分析，旨在鼓励提高生产效率以节约人工成本，但有可能促使生产部门大量生产以产生有利差异，造成存货过多。这些结果与全面质量管理及零库存目标背道而驰。生产人员为避免不利的材料数量差异，可能将废次品转入后一生产过程，导致废品损失的加大及生产中断。制造费用差异分析，有可能导致为产生有利差异而减少机器设备的维护，致使设备故障引起生产中断。这些情况不仅会使企业的成本增加，而且会破坏适时制的“适时生产”程序。

利用作业成本计算原理应用标准成本法为有效地解决这些问题提供了可能。作业成本计算的主要目的在于通过计算作业的成本，来确认作业是否缺乏效率以及是否存在浪费。以作业成本计算为基础应用标准成本法，由计算直接材料、直接人工及制造费用成本差异转向计算作业的成本差异。作业被分为不增加价值的成本和增加价值的成本。标准成本制度下，增加价值的作业的无效率成本也并入不增加价值的成本之中。不增加价值的作业的标准成本为零，其成本差异为其实际消耗与标准价值的乘积，增加价值的作业的无效率成本按实际消耗量与标准消耗量之差量与标准价格的乘积。计算公式如下：

增加价值的成本＝成本动因标准消耗量×单位成本动因标准价格

不增加价值的成本＝(成本动因实际消耗量－成本动因标准消耗量)×单位成本动因标准价格

作业成本控制的目的，就是要消除不增加价值的成本，提高增加价值的成本的使用效率和使用效益。按作业成本计算原理应用标准成本法计算作业成本差异，可以避免传统的标准成本法的种种弊端。其具体计算应用参见标准成本法。

企业在设计并推销作业成本法时，应注意以下三点。

第一，认识作业成本法的本质与先行成本计算、管理方法的差异，设计作业成本系统要从企业自身的特点和独特需要出发。

第二，认识到作业成本法也存在局限性，主要是作业的确认和成本动因的选择并不总是客观的和可验证的，因此它不能满足所有成本信息需要的系统。

第三，作业成本法系统设计完成后，仍需要进行有效的监督和管理，并在实施中不断改进和完善，否则将前功尽弃。

随着作业成本法的日趋普及，人们关注消耗的资源是否产生了价值，努力削减不产生价值增值的作业，扩大能产生价值增值的作业，促进企业加强管理。在现代高科技时代、信息时代，作业成本法日益成为一种有效的成本核算、成本控制方法，对企业现代管理具有重大的现实意义。

第三节　作业成本管理

作业成本计算为企业提供了更为精确的成本信息，但要将这些信息用于提高企业的经营效率，必须配合一定的管理手段。因此，作业管理和作业成本管理被应用到了现代企业管理当中。自 20 世纪 80 年代作业成本管理开发完善以来，该方法在国外的应用越来越普遍。自 20 世纪 90 年代被引入中国以来，我国的理论界和实务界就开始探索其在我国企业的应用问题。到目前为止，已有相当一部分企业采用并实施了作业成本管理方法。但作业成本法作为适应现代制造环境的新的成本计算和管理方法，总体来说应用面还相当有限。

一、作业成本管理的概念

(一) 作业管理

作业管理(简称 ABM)，是注重于对作业进行管理的一种系统方法，是以作业为核心的企业管理。这种方法可以改进顾客所得到的价值，并通过提供该价值借以提高企业的利润。作业管理采用作业成本法，并将其作为主要信息来源。

以顾客链为导向，以作业链和价值链为中心，对企业的作业流程进行根本性的改造是作业管理的基本思想。从企业整体出发，协调各部门、各环节的关系，协调企业内外部顾客的关系，要求企业供、产、销等环节作业连续、同步，并消除作业链中一切不能增加价值的作业，使企业处于持续改善的状态，促进企业整体价值链的优化，增强企业的竞争优势。

(二) 作业成本管理

作业成本管理(简称 ABCM)，是指企业利用作业成本计算所获得的信息进行作业管理，以达到不断消除浪费、实现持续改善、提高客户价值，并最终实现企业战略目标的一系列活动。

作业成本管理是将成本管理的起点和核心由“商品”转移到“作业”层次的一种管理方法。在作业成本管理过程中，认为企业是一个为最终满足顾客需求、实现投资者财富最大化而进行的一系列有密切联系的作业的集合体，企业生产商品或提供劳务消耗作业，作业消耗资源，而资源消耗的同时又是价值的积累过程，即价值从一个作业转移到下一个作业，最后全部累积到最终产品或劳务上。最终产品或劳务既是全部作业的集合，又是全部价值的集合。因此，作业链同时又表现为价值链。从购买商品或接受劳务的顾客那里收回的价值，形成企业实现的收入，收入补偿完成各有关作业所消耗资源价值总和后的差额，即为企业利润，但实际上不是所有企业都能增加转移给顾客的价值，为企业带来利润。作业成本管理要求成本管理深入到每一项作业，尽可能消除不能创造价值的作业，防止资源的浪费，最大限度地提高从顾客那里回收的价值，以实现预定的经营目标。

随着市场竞争的日益激烈和企业内部经营环境、制造环境的持续改变，传统成本管理已经很难适应管理的需要。而以作业成本计算为基础的作业成本管理，不仅能够提供各种更加准确的作业成本信息，有利于企业更好地进行成本控制和经营决策，而且能够利用所提供的成本信息，发现作业乃至价值链中的浪费现象并分析其原因，从而消除不增加客户价值的作业，实现企业竞争力和盈利能力的不断提升。因此，作业成本管理对于迫切需要改进成本管理以适应经营环境变化的企业来说，具有更大的吸引力。

二、作业成本管理的内容

作业成本管理是由两个相互关联的过程组成的：一方面是作业成本的计算（分配）过程，即所谓的成本分配观；另一方面是作业的控制过程，即所谓的过程观，包括作业产生的原因分析、作业的确认和作业的评价。这两方面的内容及其相互关系可以通过二维作业成本管理模型（见图 10-6）来描述。

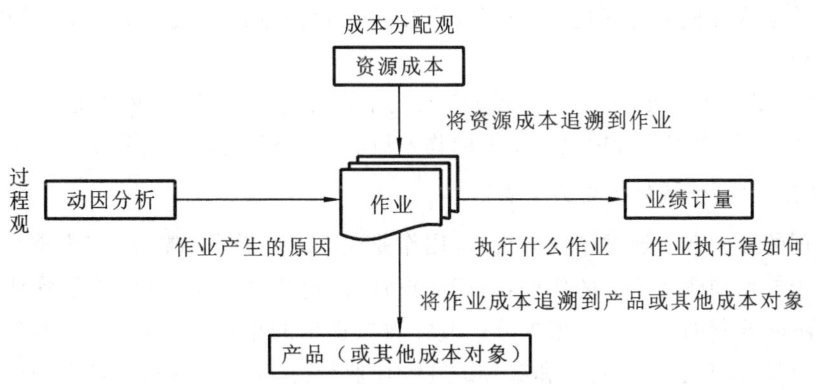

图 10-6 二维作业成本管理模型

模型的纵轴表示成本的计算过程，它反映成本计算的两个阶段，即将资源成本追溯到作业，再将作业成本追溯到产品或其他成本对象的过程。这一过程提供了资源、作业、产品及其他成本对象的成本信息。这里所说的产品成本，可能是制造成本，也可能是经营成本，还可能是部分或整个价值链成本（包括研发成本、设计成本、营销和配送成本等），甚至可能是耗用作业的其他成本对象。这一过程所提供的信息可以用于成本战略性及战术性分析，支持定价及多种产品生产的决策等。

模型的横轴表示作业成本的过程观，反映的是作业产生的原因，即为什么执行该项作业、执行的是什么作业、作业执行的结果如何，即对作业的评价等方面的情况。这一过程也就是作业管理的过程，包括动因分析、作业执行与改善以及作业执行结果考核等方面的工作。通过作业管理使价值链得到优化，最终实现降低成本、提高客户价值、增加企业盈利的目标。

三、作业成本管理的特征

（一）以作业分析为基础

在新的企业观下，企业本身就是一个由此及彼、由内至外的作业链。波特教授将企业的行为划分为一般管理、人力资源管理、技术发展、采购、内勤、经营、外勤、营销和服务九种。结合波特教授对价值链的分析，每一个企业的作业链都是由以独特方式联结在一起的以下九种基本作业活动组成的：企业基础设施作业、人力资源管理作业、技术开发作业、采购作业、内部后勤作业、生产经营作业、外部后勤作业、市场销售作业、服务作业。将企业作为一个整体来看是无法分辨出其竞争优势的。竞争优势来源于企业在设计、生产、营销、配送等基本作业及辅助作业中所进行的许多相互分离的活动。这些活动中的每项都对企业的相对成本地位有所贡献。为进一步明确企业的竞争地位或竞争优势，还可以或需要进一步细化上述的九种作业链。

（二）以作业成本计算为中介

作业成本计算不仅为企业提供了更为准确的成本资料，而且提供了十分重要的管理信息。作业成本计算，为作业管理改进企业的作业链、优化企业的价值链提供了方向。因此，作业成本计算是作业管理的基础和中介，并贯穿于作业管理的始终。

从事后核算的角度来说，成本是企业经营过程的记录。但是从预测和分析的角度来说，作业成本信息同时是一种信号。根据成本分配观与成本分析观的数据，管理者可以具体定量地分析成本产生的原因并使之合理化；同时对作业成本与价值创造的关系的分析，可以促使管理者注重增加价值。

因此，成本是一种征兆，而不是根源；作业成本计算是一种工具，而不是解决问题的方法。但是作业成本计算，为作业管理改进企业的作业链、优化企业的价值链提供了方向。

（三）以作业链、价值链优化为重点

作业管理的目的在于通过作业分析，利用作业成本计算提供的数据，突出重点，将有限的企业资源应用于能增加顾客价值的作业，如产品设计、适时生产系统、全面质量管理等环节，使企业处于一个不断改善的环境中。根据分析波特教授提出的企业一般管理、人力资源管理、技术发展、采购、内勤、经营、外勤、营销和服务的九种作业行为，掌握企业价值链上的所有活动，以了解自身的经营管理状况，也可以将其与竞争对手的价值链进行比较分析，以了解竞争对手的经营状况。企业从战略的角度进行价值链分析，不仅可以从企业内部了解价值生产的过程，也可以从行业价值链分析中了解自己与上、下游价值链之间的关系，并通过竞争对手价值链分析了解自己与竞争对手之间的差异和相对的成本态势。

（四）降低成本为最终目标

降低成本是企业生产分析的最终目标。从作业成本管理的角度来看，降低成本的途径主要

是改善作业、提高增值作业的效率和消除无增值作业。

四、实施作业成本管理的具体方法

（一）产品盈利分析

在产品品种结构复杂且制造费用在产品成本中所占比重较大的企业中，使用传统的成本计算方法计算成本，容易造成成本扭曲。为了发现、解决成本扭曲和产品利润不真实的问题，可以运用成本管理的方法，对成本进行分析。根据作业成本管理的成本分配观，分析产品在生产过程中耗费了哪些作业，这些作业如何耗用资源，从而得到真实的产品成本和盈亏信息。通过上节的例子，我们可以看出，当传统的成本计算方法造成严重的成本扭曲时，企业就应当权衡是否运用作业成本法和历史资料重新进行产品成本的计算，从而进行产品盈亏分析。那么，什么情况下需要进行这种分析呢？下列情况是进行盈亏分析的信号：

（1）销售增加的同时，利润总额却在下降；

（2）本企业高产量产品的价格已经很低，但竞争对手的价格更低；

（3）被认为具有高额边际利润的产品，而竞争对手不愿生产；

（4）生产部门的经理不相信会计部门计算的产品成本；

（5）销售部门不愿意使用会计部门报告的产品成本进行销售价格的决策；

（6）生产部门的经理建议降低获利很高但经常打乱正常生产秩序的产品的产量；

（7）间接费用的分配率较高，且不断大幅增长；

（8）按成本加成定价法制定价格的企业，制造工艺复杂的产品，其加成率与其他产品相同，客户愿意放弃与本企业竞争对手签订的合同，转而购买本企业的产品等。

（二）生产作业分析

生产过程是制造业企业全部经营活动的核心，是企业价值链的关键环节。企业的生产过程是通过执行一系列作业来实现的。生产分析就是以作业成本管理的过程观，对作业产生的原因、作业执行的情况以及作业执行的结果进行分析，从而消除非增值作业、降低非增值成本、提高增值作业的效率。生产分析的目标是实现价值链的优化，提高客户价值，从而增加企业盈利。

1. 动因分析

在作业成本计算中，动因是指为引起相关成本对象的总成本发生变动的因素，并以动因计量作业的产出和产品对作业的需求。作业需求变动，会引起作业成本变动。如产品生产批次增加，会引起发放材料的运输作业总成本增加，而减少生产批次则会降低材料运输总成本。这里，产品生产批次被作为作业动因。但是，是什么原因引发了运输作业呢？是材料仓库与生产车间的距离。如果缩短这一距离，就会降低甚至会完全消除运输作业成本。因此，一项作业产生的原因，还可能是其他作业产生的原因。如果通过全面质量管理，能够确保产品质量百分之百合格，则不仅可以避免质量检验作业的发生，还能避免返工作业的发生。动因分析能够帮助企业从源头对作业进行思考，对一项作业在价值链中存在的意义和价值，做出初步的判断。动因分析一般建立在人们对某些具体问题的观察和逻辑思考上，而不是对价值链进行系统、全面的分析。但是，如果不对价值链进行系统、全面的分析，就不易察觉作业的真正动因。

2. 作业分析

作业分析是生产分析的主要内容，是对生产过程中的各项作业的系统、全面分析。作业分析的目的是判断增值与非增值作业，计算和报告增值与非增值成本，衡量和反映作业与价值链的改善情况，以便不断采取措施消除和降低非增值成本。

1）增值与非增值作业的判断

增值作业是指那些需要保留在价值链中的作业。而非增值作业是指那些不应保留在价值链中的作业，需要将它们从价值链中消除或通过持续改善逐步消除。

判断一项作业是否为增值作业，可以用以下三条标准进行衡量：①该作业能够带来加工对象状态的改变；②加工对象状态的改变，只能由该作业实现，而不能由价值链中的前一项作业实现；③该作业使价值链中的其他作业得以执行。同时符合以上三条标准的作业为增值作业，否则为非增值作业。例如，服装工厂在将布料制作成衣服的过程中，需要经过裁剪、缝纫、熨烫等项作业。缝纫作业将布料缝成衣服，改变了加工对象的状态；而这一改变不能由上一项作业——裁剪作业来实现；经过缝纫作业的实施，才使得熨烫作业得以执行。因此，缝纫作业可以断定是一项增值作业。

2）增值与非增值成本的计算

生产分析的主要目的，是通过消除非增值作业和提高增值作业的效率，消除浪费，降低非增值成本，最终实现企业的目标。

增值成本是企业高效率执行增值作业时发生的成本，是企业唯一“应该”发生的成本。高效率执行的增值作业是企业持续改善的目标，它不包含非增值作业，而且扣除了增值作业执行中的低效率因素，是一种理想或最优的标准。这一标准成为增值作业标准数量，它代表着理想或最优执行作业时的作业产出量。在增值作业标准数量下，资源得到了充分利用，单位作业产出的成本最低。增值成本是按实际增值作业产出量和单位标准成本计算的成本。

非增值成本是由于非增值作业和增值作业的低效率而发生的作业成本，是需要通过持续改善，消除或逐步降低的成本。对于一项非增值作业来讲，它所发生的成本全部是非增值成本；而对于一项增值作业来讲，由于低效率而产生的非增值成本，则需要通过计算才能得出。

增值作业的增值成本和非增值成本可以按照下列公式进行计算：

增值成本＝当前的实际作业产出数量×（标准单位变动成本＋标准单位固定成本）

增值作业的非增值成本＝（增值作业标准产出数量－当前的实际作业产出数量）×标准单位固定成本

对于一项增值作业来说，增值作业标准产出数量与当前的实际作业产出数量之间的差额，表示作业的实际产出与理想或最优标准之间的差距，是作业执行低效率的结果。

3）增值与非增值成本报告的编制

为了使管理当局和全体员工明确哪些是增值作业，哪些是非增值作业，增值成本是多少，非增值成本是多少，需要根据增值与非增值成本的计算结果编制增值与非增值成本报告。

非增值成本的大小，既说明了作业和价值链的现状，也明确了持续改善的目标。非增值成本的逐渐减少和消除，意味着非增值作业的减少或消除以及增值作业的效率和质量不断提高，即价值链不断得到优化。

为使管理当局和员工了解作业和价值链不断完善的情况，还应定期编制增值和非增值成本变动趋势报告，以反映增值成本与非增值成本的变动，掌握当前执行的增值作业水平与最优标准的差距和非增值作业消除和减少的程度，明确进一步努力的方向。同时，还可以利用该报告考核持续改善的业绩，对有关人员实施奖惩。

4）降低成本的途径

降低成本的途径具体包括以下四个。

（1）作业消除，即消除非增值作业。一个企业应先确认非增值作业，进而采取有效措施予以消除，例如企业为确保产品是否用优质的原材料生产，因此常对购入的原材料进行检验，但此项作业只有在供应商绩效不佳时才可采用，如选择高质量原材料的供应商，即可消除检验作业，因而降低成本。

（2）作业选择，即从多个不同的作业链中选择其中最佳的作业链。不同的策略经常产生不同的作业，例如不同的产品销售策略，会产生不同的销售作业，而作业必然产生成本，因此每项产品的销售策略会引发不同的成本。在其他条件不变的情况下，如选择成本最低的销售策略，将可降低成本。在产品设计中也有这种情况，不同的产品设计会有不同的作业链，也会有不同的成本，因此，要选择成本最低的作业链。

（3）作业减少，是以改善方式降低企业经营所耗用的时间和资源，也就是改善必要作业的效率或改善在短期内无法消除的无附加价值作业，例如改善机器准备作业，就可减少准备次数及其成本；或者剔除归集在作业里的闲置资源，并对其进行重新配置，就能实现作业成本的降低。

（4）作业分享，是利用规模经济提高必要作业的效率，也就是提高作业的投入产出比，这样就可降低作业动因分配率和分摊到产品的成本。例如，新产品在设计时如充分利用现有产品所使用的零件，就可减少新产品零件的设计作业，进而降低了新产品的生产成本。

企业在采取措施降低成本时，改善作业的四种途径往往需要结合起来考虑。但是，基本思路只有一条，就是持续改善，不断消除浪费。需要说明的是，企业消除非增值作业，提高增值作业的效率，往往会造成作业能力的闲置。闲置能力主要表现在厂房、设备、人员等方面的资源的多余。如果不能将闲置资源充分利用或处置，则消除浪费的效果就不能得以充分实现。这也是编制增值与非增值成本报告的目的所在，报告实际作业产出与增值作业标准数量的差距以及增值与非增值成本，有利于促进企业管理当局在进行相关决策时充分考虑资源的供给，如接受或拒绝一份临时产品订单，零件是外购还是自制以及如何确定产品的结构等，也包括对闲置固定资产的处置（出租或出售）和人员的调整。

本章小结

作业成本计算方法是一种把企业消耗的资源按资源动因分配到作业以及把作业收集到的作业成本按作业动因分配到成本对象的核算方法。它是将间接成本和辅助费用更准确分配到作业、生产过程、产品、服务及顾客中的一种成本计算方法。

第一节 讲述了作业成本法产生和发展的历程，提出了传统成本计算法下存在成本扭曲的弊端，传统成本管理尤其不适于那些制造环境先进、产品品种多而且更新换代较快、市场竞争十分激烈的企业，指出了作业成本法的产生是市场竞争的必然结果。

第二节 在作业消耗资源、产品消耗作业的基本原理的指导下，作业成本计算过程分为三个步骤，通过这些步骤就可以将资源耗费价值予以分解并分配给作业，再将各作业汇集的价值分配给最终的产品或服务，从而科学合理地进行产品成本的计算。

第三节 通过作业成本的计算，讲述了企业如何利用作业成本所获得的信息进行作业成本管理，以达到不断消除浪费、实现持续改善、提高客户价值，并最终实现企业战略目标的过程。

复习思考题

一、关键概念

资源、作业、作业中心、成本动因、资源动因、作业动因、成本库、作业管理、作业成本管理、作业链、价值链

二、问答题

1. 简述作业成本法的基本原理。
2. 试分析作业成本法与传统成本计算法的主要区别。
3. 简述作业成本法的具体步骤及其目标。
4. 作业成本管理包括哪些内容?
5. 作业成本管理的特征有哪些?
6. 简述实施作业成本管理的具体方法。

DISHIYIZHANG

第十一章 业绩评价与激励

学习目的

(1) 了解企业业绩评价的概念、业绩评价的基本要素、两种以财务指标为主的评体体系:杜邦财务分析体系和经济增加值。

(2) 掌握运用平衡记分卡进行业绩评价的方法。

(3) 了解现代企业激励机制的种类。

第一节　企业业绩评价概述

一、企业业绩评价的含义

企业业绩评价是指运用特定的指标体系,结合一定的评价标准,按照一定的程序,通过定量定性对比分析,对企业一定经营期间的经营效益和经营者的业绩做出客观、公正和准确的综合判断。

企业的业绩评价应当以企业的总体目标为核心,进行企业经营能力各方面的指标分解和分析,不仅要评价企业的盈利能力、经营能力、偿债能力等基本能力,还要对企业的长期持续发展能力做出评价。

由于企业对于业绩评价的结果往往在财务报表中得以反映,因此通常借助财务指标评价企业的财务绩效。本节主要介绍以财务指标为主要内容的杜邦财务分析体系和在此基础上产生的经济增加值。

二、企业业绩评价的基本要素

企业业绩评价会受到各种因素的影响,因此必须综合多方面因素进行评价,才能客观、公正地反映企业的业绩水平,实施正确的奖惩措施。企业业绩评价的基本要素包括:评价主体、评价客体、评价指标、评价标准、评价方法和评价结果。

(一) 评价主体

目前企业业绩评价主体主要是指企业的利益相关者,包括投资方、管理者及其职员、债权人和政府。企业业绩评价一方面的任务是保证投资者的收益最大化,另一方面与经营管理活动相结合,有利于企业形成长期的竞争优势,促进企业的健康发展。

(二) 评价客体

企业业绩评价客体通常是指企业的盈利能力、偿债能力、经营能力、长期发展能力和综合竞争能力等。它是由企业的评价主体的相关需要所确定的。

(三) 评价指标

企业业绩评价的相关评价指标既有定量指标,如销售利润率、投资报酬率、经济增加值等;又有非财务方面的定性指标,如客户满意度、员工满意度等。

(四) 评价结果

分析报告是企业业绩评价的最终评价结果,也是企业进行奖惩的依据。将分析结果与预算值进行对比分析，通过差异分析，找出产生差异的原因、责任部门，能有效帮助企业解决现有问题，调整方向，最终达到企业的经营目标。

三、企业业绩评价的基本方法

（一）杜邦财务分析体系

传统财务业绩评价中最重要和最常用的是杜邦财务分析法。杜邦财务分析体系是由美国杜邦公司的经理创造的，又称为杜邦系统。它是一种用于评价公司盈利能力和股东权益回报水平的综合性财务比率分析方法，其基本原理是将权益净利率分解成多项财务比率指标，层层分解至企业最基本生产要素的使用、成本与费用的发生和企业风险，深入分析及比较公司的生产经营业绩，使企业所有者和各级管理者可以通过财务分析进行绩效评价，在经营目标发生异动时能及时查明原因并加以改善。杜邦财务分析图（见图 11-1），可以使企业管理当局更加清晰地明确权益资本报酬率的关键决定因素，以及销售利润率和总资产报酬率、权益乘数之间的相互关系。杜邦财务分析图给企业所有者和企业管理当局提供了评价公司资产使用效率及如何最大化股东投资回报的路线图。

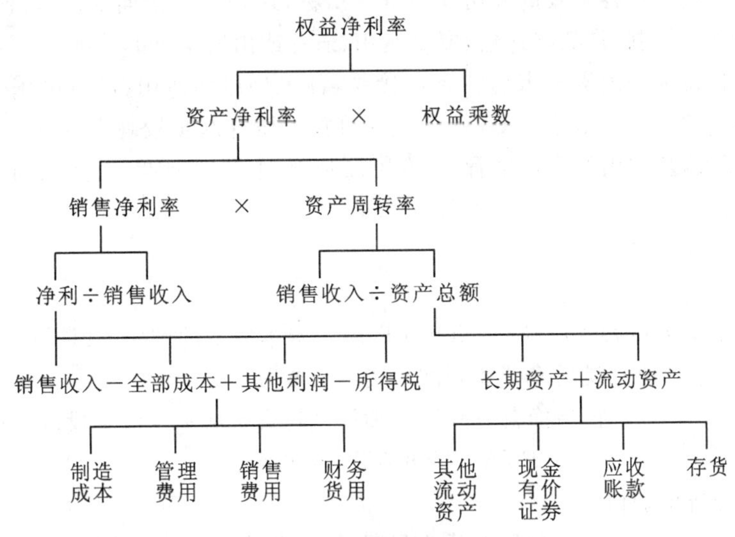

图 11-1　杜邦财务分析图

（二）经济增加值

1. 经济增加值的起源和含义

由于传统的财务会计方法在计算净利润的时候只考虑了债务资本的成本，而没有将权益资本成本作为费用加以扣除，一方面，忽略权益资本的机会成本，从股东角度看，实质上相当于虚增了企业净利润，在某种程度上会误导报表使用人，致使他们做出错误的判断和决策；另一方面，传统的财务会计方法在计算净利润时只扣除债务资本成本费用，就会使得经营者形成权益资本是“免费使用的资本”的错觉，这样一来就会导致经营者在使用权益资本时候的不谨慎，出现投资膨胀、投资失误等投资低效益等状况。传统的财务会计方法存在上述明显的问题，促使一些人开始思考是否应该考虑权益资本的使用成本问题，经济增加值就应运而生了。

作为一个理论体系，经济增加值这个概念是由美国思腾思特管理咨询公司于 1982 年首次提出的。美国思腾思特公司提出这个概念后，在实际应用中经济学家们逐步创立和完善了业绩评价指标体系及管理体系。经过20多年的发展，经济学家对该评价指标进行了修正和延伸，产生了包括修正的经济增加值、市场增加值在内的7个指标，构成了经济增加值业绩评价指标体系，其中，经济增加值这一业绩评价指标是最主要的核心指标。

EVA是经济增加值(economic value added)的英文缩写，所谓的经济增加值就是企业资本收益与资本成本之间的差别，具体讲，就是指企业税后营业净利润与全部投入资本成本之间的差额，从计算角度说，EVA等于税后净营业利润减去债务和股本成本后的剩余收入。它的核心思想是：一个企业只有在其资本收益超过为获得该收益所投入的资本的全部成本时，才能为股东带来价值；EVA指标强调企业无论是运用债务还是运用股本都要充分考虑其成本费用，强调企业管理者在项目决策时应考虑资本获得的收益至少要能补偿投资者承担的风险。在对一个企业的业绩进行考核时，如果 $EVA>0$，则表示企业获得的收益高于为获得此项收益而投入的资本成本，即企业增加了股东的财富；如果 $EVA<0$，则表示企业的业绩没有满足投资者的最低愿望，说明企业在耗损股东财富；如果 $EVA=0$，则说明企业创造的收益刚刚能够满足投资者预期获得的收益，企业恰好维持股东原有财富。

经济增加值不仅是一种有效的公司业绩量度指标，还是一个全面财务管理的架构，是经理人和员工薪酬的激励机制，是战略评估、资金运用、兼并或出售定价的基础。

经济增加值日益为美国资本市场和企业接受，各大公司如通用、可口可乐等都用EVA指标来评价企业的业绩。我国由于对EVA业绩评价指标研究起步较晚，一些研究还只停留在表面，不够系统和深入，从应用的企业来看，只有青岛啤酒、上海宝钢等一些大型企业，其他企业还停留在观望阶段。

2. 经济增加值的计算

1) 计算公式

经济增加值定义为税后营业利润(NOPAT)减去资本成本的差额，其计算公式如下：

$$\begin{aligned}经济增加值&=税后净营业利润-资本成本总额\\&=税后净营业利润-加权平均资本成本\times资本投入总额\end{aligned}$$

即

$$EVA=NOPAT-KW\times NA$$

其中：EVA表示经济增加值；

NOPAT表示经调整的企业税后净营业利润，即将会计利润转变为以现金流量为基础的经济利润；

KW表示加权平均资本成本；

NA表示资本投入总额。

2) 计算要素

经济增加值的计算公式中包含了三个基本要素，即税后净营业利润、资本投入总额和资本成本率，每个要素都是对企业的财务数据进行适当调整后得到的。

(1) 税后净营业利润。

$$\begin{aligned}税后净营业利润=&税后净利润+利息费用+少数股东损益+本年商誉摊销\\&+递延税项贷方余额的增加+其他准备金余额的增加\\&+资本化研究发展费用-资本化研究发展费用在本年的摊销\end{aligned}$$

在我国现行会计制度下，税后净营业利润还可以表示为：

税后净营业利润＝营业利润＋财务费用＋当期计提坏账准备＋当年计提存货跌价准备
＋当年计提的长短期投资减值准备＋投资收益＋期货损益
－经济增加值税收调整

经济增加值税收调整＝利润表上所得税＋税率×(财务费用＋营业外支出
－固定资产减值准备－营业外收入－补贴收入)

(2) 资本投入总额。

资本投入总额＝普通股权益＋少数股东权益＋递延税项贷方余额(借方余额则为负值)
＋累计商誉摊销＋各种准备金(坏账准备、存货跌价准备等)
＋研究发展费用的资本化金额＋短期借款＋长期借款
＋长期借款中短期内到期的部分

同样，在我国现行会计制度下，资本投入总额还可以表示为：

资本投入总额＝债务资本＋权益资本＋约当权益资本－(现金＋银行存款)－在建工程净值

债务资本＝短期借款＋一年内到期的长期借款＋长期借款＋应付债券权益资本

约当股权资本＝存货跌价准备＋长短期投资减值准备＋固定资产(无形资产)减值准备
＋累计税后营业外支出－累计税后营业外收入－累计税后补贴收入
－累计税后固定资产(无形资产)减值准备

(3) 资本成本率。

资本成本率是指企业的加权平均资本成本，它是根据债务资本成本和股权资本成本加权平均计算求得的，而股权资本成本是运用资本资产定价模型计算出来的。

其计算公式为：

加权平均资本成本＝单位股本资本成本＋单位债务资本成本

权益资本成本＝无风险收益率＋β系数×(股本市场预期收益率－无风险收益率)

无风险收益率的计算可以以上海证券交易所交易的当年最长期的国债年收益率为准；β系数的计算，可通过公司股票收益率对同期股票市场指数(上证综指)的收益率回归计算得来；股本市场预期收益率可采用中国股市年平均收益率。

第二节　平衡记分卡

传统的业绩评价体系主要依靠传统财务指标，如收入、利润、现金流量以及各种财务比率等对企业绩效进行评估的方法。这些常用的评估指标建立在财务会计资料基础之上，因此不可避免地具有滞后性，有偏重短期利益和内部利益等缺陷。越来越多的人认识到财务只是企业经营的一个方面，财务指标过分依赖以历史成本为基础的会计核算体系，指标反映的信息具有滞后性和短期化趋势，财务评价并不能全面反映企业管理者在企业持续发展能力方面所做的努力。1992 年美国哈佛商学院的卡普兰教授等人提出了一种全新的企业综合测评体系——平衡记分卡。

一、平衡记分卡的基本内容

平衡记分卡是以企业战略为导向，通过财务、客户、内部运营和学习与成长四个方面及其业绩评价指标的因果关系，全面管理和评价企业综合绩效的系统。它是企业在由工业时代竞争转向信息时代竞争的过程中，为适应战略管理的需要所提出的一种新的业绩评价和控制方法。

为适应信息时代的发展，平衡记分卡作为一种新兴业绩计量工具，是一套从四个维度全面对公司战略管理的绩效进行财务与非财务综合评价的评分卡片。它突破了传统的以财务为核心的计量评价体系，把组织的战略目标与实现过程联系起来，把企业当前业绩与未来获利能力联系起来。

（一）基本框架

平衡记分卡围绕企业的战略目标，从财务维度、客户维度、内部运营维度和学习与成长维度对企业进行全面的评价。图 11-2 所示是平衡记分卡框架图。

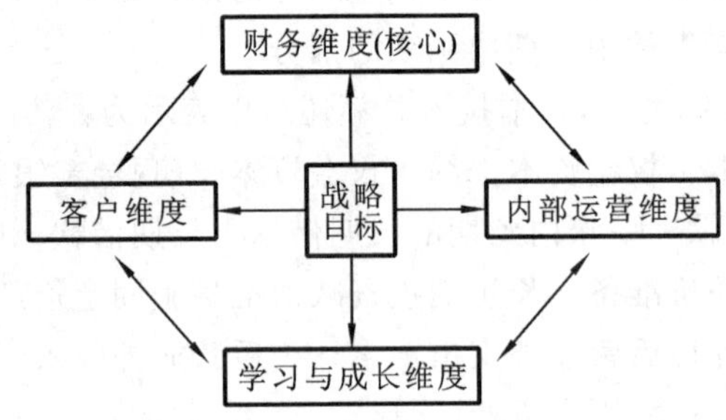

图 11-2　平衡记分卡框架图

（二）财务维度

企业经营的最终目标体现在财务指标上。平衡记分卡基本保留了传统评价方法中原有财务方面的内容，如税后净营业利润、营业收入、资本报酬率等。财务业绩指标能反映出企业的基本经营状况和经营成果。而且，在战略管理会计中，还对原有的财务指标进行了发展，创造了一些新的财务评价指标。

一般而言，企业只能根据具体情况进行分析调整，计算出相对准确的税后净营业利润数据。基本计算公式如下：

税后净营业利润＝税后净利润＋利息费用＋无形资产摊销＋递延所得税贷方余额的增加
＋研发支出的资本化金额－研发支出的资本化金额摊销

因此，税后净营业利润的计算包括债务资本的成本（即利息费用），它实际上是一种经调整的息前税后营业利润。包括债务资本和权益资本等的全部投入资本的成本，则作为减项扣除。

（三）客户维度

平衡记分卡在评价客户方面的指标主要是为了确定企业将要面对的竞争性客户和市场份额的基本状况，并在此基础上计量企业在这个目标范围内的业绩情况，就是要通过顾客的眼睛来看待企业的经营。

客户方面的评价指标一般包括：

（1）顾客满意度，可以通过顾客抱怨数、按时交货等指标衡量；

（2）顾客留住率，反映企业同现有顾客保留或维持现有关系的比例；

（3）顾客获得率，反映企业吸引或赢得新顾客或业务的能力；

（4）市场份额，指企业在目标市场上的业务比例；

（5）账面份额，是市场份额的替代指标，指公司产品占顾客购买此类产品总额的比例；

(6) 顾客盈利能力,指顾客或部门的净利润,企业应通过顾客盈利分析选择目标市场。

(四) 内部运营维度

平衡记分卡的内部运营维度主要解决企业擅长什么之类的问题,关注有助于提高企业整体绩效水平的过程、决策和行动,尤其是对顾客满意度有重要影响的关键内部经营活动。

在对内部经营过程方面进行评价的时候,首先必须确定影响企业运作效率的关键业务流程。这些业务流程通常是那些对客户的满意程度和达到企业的财务目标有最大反映的内部经营行为。针对这些关键业务流程的评价指标包括经营行为的时间、质量、成本等过程指标和产品开发创新等过程指标。

(五) 学习与成长维度

人和组织的创造力是企业创造价值的真正源泉,平衡记分卡的学习与成长维度关注的就是解决企业如何继续提高并创造价值之类的问题,要求关注员工、系统和组织过程的投资,以提高员工的能力、系统的能力并能激发积极性。

员工的学习与成长方面的能力确立了企业必须建立长期的成长和进步的基础能力。其主要评价指标包括反映雇员的工作能力、员工的满意程度、稳定性、内部信息沟通能力以及生产效率等方面能力的指标。

综上所述,平衡记分卡的基本评价指标框架如图 11-3 所示。

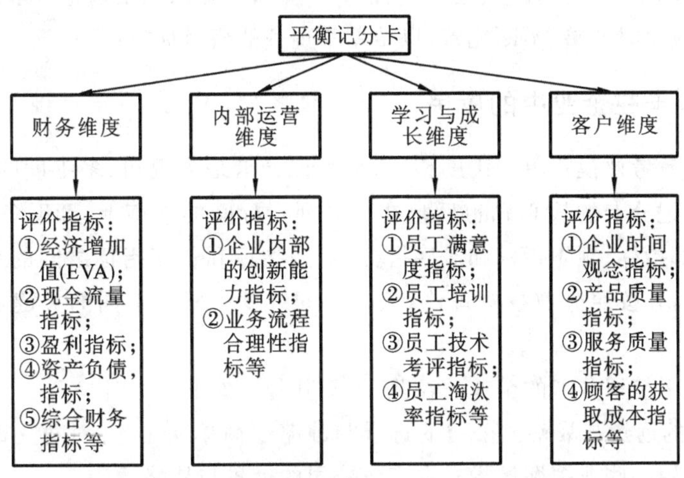

图 11-3　平衡记分卡基本评价指标框架图

二、平衡记分卡的实施程序

平衡记分卡在实际应用的过程中,需要结合企业自身的经营特点,并综合考虑企业的各种影响因素,制定适合其发展需要的指标体系。具体的实施程序因不同企业的情况而会有所不同。通常企业应用平衡记分卡来建立企业业绩评价指标体系时,需要经过以下三个阶段。

(一) 设计阶段

在设计阶段,结合企业的长短期发展需要,首先制订战略规划,明确战略目标。在此基础之上,通过大量的调查研究工作,设定核心财务指标,明确直接因素。再通过导入一些非财务因素，设定相关的目标，并将这些目标工作分类归入客户、内部运营和学习与成长等方面。最后，找出关键因素，设计绩效指标。这种通过沟通和协调所设计的指标体系要自上而下、从内部到外部进行交流，征询各方面的意见，吸收各方面、各层次的建议，最终构建出完整的考核评价系统框架。

（二）应用实施阶段

在应用实施阶段，应当注意以下两个方面的工作。

(1) 将平衡记分卡的考核系统中的指标全部分解到下属各个部门，将平衡记分卡体系所需的信息系统和传统管理的信息系统相结合，最终使记分卡体系的实施成为可能。

(2) 激励与奖惩相结合，将平衡记分卡的各项指标和各部门及其员工的薪酬紧密联系起来，从而最大限度地调动部门及其员工的积极性，促使其努力完成记分卡中的各项指标，从而实现企业的最终战略目标。

（三）完善阶段

平衡记分卡系统所设定的各个指标不是孤立地存在的，一份恰当的平衡记分卡应该可以通过企业战略将记分卡的四个方面有机整合在一起，成为一个因果关系的链条。因此，不同企业不同时期的战略目标的不同，所采取的具体战略、涉及的相关因素不同，导致企业的平衡记分卡的具体内容和指标均不相同。各个企业必须根据具体情况在采用平衡记分卡后，对于其业绩评价的不全面之处，应及时调整、不断完善，以帮助实现其战略目标。

三、平衡记分卡在企业中的应用

与传统财务绩效考评模式单一维度相比，平衡记分卡是多视角、多维度的对企业全面业绩领域的衡量。平衡记分卡的核心思想反映在一系列指标间的平衡上，即财务指标和非财务指标、内部指标和外部指标、领先指标和滞后指标、短期指标和长期指标之间的平衡，注重考察指标之间的因果关系，并按照分散投资理论，从不同的维度去驱动不同的关键业绩要素，降低风险，实现稳健经营。

总结成功实施平衡记分卡的企业的经验，可知其程序如下。

(1) 建立公司的远景与战略。公司的远景与战略要简单明了，并对每一部门均具有意义，使每一部门可以采用一些业绩衡量指标去完成公司的远景与战略。

(2) 成立平衡记分卡小组或委员会。该组织负责解释公司的远景和战略，并建立财务、客户、内部运营、学习与成长四类具体的目标。

(3) 为四类具体的目标确定最重要的绩效衡量指标。例如美国一家半导体公司的财务类、客户类具体目标与评价指标如表 11-1 所示。

表 11-1 美国一家半导体公司的目标-评价指标关系

类　型	具体目标	评价指标
财务类	①求生存； ②迈向成功； ③繁荣	①现金净流入； ②销售额、营业净利润增长率； ③市场及投资报酬率增长率

续表

类　　型	具体目标	评价指标
客户类	①推出新品； ②准时交货； ③选择优良供应商； ④顾客参与	①新品占销售额比率； ②准时交货率/次数； ③主要供应商占总购货额比率； ④顾客参与产品改进程度

(4) 加强企业内部的沟通与教育。利用各种沟通渠道，如定期或不定期的刊物、信件、公告栏、标语、会议等，让各层管理人员知道公司的远景、战略、目标与业绩衡量指标。

(5) 确定每年、每季、每月的业绩衡量指标的具体数字，并与公司的计划和预算相结合，注意各类指标间的因果关系、驱动关系与连接关系。

(6) 将每年的报酬奖励制度与平衡记分卡挂钩。Pioneer 石油公司与平衡记分卡挂钩的各类指标奖金权重如表 11-2 所示。

(7) 经常采纳员工意见，修正平衡记分卡衡量指标并改进公司战略。

使用平衡记分卡应注意切勿照搬其他企业的模式、经验。其执行要与企业奖励制度相结合，并注意实施的成本效益。

表 11-2　Pioneer 石油公司平衡记分卡项目权重

类别权重	评价指标	权　　重
财务(60%)	利润(与竞争者比较)	18
	投资报酬率(与竞争者比较)	18
	成本降低额(与计划比较)	18
	新市场销售成长率	3
	现市场销售成长率	3
客户(10%)	市场占有率	2.5
	顾客满意度	2.5
	经销商满意度	2.5
	经销商利润	2.5
内部营运(10%)	社区/环境保护指数	10
学习与成长(20%)	员工工作环境与满意度	10
	员工技能水平	7
	策略性信息供应情况	3

第三节　激励机制

随着现代企业的发展，公司制成为企业最为重要的组织形式，公司的高层管理者逐步从所有者向经营者转移，出现了所有权和经营权的分离。为此，在经营者拥有很大权力的条件下，所有者为了协调与经营者目标上的冲突，就要建立一套有效的激励机制。根据委托代理理论，也有必要运用一定的激励方式，对企业的经营者及全体员工进行激励，促使其守职尽责，以实现企业目标。

一、激励机制概述

（一）激励机制的作用

（1）激励机制有助于保持企业经营者的稳定性，为企业的持续发展创造更大的价值。

（2）激励机制有利于提升企业对经理人市场的吸引力，促进企业吸引所需的优秀人才。

（3）激励机制与企业业绩相结合，有利于促进经营者的目标与企业的目标相一致，结成利益共同体，实现双赢。

（二）设计激励机制的原则

（1）激励要与经营者的业绩挂钩。这是设计经营者激励最重要的原则，以业绩为依据决定激励才能真正发挥激励的应有作用，脱离绩效的激励将会产生不可想象的后果。

（2）短期激励要与长期激励相结合。经营者的决策及其结果往往需要经过较长的时间才能充分显示出来。为了考核经营者的绩效，并合理地加以激励，避免其追求短期目标，导致企业长期根本利益的损害，需要实行短期激励与长期激励相结合的原则。

（3）具有内部公平和外部竞争力。设计激励必须考虑企业经营者与企业普通员工之间的激励及其全部报酬的合理差距，保证激励在企业内部的公平性。同时，激励应该具有外部经理人市场的竞争力，保证经营者的稳定和吸引优秀人才。

（4）对于经营者实行激励，实际上是股东作为委托人与经营者作为代理人的一种利益安排，需要考虑股东成本因素，把经营者报酬限制在股东都能够接受的范围之内，促进股东利益与经营者利益和目标的一致性。

二、短期激励机制

企业的激励机制主要包括短期激励和长期激励两种。

企业短期激励机制主要有年终奖金制和年薪制。

（一）年终奖金制

年终奖金制是企业在年度终了时按照既定的标准和条件发放的奖金。年终奖金通常有单项贡献奖和综合提成奖。

单项贡献奖是根据某项突出贡献而发放的奖金，比如对成功开发新产品、成功申请重大专利等发放奖金。这种奖金方式的目标和依据明确，适用面广，实际中为很多企业所采用。

综合提成奖是根据业绩考核情况，按照年度奖金额度兑现的奖金。通常是在年初确定全年奖金目标总额，年末根据该年度的业绩考核结果，决定奖金的发放金额，奖金的具体金额可以在年度奖金目标总额的范围内浮动。这种奖金方式设定的目标和依据比较明确，实际中为很多中小企业所采用。

（二）年薪制

年度薪酬制又称年薪制，是以年度为考核周期，将经营者的薪酬与企业业绩挂钩的一种薪酬模式。年薪制是国际上通用的企业经营者薪酬模式，目前也为我国不少大中型企业所采用。

一般而言，年薪主要有基本薪酬和绩效薪酬两部分。

基本薪酬是根据企业的营业规模、资产规模、利税水平、当地物价水平和员工平均工资水平等因素确定，通常设定上限。基本薪酬通常按月预付，年终根据业绩考核结果一并结算。

绩效薪酬是根据企业年度业绩实现情况和绩效考核结果确定，按年兑现，与基本薪酬一并结算。绩效薪酬通常实行分档浮动，具有不确定性，因此又称为风险薪酬。

三、长期激励机制

越来越多的公司在实行短期激励的同时引入长期激励机制，实行短期激励与长期激励相结合，以弥补短期激励的不足。在实际中，最常见的长期激励形式是员工持股计划和股票期权激励，除此之外还有很多的长期激励形式。

（一）员工持股计划

员工持股计划，又称之为员工持股制度，是员工所有权的一种实现形式，是企业所有者与员工分享企业所有权和未来收益权的一种制度安排。员工持股计划（制度）具体是指由企业内部员工出资认购本公司部分股权，委托员工持股会作为社团法人托管运作，集中管理；员工持股管理委员会（或理事会）作为社团法人进入董事会参与按股分享红利的一种新型股权形式。

1. 员工持股计划（制度）的主要特征

(1) 持股人或认购者必须是本企业工作的员工。

(2) 员工所认购的本企业的股份不能转让、不能交易、不能继承。

(3) 员工持股股份可通过以下四种方式形成：一是员工现金认购方式认购企业股份；二是员工透过员工持股专项贷款资金贷款认购本企业股份；三是企业将历年累计的公益金转为员工股份划转给员工；四是奖励红股形成员工持股。

(4) 员工持股计划参与人以二次利润分配参与公司利润分享计划，即以工会或职代会社团法人名义享受公司利润分配，再由专职机构（员工持股管理委员会）再按员工个人持股数额进行二次利润分配。

2. 员工持股计划的股权设置及持股比例

(1) 经公司股东会或产权单位同意，内部员工股份原则上可通过两种方式设置：一是增资扩股方式设置，二是通过产权转让方式设置。

(2) 员工持股规模：企业可根据本企业规模、经营情况和员工购买能力，自行确定内部员工股总额占公司总股本的比例，自行确定比例可参照以下比例原则：公司总股本在5000万元至2亿元左右，员工持股比例占总股本的35%左右；公司总股本在1000万元至5000万元左右，员工持股比例占总股本的35%～50%；公司总股本在1000万元以下，员工持股比例占总股本的50%以上。

(3) 资本密集型的高新技术企业和商贸企业，经公司股东会或产权单位同意，员工持股比例可适当放宽。

3. 员工认购股份程序

(1) 员工向工会提出购股申请。

(2) 工会审查员工持股资格。

(3) 根据员工股份认购方案确定个人持股额。

(4) 公告员工持股额度。

(5) 办理购股手续。

(6) 员工向工会缴付购股资金,工会向员工出具“员工股权证明书”。

(7) 公司应妥善保管员工的持股名册并上报审批部门备案。

董事长、经理持股额与一般员工持股额应保持合理比例,原则上为员工平均持股额的5倍～10倍。公司根据具体情况,可适度提高经营管理人员、业务和技术骨干的持股额度。

4. 员工认购股份的资金来源

员工购股的资金来源由个人出资,可采取以下三种方式:

(1) 个人以现金出资购股;

(2) 由公司非员工股东担保,向银行或资产经营公司贷(借)款购股;

(3) 可将公司公益金划为专项资金借给员工购股,借款利率由公司股东会或产权单位参照银行贷款利率自行决定。

5. 员工持股管理机构

员工持股管理机构是员工持股管理委员会(或理事会),员工持股管理委员会(或理事会)的基本职责是:

(1) 负责召开和主持员工股东会议;

(2) 负责员工股权日常管理工作和收集、整理员工意见;

(3) 定期向持股员工报告员工持股会工作情况;

(4) 管理员工持股会备用金;

(5) 其他职责。

(二) 股票期权

股票期权发源于企业竞争最激烈的美国。股票期权又称购股选择权,是指参与者在与所有者约定的期限(如三年以后至十年以内),事先以约定价格购买一定数量本企业股票的权利。这种期权往往是无偿赠予的,也通常是不可再转让的。购买这种股票的行为叫行权,约定的购买价格叫行权价格。公司依据特定的条件,赋予经营者或高级管理人员以股票期权,使得股票期权成为一种激励方式。

1. 股票期权激励的对象

股票期权激励对象的确定以有关法律、公司章程和所任公司职务为依据。一般而言,激励对象包括公司的董事、监事、高级管理人员和主要业务骨干及对公司有特殊贡献的其他员工,不包括独立董事。其中,高级管理人员指公司的总裁、副总裁、总会计师、董事会秘书等;主要业务骨干及对公司有特殊贡献的其他员工包括公司部门负责人、下属控股子公司的主要管理人员、业务骨干以及对公司有特殊贡献的其他员工。此外,还可以根据公司的实际情况预留部分激励对象。

2. 股票期权授予的期权数量、种类及其来源

股票期权授予激励对象的期权数量,一般是结合公司股本总量和激励对象人数等情况予以规定,并向现有和预留激励对象进行分配。通常,我国公司股票期权激励计划规定的股票种类为人民币A股普通股,向激励对象定向发行取得股票来源。此外,在股票期权有效期内,公司如发生资本公积转赠股本、派发股票红利、股份拆细或缩股、配股等事宜,应对激励计划的股票

期权数量、所涉及的标的股票总数等做相应调整。

3. 股票期权的获授条件

获授股票期权的条件包括公司和激励对象两个方面。公司方面：最近一个会计年度的财务会计报告未被注册会计师出具否定意见或者无法表示意见的审计报告；最近一年内未因重大违法违规行为被中国证监会予以行政处罚等。

4. 股票期权的行权价格

行权价格是指获授人以股票期权购买股票的每股价格。股票期权的行权价格应在股票期权激励计划中明确规定。实行股票期权激励计划公司大多按照股票期权激励计划草案摘要公布前一个交易日的公司股票收盘价与股票期权激励计划草案摘要公布前 30 个交易日公司股票算术平均收盘价之较高者来确定行权价格。

5. 股票期权的行权条件

根据公司发展状况及其考核情况，股票期权激励计划通常规定激励对象对已获授股票期权的行权条件。一般包括：激励对象上一年度业绩考核合格、公司净资产收益率和净利润增长率的水平等。不同公司具体的行权条件不尽相同。

6. 股票期权的行权安排

公司通常还对股票期权行权的时期和次数及其比例做出安排。例如，某公司规定自股票期权激励计划授权日满 12 个月后，满足行权条件的激励对象可以在可行权日分 4 次行权，每个行权期为一年，每次行权额度为获授的股票期权的 25%，上次行权期满未行权的份额可以累积至下各行权期行权。如此安排为激励对象提供较多的行权机会。

7. 股票期权的有效期、授权日、可行权日、禁售期

股票期权激励计划需要明确几个重要的时期和日期，譬如有效期、授权日、可行权日、禁售期。

有效期是自股票期权授权日起执行股票期权激励计划的有效时期，目前一般有效期规定为 5 年。

授权日是在股票期权激励计划报证监会备案且无异议、公司股东大会批准后，由董事会确定。授权日必须为交易日，一般应排除公司定期报告公布前和重大交易、重大事项或重大事件的发生及处理的一定时期。

可行权日是指激励对象对获授股票期权可以行权购买股票的日期。可行权日必须为交易日，排除重大交易、重大事项或重大事件的发生及处理的一定时期。

禁售期是指按照公司章程的规定，禁止激励对象出售所持有的标的股票的时期或日期。标的股票期权激励对象转让其持有的标的股票，应当符合有关法规以及公司章程的规定。

本章小结

企业业绩评价是管理会计的重要构成部分，业绩评价的结果往往是企业进行考核和奖惩的有效依据，有效的业绩评价本身也可以促进企业管理效率的提高。

第一节　讲述了企业业绩评价的相关含义、基本要素和杜邦财务分析体系、经济增加值。

第二节　介绍了平衡记分卡。为适应信息时代的发展，克服传统业绩评价指标的种种弊端，平衡记分卡作为一种新兴业绩计量工具，是一套从四个维度全面对公司战略管理的绩效进行财务与非财务综合评价的评分卡片。平衡记分卡包括财务维度、客户维度、内部运营维度和

学习与成长维度，以及不同维度所适用的相关评价指标。

第三节 主要介绍了相关激励机制。目前企业的激励机制包括短期激励机制和长期激励机制。企业短期激励机制主要有年终奖金制和年薪制。在实际中，最常见的长期激励形式是员工持股计划和股票期权激励。

复习思考题

一、关键概念

企业业绩评价、经济增加值、平衡记分卡、年终奖金制、年薪制、员工持股计划、股票期权激励

二、问答题

1. 企业业绩评价的基本原则有哪些？
2. 如何运用杜邦财务分析体系进行业绩评价？
3. 经济增加值如何计算？
4. 平衡记分卡有哪些维度？各有哪些评价指标？
5. 企业有哪些激励机制？设计激励机制有哪些基本原则？
6. 企业的短期激励机制有哪几种？各有什么特征？
7. 企业的长期激励机制有哪些？各有什么特征？

FULU

附 录

附录A 复利终值系数表

期数	1%	2%	3%	4%	5%	6%	7%	8%	9%	10%
1	1.0100	1.0200	1.0300	1.0400	1.0500	1.0600	1.0700	1.0800	1.0900	1.1000
2	1.0201	1.0404	1.0609	1.0816	1.1025	1.1236	1.1449	1.664	1.1881	1.2100
3	1.0303	1.0612	1.0927	1.1249	1.1576	1.1910	1.2250	1.2597	1.2950	1.3310
4	1.0406	1.0824	1.1255	1.1699	1.2155	1.2625	1.3108	1.3605	1.4116	1.4641
5	1.0510	1.1041	1.1593	1.2167	1.2763	1.3382	1.4026	1.4693	1.5386	1.6105
6	1.0615	1.1262	1.1941	1.2653	1.3401	1.4185	1.5007	1.5809	1.6771	1.7716
7	1.0721	1.1487	1.2299	1.3159	1.4071	1.5036	1.6058	1.7738	1.8280	1.9487
8	1.0829	1.1717	1.2668	1.3686	1.4775	1.5938	1.7182	1.8509	1.9926	2.1436
9	1.0937	1.1951	1.3048	1.4233	1.5513	1.6895	1.8385	1.9990	2.1719	2.3579
10	1.1046	1.2190	1.3439	1.4802	1.6289	1.7908	1.9672	2.1589	2.3674	2.5937
11	11157	1.2434	1.3824	1.5395	1.7103	1.8983	2.1049	2.3316	2.5804	2.8531
12	1.1268	1.2682	1.4258	1.6010	1.7959	2.0122	2.2522	2.5182	2.8127	3.1384
13	1.1381	1.2936	1.4685	1.6651	1.8856	2.1329	2.4098	2.7196	3.0658	3.4523
14	1.1459	1.3195	1.5126	1.7317	1.9799	2.2609	2.5785	2.9372	3.3417	3.7975
15	1.1610	1.3459	1.5580	1.8009	2.0789	2.3966	2.7590	3.1722	3.6425	4.1772
16	1.1726	1.3728	1.6047	1.8730	2.1829	2.5404	2.5922	3.4259	3.9703	4.5950
17	1.1843	1.4002	1.6528	1.9479	2.2920	2.6928	3.1588	3.7000	4.3276	5.0545
18	1.1961	1.4282	1.7024	2.0258	2.4066	2.8543	3.3799	3.9960	4.7171	5.5599
19	1.2081	1.4568	1.7535	2.1068	2.5270	3.0256	3.6165	4.3157	5.1417	6.1159
20	1.2202	1.4859	1.8061	2.1911	2.6533	3.2071	3.8697	4.6610	5.6044	6.7275
21	1.2324	1.5157	1.8603	2.2788	2.7860	3.3996	4.1406	5.0338	6.1088	7.4002
22	1.2447	1.5460	1.9161	2.3699	2.9253	3.6035	4.4304	5.4365	6.6586	8.1403
23	1.2572	1.5769	1.9736	2.4647	3.0715	3.8197	4.7405	5.8715	7.2579	8.2543
24	1.2697	1.6084	2.0328	2.5633	3.2251	4.0489	5.0724	6.3412	7.9111	9.8497
25	1.2824	1.6406	2.0938	2.6658	3.3864	4.2919	5.4274	6.8485	8.6231	10.835
26	1.2953	1.6734	2.1566	2.7725	3.5557	4.5494	5.8076	7.3964	9.3992	11.918
27	1.3082	1.7069	2.2213	2.8834	3.7335	4.8823	6.2139	7.9881	10.245	13.110
28	1.3213	1.7410	2.2879	2.9987	3.9201	5.1117	6.6488	8.6271	11.167	14.421
29	1.3345	1.7758	2.3566	3.1187	4.1161	5.4184	7.1143	9.3173	12.172	15.863
30	1.3478	1.8114	2.4273	3.2434	4.3219	5.7435	7.6123	10.063	13.268	17.449

续表

期数	12%	14%	15%	16%	18%	20%	24%	28%	32%	36%
1	1.1200	1.1400	1.1500	1.1600	1.1800	1.2000	1.1400	1.2800	1.3200	1.3600
2	1.2544	1.2996	1.3225	1.3456	1.3924	1.4400	1.5376	1.6384	1.7424	1.8496
3	1.4049	1.4815	1.5209	1.5609	1.6430	1.7280	1.9066	2.0872	2.3000	2.5155
4	1.5735	1.6890	1.7490	1.8106	1.9388	2.0736	2.3642	2.6844	3.0360	3.4210
5	1.7623	1.9254	2.0114	2.1003	2.2878	2.4883	2.9316	3.4360	4.0075	4.6526
6	1.9738	2.1950	2.3131	2.4364	2.6996	2.9860	3.6352	4.3980	5.2899	6.3275
7	2.2107	2.5023	2.6600	2.8262	3.1855	3.5832	4.5077	5.6295	6.9826	8.6054
8	2.4760	2.8526	3.0590	3.2784	3.7589	4.2998	5.5895	7.2508	9.2170	11.703
9	2.7731	3.2519	3.5179	3.8030	4.4355	5.1598	6.9310	9.2234	12.166	15.917
10	3.1058	3.7072	4.0456	4.4114	5.2338	6.1917	8.5944	11.806	16.060	21.647
11	3.4785	4.2262	4.6524	5.1173	6.1759	7.4301	10.657	15.112	21.119	29.439
12	3.8960	4.8179	5.3503	5.9360	7.2876	8.9161	13.215	19.343	27.983	40.037
13	4.3635	5.4924	6.1528	6.8858	8.5994	10.699	16.386	24.759	36.937	54.451
14	4.8871	6.2613	7.0757	7.9875	10.147	12.839	20.319	31.691	48.757	74.053
15	5.7436	7.1379	8.1371	9.2655	11.974	15.407	25.196	40.565	64.395	100.71
16	6.1304	8.1372	9.3576	10.748	14.129	18.448	31.243	51.923	84.954	136.97
17	6.8660	9.2765	10.761	12.468	16.672	22.186	38.741	66.461	112.14	186.28
18	7.6900	10.575	12.375	14.463	19.673	26.623	48.039	86.071	148.02	253.34
19	8.6128	12.056	14.232	16.777	23.214	31.948	59.568	108.89	195.39	344.54
20	9.6463	13.743	16.367	19.461	27.393	38.338	73.864	139.38	257.92	468.57
21	10.804	15.668	18.822	22.574	32.324	46.005	91.592	178.41	340.45	637.26
22	12.100	17.861	21.645	26.186	38.142	55.206	113.57	228.36	449.39	866.67
23	13.552	20.362	24.891	30.376	45.008	66.247	140.83	292.30	593.20	1178.7
24	15.179	23.212	28.625	35.236	53.109	79.497	174.63	374.14	783.02	1603.0
25	17.000	26.462	32.919	40.874	62.669	95.396	216.54	478.90	1033.6	2180.1
26	19.040	30.167	37.857	47.414	73.949	114.48	268.51	613.00	1364.3	2964.9
27	21.325	34.390	43.535	55.000	87.260	137.37	332.95	784.64	1800.9	4032.3
28	23.884	39.204	50.006	63.800	102.97	164.84	412.86	1004.3	2377.2	5483.9
29	26.750	44.693	57.575	74.009	121.50	197.81	511.95	1285.6	3137.9	7458.1
30	29.960	50.950	66.212	85.850	143.37	237.38	634.82	1645.5	4142.1	10143

附录B　复利现值系数表

期数	1%	2%	3%	4%	5%	6%	7%	8%	9%	10%
1	.9901	.9804	.9709	.9615	.9524	.9434	.9346	.9259	.9174	.9091
2	.9803	.9712	.9426	.9246	.9070	.8900	.8734	.8573	.8417	.8264
3	.9706	.9423	.9151	.8890	.8638	.8396	.8163	.7938	.7722	.7513
4	.9610	.9238	.8885	.8548	.8227	.7921	.7629	.7350	.7084	.6830
5	.9515	.9057	.8626	.8219	.7835	.7473	.7130	.6806	.6499	.6209
6	.9420	.8880	.8375	.7903	.7462	.7050	.6663	.6302	.2963	.5645
7	.9327	.8606	.8131	.7599	.7107	.6651	.6227	.5835	.5470	.5132
8	.9235	.8535	.7874	.7307	.6768	.6274	.5820	.5403	.5019	.4665
9	.9143	.8368	.7664	.7026	.6446	.5919	.5439	.5002	.4604	.4241
10	.9053	.8203	.7441	.6756	.6139	.5584	.5083	.4632	.4224	.3855
11	.8963	.8043	.7224	.6496	.5847	.5268	.4751	.4289	.3875	.3505
12	.8874	.7885	.7014	.6246	.5568	.4970	.4440	.3971	.3555	.3186
13	.8787	.7730	.6810	.6006	.5303	.4688	.4150	.3677	.3262	.2897
14	.8700	.7579	.6611	.5775	.5051	.4423	.3878	.3405	.2992	.2633
15	.8613	.7430	.6419	.5553	.4810	.4173	.3624	.3152	.2745	.2394
16	.8528	.7284	.6232	.5339	.4581	.3936	.3387	.2919	.2519	.2176
17	.8444	.7142	.6050	.5134	.4363	.3714	.3166	.2703	.2311	.1978
18	.8360	.7002	.5874	.4936	.4155	.3503	.2959	.2502	.2120	.1799
19	.8277	.6864	.5703	.4746	.3957	.3305	.2765	.2317	.1945	.1635
20	.8195	.6730	.5537	.4564	.3769	.3118	.2584	.2145	.1784	.1486
21	.8114	.6598	.5375	.4388	.3589	.2942	.2415	.1987	.1637	.1351
22	.8034	.6468	.5219	.4220	.3418	.2775	.2257	.1839	.1502	.1228
23	.7954	.6342	.5067	.4057	.3256	.2618	.2109	.1703	.1378	.1117
24	.7876	.6217	.4919	.3901	.3101	.2470	.1971	.1577	.1264	.1015
25	.7798	.6095	.4776	.3751	.2953	.2330	.1842	.1460	.1160	.0923
26	.7720	.5976	.4637	.3604	.2812	.2198	.1722	.1352	.1064	.0839
27	.7644	.5859	.4502	.3468	.2678	.2074	.1609	.1252	.0976	.0763
28	.7568	.5744	.4371	.3335	.2551	.1956	.1504	.1159	.0895	.0693
29	.7493	.5631	.4243	.3207	.2429	.1846	.1406	.1073	.0822	.0630
30	.7419	.5521	.4120	.3083	.2314	.1741	.1314	.0994	.0754	.0573

续表

期数	12%	14%	15%	16%	18%	20%	24%	28%	32%	36%
1	.8929	.8772	.8696	.8621	.8475	.8333	.8065	.7813	.7576	.7353
2	.7972	.7695	.7561	.7432	.7182	.6944	.6504	.6104	.5739	.5407
3	.7118	.6750	.6575	.6407	.6086	.5787	.5245	.4768	.4348	.3975
4	.6355	.5921	.5718	.5523	.5158	.4823	.4230	.3725	.3294	.2923
5	.5674	.5194	.4972	.4762	.4371	.4019	.3411	.2910	.2495	.2149
6	.5666	.4556	.4323	.4104	.3704	.3349	.2751	.2274	.1890	.1580
7	.4523	.3996	.3759	.3538	.3139	.2791	.2218	.1776	.1432	.1162
8	.4039	.3506	.3269	.3050	.2660	.2326	.1789	.1388	.1085	.0854
9	.3606	.3075	.2843	.2630	.2255	.1938	.1443	.1084	.0822	.0628
10	.3220	.2697	.2472	.2267	.1911	.1615	.1164	.0847	.0623	.0462
11	.2875	.2366	.2149	.1954	.1619	.1346	.0938	.0662	.0472	.0340
12	.2567	.2076	.1869	.1685	.1373	.1122	.0757	.0517	.0357	.0250
13	.2292	.1821	.1625	.1452	.1163	.0935	.0610	.0404	.0271	.0184
14	.2046	.1597	.1413	.1252	.0985	.0779	.0492	.0316	.0205	.0135
15	.1827	.1401	.1229	.1079	.0835	.0649	.0397	.0247	.0155	.0099
16	.1631	.1229	.1069	.0980	.0709	.0541	.0320	.0193	.0118	.0073
17	.1456	.1078	.0929	.0802	.0600	.0451	.0259	.0150	.0089	.0054
18	.1300	.0946	.0808	.0691	.0508	.0376	.0208	.0118	.0068	.0039
19	.1161	.0829	.0703	.0596	.0431	.0313	.0168	.0092	.0051	.0029
20	.1037	.0728	.0611	.0514	.0365	.0261	.0135	.0072	.0039	.0021
21	.0926	.0638	.0531	.0443	.0309	.0217	.0109	.0056	.0029	.0016
22	.0826	.0560	.0462	.0382	.0262	.0181	.0088	.0044	.0022	.0012
23	.0738	.0491	.0402	.0329	.0222	.0151	.0071	.0034	.0017	.0008
24	.0659	.0431	.0349	.0284	.0188	.0126	.0057	.0027	.0013	.0006
25	.0588	.0378	.0304	.0245	.0160	.0105	.0046	.0021	.0010	.0005
26	.0525	.0331	.0264	.0211	.0135	.0087	.0037	.0016	.0007	.0003
27	.0469	.0291	.0230	.0182	.0115	.0073	.0030	.0013	.0006	.0002
28	.0419	.0255	.0200	.0157	.0097	.0061	.0024	.0010	.0004	.0002
29	.0374	.0224	.0174	.0135	.0082	.0051	.0020	.0008	.0003	.0001
30	.0334	.0196	.0151	.0116	.0070	.0042	.0016	.0006	.0002	.0001

附录C 年金终值系数表

期数	1%	2%	3%	4%	5%	6%	7%	8%	9%	10%
1	1.0000	1.0000	1.0000	1.0000	1.0000	1.0000	1.0000	1.0000	1.0000	1.0000
2	2.0100	2.0200	2.0300	2.0400	2.0500	2.0600	2.0700	2.0800	2.0900	2.1000
3	3.0301	3.0604	3.0909	3.1216	3.1525	3.1836	3.2149	3.2464	3.2781	3.3100
4	4.0604	4.1216	4.1836	4.2465	4.3101	4.3746	4.4399	4.5061	4.5731	4.6410
5	5.1010	5.2040	5.3091	5.4163	5.5256	5.6371	5.7507	5.8666	5.9847	5.1051
6	6.1520	6.3081	6.4684	6.6330	6.8019	6.9753	6.1533	6.3359	6.5233	6.7156
7	7.2135	7.4343	7.6625	7.8983	8.1420	8.3938	8.6540	8.9228	9.2004	9.4872
8	8.2857	8.5830	8.8923	9.2142	9.1491	9.8975	10.260	10.637	11.028	11.436
9	9.3685	9.7546	10.159	10.583	11.027	11.491	11.978	12.488	13.021	13.579
10	10.462	10.950	11.464	12.006	12.578	13.181	13.816	14.487	15.193	15.937
11	11.567	12.169	12.808	13.486	14.207	14.972	15.784	16.645	17.560	18.531
12	12.683	13.412	14.192	15.026	15.917	16.870	17.888	18.977	20.141	21.384
13	13.809	14.680	15.618	16.627	17.713	18.882	20.141	21.495	22.953	24.523
14	14.947	15.974	17.086	18.292	19.599	21.015	22.550	24.214	26.019	27.975
15	16.097	17.293	18.599	20.024	21.579	23.276	25.129	27.152	29.361	31.772
16	17.258	18.639	20.157	21.825	23.657	25.673	27.888	30.325	33.003	35.950
17	18.430	20.012	21.762	23.698	25.840	38.213	30.840	33.750	36.974	40.545
18	19.615	21.412	23.414	25.645	28.123	30.906	33.999	37.450	41.301	45.599
19	20.811	22.841	25.117	27.671	30.539	33.760	37.379	41.446	46.018	51.159
20	22.019	24.297	26.870	29.778	33.066	36.786	40.955	45.752	51.160	57.275
21	23.239	25.783	28.676	31.969	35.719	39.993	44.865	50.423	56.765	64.002
22	24.472	27.299	30.537	34.249	38.505	43.392	49.006	55.457	62.873	71.404
23	25.716	28.845	32.453	36.618	41.430	46.996	53.436	60.883	69.532	79.543
24	26.973	30.422	34.426	39.083	44.502	50.816	58.177	66.765	76.790	88.497
25	28.243	32.030	36.459	41.646	47.727	54.863	63.294	73.106	84.701	98.347
26	29.526	33.671	38.553	44.312	51.113	59.156	68.676	79.954	93.324	109.18
27	30.821	35.344	40.710	47.084	54.669	63.706	74.484	87.351	102.72	121.10
28	32.192	37.051	42.931	49.968	58.403	68.528	80.698	95.339	112.97	134.21
29	33.450	38.792	45.219	52.966	62.323	73.640	87.347	103.97	124.14	148.63
30	34.785	40.568	47.575	56.085	66.439	79.058	94.461	113.28	136.31	164.49

续表

期数	12%	14%	15%	16%	18%	20%	24%	28%	32%	36%
1	1.0000	1.0000	1.0000	1.0000	1.0000	1.0000	1.0000	1.0000	1.0000	1.0000
2	2.1200	2.1400	2.1500	2.1600	2.1800	2.2000	2.2400	2.2800	2.3200	2.3600
3	3.3744	3.4396	3.4725	3.5056	3.5724	3.6400	3.7776	3.9184	3.0624	3.2096
4	4.7793	4.9211	4.9934	5.0665	5.2154	5.3680	5.6842	6.0156	6.3624	6.7251
5	6.3528	6.6101	6.7424	6.8771	7.1542	7.4416	8.0484	8.6999	9.3983	10.146
6	8.1152	8.5355	8.7537	8.9775	9.4420	9.9299	10.980	12.136	13.406	14.799
7	10.089	10.730	11.067	11.414	12.142	12.916	14.615	16.534	18.696	21.126
8	12.300	13.233	13.727	14.240	15.327	16.499	19.123	22.163	25.678	29.732
9	14.776	16.085	16.786	17.519	19.086	20.799	24.712	29.369	34.895	41.435
10	17.549	19.337	20.304	21.321	23.521	25.959	31.643	38.593	47.062	57.352
11	20.655	23.045	24.349	25.733	28.755	32.150	40.238	50.398	63.122	78.988
12	24.133	27.271	29.002	30.850	34.931	39.581	50.895	65.510	84.320	108.44
13	28.029	32.089	34.352	36.786	42.219	48.497	64.110	84.853	112.30	148.47
14	32.393	37.581	40.505	43.672	50.818	59.196	80.496	109.61	149.24	202.93
15	37.280	43.842	47.580	51.660	60.965	72.035	100.82	141.30	198.00	276.98
16	42.753	50.980	55.717	60.925	72.939	87.442	126.01	181.87	262.36	377.69
17	48.884	59.118	65.075	71.673	87.068	105.93	157.25	233.79	347.31	514.66
18	55.750	68.394	75.836	84.141	103.74	128.12	195.99	300.25	459.45	770.94
19	63.440	78.969	88.212	98.603	123.41	154.74	244.03	385.32	607.47	954.28
20	72.052	91.025	102.44	115.38	146.63	186.69	303.60	494.21	802.86	1298.8
21	81.699	104.77	118.81	134.84	174.02	225.03	377.46	633.59	1060.8	1767.4
22	92.503	120.44	137.63	157.41	206.34	271.03	469.06	812.00	1401.2	2404.7
23	104.60	138.30	159.28	183.60	244.49	326.24	528.63	1040.4	1850.6	3271.3
24	118.16	185.66	184.17	213.98	289.49	392.48	723.46	1332.7	2443.8	4450.0
25	133.33	181.87	212.79	249.21	342.60	471.98	898.09	1706.8	3226.8	6053.0
26	150.33	208.33	245.71	290.09	405.27	567.38	1114.6	2185.7	4260.4	8233.1
27	169.37	238.50	283.57	337.50	479.22	681.85	1383.1	2798.7	5624.8	11198.0
28	190.70	272.89	327.10	392.50	566.48	819.22	1716.1	3583.3	7425.7	15230.3
29	214.58	312.09	377.17	456.30	669.45	984.07	2129.0	4587.7	9802.9	20714.2
30	241.33	356.79	434.75	530.31	790.95	1181.9	2640.9	5873.2	12941	28172.3

附录 D　一元的年金现值系数表

期数	1%	2%	3%	4%	5%	6%	7%	8%	9%	10%
1	0.9901	0.9804	0.9709	0.9615	0.9524	0.9434	0.9346	0.9259	0.9174	0.9091
2	1.9704	1.9416	1.9135	1.8861	1.8594	1.8334	1.8080	1.7833	1.7591	1.7355
3	2.9410	2.8839	2.8286	2.7751	2.7232	2.6730	2.6243	2.5771	2.5313	2.4869
4	3.9020	3.8077	3.7171	3.6299	3.5460	3.4651	3.3872	3.3121	3.2397	3.1699
5	4.8534	4.7135	4.5797	4.4518	4.3295	4.2124	4.1002	3.9927	3.8897	3.7908
6	5.7955	5.6014	5.4172	5.2421	5.0757	4.9173	4.7665	4.6229	4.4859	4.3553
7	6.7282	6.4720	6.2303	6.0021	5.7864	5.5824	5.3893	5.2064	5.0330	4.8684
8	7.6517	7.3255	7.0197	6.7327	6.4632	6.2098	5.9713	5.7466	5.5348	5.3349
9	8.5660	8.1622	7.7861	7.4353	7.1078	6.8017	6.5152	6.2469	5.9952	5.7590
10	9.4713	8.9826	8.5302	8.1109	7.7217	7.3601	7.0236	6.7101	6.417	6.1446
11	10.3676	9.7868	9.2526	8.7605	8.3064	7.8869	7.4987	7.1390	6.8052	6.4951
12	11.2551	10.5753	9.9540	9.3851	8.8633	8.3838	7.9427	7.5316	7.1607	6.8137
13	12.1337	11.3484	10.6350	9.9856	9.3936	8.8527	8.3577	7.9038	7.4869	7.1034
14	13.0037	12.1062	11.2961	10.5631	9.8986	9.2950	8.7455	8.2442	7.7862	7.3667
15	13.8651	12.8493	11.9379	11.1184	10.3797	9.7122	9.1079	8.5595	8.0607	7.6061
16	14.7179	13.5777	12.5611	11.6523	10.8378	10.1059	9.4466	8.8514	8.3126	7.8237
17	15.5623	14.2919	13.1661	12.1657	11.2741	10.4773	9.7632	9.1216	8.5436	8.0216
18	16.3983	14.9920	13.7535	12.6896	11.6896	10.8276	10.0591	9.3719	8.7556	8.2014
19	17.2260	15.6785	14.3238	13.1339	12.0853	11.1581	10.3356	9.6036	8.9601	8.3649
20	18.0456	16.3514	14.8775	13.5903	12.4622	11.4699	10.5940	9.8181	9.1285	8.5136
21	18.8570	17.0112	15.4150	14.0292	12.8212	11.7641	10.8355	10.0618	9.2922	8.6487
22	19.6604	17.6580	15.9369	14.4511	13.4886	12.3034	11.0612	10.2007	9.4426	8.7715
23	20.4558	18.2922	16.4436	14.8568	13.4886	12.3040	11.2722	10.3711	9.5802	8.8832
24	21.2434	18.9139	16.9355	15.2470	13.7986	12.5504	11.4693	10.5288	9.7066	8.9847
25	22.0232	19.5235	17.4131	15.6221	14.0939	12.7834	11.6536	10.6748	9.8226	9.0770
26	22.7952	20.1210	17.8768	15.9828	14.3752	13.0032	11.8258	10.8100	9.9290	9.1609
27	23.5596	20.7059	18.3270	16.3296	14.6430	13.2105	11.9867	10.9352	10.0266	9.2372
28	24.3164	21.2813	18.7641	16.6631	14.8981	13.4062	12.1371	11.0511	10.1161	9.3066
29	25.0658	21.8444	19.1885	16.9837	15.1411	13.5907	12.2777	11.1584	10.1983	9.3696
30	25.8077	22.3965	19.6004	17.2920	15.3725	13.7648	12.4090	11.2578	10.2737	9.4269

续表

期数	12%	14%	15%	16%	18%	20%	24%	28%	32%
1	0.8929	0.8772	0.8696	0.8621	0.8475	0.8333	0.8065	0.7813	0.7576
2	1.6901	1.6467	1.6257	1.6052	1.5656	1.5278	1.4568	1.3916	1.3315
3	2.4018	2.3216	2.2832	2.2459	2.1743	2.1065	1.9813	1.8684	1.7663
4	3.0373	2.9173	2.8550	2.7982	2.6901	2.5887	2.4043	2.2410	2.0957
5	3.6048	3.4331	3.3522	3.2743	3.1272	2.9906	2.7454	2.5320	2.3452
6	4.1114	3.8887	3.7845	3.6847	3.4976	3.3255	3.0205	2.7594	2.5342
7	4.5638	4.2882	4.1604	4.0386	3.8115	3.6046	3.2423	2.9370	2.6775
8	4.9676	4.6389	4.4873	4.3436	4.0776	3.8372	3.4212	3.0758	2.7860
9	5.3282	4.9164	4.7716	4.6065	4.3030	4.0310	3.5655	3.1842	2.8681
10	5.6502	5.2161	5.0188	4.8332	4.4941	4.1925	3.6819	3.2689	2.9304
11	5.9377	5.4527	5.2337	5.0284	4.6560	4.3271	3.7757	3.3351	2.9776
12	6.1944	5.6603	5.4206	5.1971	4.7932	4.4392	3.8514	3.3868	3.0133
13	6.4235	5.8424	5.5831	5.3423	4.9095	4.5327	3.9124	3.4272	3.0404
14	6.6282	6.0021	5.7245	5.4675	5.0081	4.6106	3.9616	3.4587	3.0609
15	6.8109	6.1422	5.8474	5.5755	5.0916	4.6755	4.0013	3.4834	3.0764
16	6.9740	6.2051	5.9542	5.6685	5.1624	4.7296	4.0333	3.5626	3.0882
17	7.1196	6.3729	6.0472	5.7487	5.2223	4.7746	4.0591	3.5177	3.0971
18	7.2497	6.4674	6.1280	5.8178	5.2732	4.8122	4.0799	3.5294	3.1039
19	7.3658	6.5504	6.1982	5.8775	5.3162	4.8435	4.0967	3.5386	3.1090
20	7.4694	6.6231	6.2593	5.9288	5.3527	4.8696	4.1103	3.5458	3.1129
21	7.5620	6.6870	6.3125	5.9731	5.3837	4.8913	4.1212	3.5514	3.1158
22	7.6446	6.7429	6.3587	6.0113	5.4099	4.9094	4.1300	3.5558	3.1180
23	7.7184	6.7921	6.3988	6.0442	5.4321	4.9245	4.1371	3.5592	3.1197
24	7.7843	6.8351	6.4338	6.0726	5.4509	4.9371	4.1428	3.5619	3.1210
25	7.8431	6.8729	6.4641	6.0971	5.4669	4.9476	4.1474	3.5640	3.1220
26	7.8957	6.9061	6.4906	6.1182	5.4804	4.9563	4.1511	3.5656	3.1227
27	7.9426	6.9352	6.5135	6.1364	5.4919	4.9636	4.1542	3.5669	3.1233
28	7.9844	6.9607	6.5335	6.1520	5.5016	4.9697	4.1566	3.5679	3.1237
29	8.0218	6.9830	6.5509	6.1656	5.5098	4.9747	4.1585	3.5687	3.1240
30	8.0552	7.0027	6.5660	6.1772	5.5168	4.9789	4.1601	3.5693	3.1242

参考文献

[1] 孙茂竹,文光伟,杨万贵.管理会计学[M].6版.北京:中国人民大学出版社,2012.

[2] 孙茂竹,文光伟,杨万贵.《管理会计学》学习指导书[M].6版.北京:中国人民大学出版社,2013.

[3] 杨为,彭浪,彭秋琼.管理会计学[M].上海:立信会计出版社,2008.

[4] 吴炳年,郑伦卉.成本会计学[M].上海:立信会计出版社,2008.

[5] 于富生,王俊生,黎文珠.成本会计学[M].4版.北京:中国人民大学出版社,2006.

[6] 林涛.管理会计[M].2版.厦门:厦门大学出版社,2011.

[7] 邱玉莲,窦炜.管理会计学[M].北京:经济管理出版社,2006.

[8] 胡玉明,潘敏虹.成本会计[M].厦门:厦门大学出版社,2005.

[9] 胡玉明.高级管理会计[M].3版.厦门:厦门大学出版社,2009.

[10] 陈汉文.成本管理[M].北京:高等教育出版社,2008.

[11] 中国注册会计师协会.财务成本管理[M].北京:中国财政经济出版社,2014.

[12] [美]罗伯特·S.卡普兰,安东尼·A.阿特金森.高级管理会计[M].3版.吕长江,主译.大连:东北财经大学出版社,2012.

[13] 郭晓梅.高级管理会计理论与实务[M].大连:东北财经大学出版社,2013.

[14] 余绪缨,汪一凡.管理会计学[M].3版.北京:中国人民大学出版社,2010.

[15] 荆新,王化成,刘俊彦.财务管理学[M].6版.北京:中国人民大学出版社,2012.

[16] 中国管理会计网 http://www.CMA-China.org.

[17] 中国财税网 http://www.jinshuichina.com.

[18] 中国经理人 http://www.handlers.cn.

[19] 上海国家会计学院远程教育网 http://www.esnai.net.

[20] 中华会计网校 http://www.chinaacc.com.